W0065483

Magnus Brechtken

Der Wert der Geschichte

MAGNUS BRECHTKEN

DER WERT DER GESCHICHTE

ZEHN LEKTIONEN FÜR DIE GEGENWART

Siedler

Für Zenkers Mia,
eine von Natur vernünftige Frau

Verlagsgruppe Random House FSC® N001967

Erste Auflage

Umschlaggestaltung: Büro Jorge Schmidt, München
Zeitmaschine: © mixmagic/iStockphoto
Satz: KompetenzCenter, Mönchengladbach
Karten und Grafiken: Peter Palm, Berlin
Reproduktion: Lorenz & Lechner, Inning, a. A.
Druck und Bindung: GGP Media GmbH, Pößneck
Printed in Germany
ISBN 978-3-8275-0130-1
www.siedler-verlag.de

Dieses Buch ist auch als E-Book erhältlich

Inhalt

Mut zur Geschichte!

Wer im Jahr 2020 mit entzündetem Blinddarm zum Arzt geht, darf erwarten, dass dieser sein neuestes, in Jahren erprobtes Wissen anwendet, die korrekte Diagnose stellt und einen Termin in der Chirurgie arrangiert. Dort wird die diensthabende Chirurgin den Befund prüfen und höchstwahrscheinlich den Eingriff vornehmen. Der Patient wird mit getesteten Medikamenten versorgt und kann nach einigen Tagen das Krankenhaus verlassen. Wenn er sich dort per Smartphone ein Taxi ruft, erwartet er ohne Zögern, dass dessen Bremsen funktionieren und andere Autofahrer sich an die Verkehrsregeln halten.

Er geht davon aus, dass er beim Passieren der Stadtteilgrenzen keinen Zoll entrichten muss und die Brücke, die er überquert, von Ingenieuren so berechnet ist, dass sie beim Befahren nicht einstürzt. Zu Hause angekommen, wird er annehmen, dass seine über Tage ungenutzte Wohnung noch immer ihm gehört und nicht von anderen Menschen bevölkert ist. Er mag sich dann im Kühlschrank mit Lebensmitteln bedienen, die noch immer bedenkenlos essbar sind und sich in ein frisch bezogenes, sauberes Bett legen, das – frei von Krabbeltieren – ihm allein zur Ruhe dient.

All dies ist heute so selbstverständlich, dass wir über die zugrundeliegenden Prinzipien kaum nachdenken: etwa, dass der Arzt eine Diagnose stellt, die auf wissenschaftlichen Analysen und jahrzehntelanger Erfahrung gründet. Wie würde unser Patient reagieren, wenn der Mediziner stattdessen ein Huhn schlachten und in dessen Eingeweiden nach der Erklärung für die Bauchschmerzen fahnden würde? In der Chirurgie eingetroffen, wäre der Patient wohl irritiert, wenn die diensthabende Ärztin, statt in keimfreier Umgebung sorgfältig präparierte Instrumente zu führen, im Jogginganzug ein Küchenmesser aus der Schublade zöge. In Lebensgefahr könnte unser Patient vielleicht noch mit letzter Kraft darüber staunen, dass sich die Pflegekräfte zum Gebet versammeln, statt ihm Antibiotika zu verabreichen.

Uns erscheint diese Szenerie grotesk, weil unsere Erwartungen auf der Erfahrung von rationalen Fakten gründen. Wir können erwarten, dass den Verhaltensweisen erprobte Erkenntnisse und Überlegungen zugrunde liegen, die von allen Beteiligten dem Prinzip nach geteilt werden. Wir können darauf vertrauen, dass all diese Handlungen auf Wissen beruhen, das sich über viele Jahrzehnte oder gar Jahrhunderte angesammelt hat.

Ein Kühlschrank, ein Operationssaal, ein Smartphone als Produkte des Erfahrungswissens in Physik, Chemie, Elektronik und Informatik – dies können wir im Alltag verstehen. Wir sehen und erleben wie selbstverständlich deren Nutzen und Wirkung. Nennen wir diesen Bereich der Einfachheit halber die harte Welt.

Merkwürdig ist, dass das Lernen aus der Vergangenheit in der harten Welt der Medizin oder des Ingenieurswesens für uns ganz selbstverständlich und alltäglich ist, während wir in der weichen Welt des menschlichen Zusammenlebens – in Politik, Wirtschaft und Gesellschaft – immer wieder feststellen, dass Menschen in Haltungen und Handlungsweisen zurückfallen, die einer Blinddarmoperation mit dem Küchenmesser gleichen.

Dabei gibt es wie beim Smartphone in der harten Welt auch in der weichen Welt einen Fortschritt unseres Wissens und Produkte langer Erfahrung – den Rechtsstaat, die repräsentative Demokratie oder die offene, solidarische Gesellschaft, um nur drei zu nennen. Sie sind nicht so leicht mit den Händen zu greifen. Aber auch sie können wir erkennen und verstehen.

Wenn wir die Geschichte betrachten, steht uns ein riesiger Fundus an Erfahrung und Wissen zur Verfügung. Das gilt zum Beispiel für das Bild vom Menschen, der sich über viele tausend Jahre entwickelt hat. Oder für die Formen seines Zusammenlebens in Familie und Gesellschaft.

Wir können wissen, wie unsere Vorfahren gelebt haben, kennen ihre Essgewohnheiten und ihre Kleidung, ihren Lebensalltag und ihre Weltsicht. Auch für unser Handeln in Politik und Wirtschaft, das Verhältnis der Geschlechter und unsere Erkenntnisse in der Philosophie, unser Verständnis für Literatur, Musik oder die bildenden Künste steht uns das Wissen aus Jahrtausenden zur Verfügung.

Wir können heute wissen, welche Konsequenzen sich aus ideologischen Konstruktionen für das menschliche Zusammenleben ergeben und welche Folgen für unseren Alltag und für die Gesellschaft bestimmte politische oder ökonomische Regeln und Entscheidungen mit sich bringen. Denn wir haben im Rückblick über die Jahrhunderte nahezu alle Varianten menschlichen Handelns vor Augen.

Dabei sind die Entwicklungsstufen in der Geschichte nicht ganz so offensichtlich wie der technische Fortschritt beim Griff zum Smartphone, der Fahrt mit dem Auto oder dem Flug in den Urlaub. Das ist wenig überraschend. Um im Bild zu bleiben: Wer sein Smartphone benutzt, muss nicht alle wissenschaftlichen Formeln der harten Welt kennen, nach denen es funktioniert. Ihm genügt die praktische Anwendung.

In der großen weichen Welt von Politik und Gesellschaft ist die Sache komplizierter. Denn durch unser Handeln verändern wir Menschen diese Welt permanent, ob wir wollen oder nicht. Wir können uns rational verhalten. Doch drängen unsere irrationalen Leidenschaften und Gefühle immer wieder in unser Handeln hinein. Sie zu kontrollieren ist für uns eine ständige Herausforderung. Aber wir können mit ihr umgehen, wenn wir es wollen. Und wir können aus der Geschichte lernen, wie dies möglich ist. Das gilt für jeden Einzelnen. Aber erst recht gilt es für die Gemeinschaft.

Wenn wir die Geschichte betrachten, können wir verstehen, wie sich Rationalität, Aufklärung und Vernunft als Prinzipien des Fortschritts erwiesen haben. Demokratie, Rechtsstaat und Parlamentarismus, Gleichberechtigung der Geschlechter und politische

Teilhabe aller Menschen – sie alle sind das Äquivalent technischer Errungenschaften der harten Welt. Die Fortschritte der weichen Welt haben vielen Menschen überhaupt erst ermöglicht, sich als freie Wesen zu erkennen und selbstbestimmt zu handeln. Und nicht zuletzt schaffen sie die Voraussetzung für die Freiheit, die wir heute genießen dürfen.

Wir leben in beiden Welten und müssen uns um beide kümmern. In der harten Welt erscheint uns das selbstverständlich: Die Forschung in Medizin oder Physik schreitet täglich voran. In der weichen Welt dagegen müssen wir feststellen, dass nicht wenige Prinzipien des Fortschritts, die das Fundament unser freiheitlichen Ordnung bilden, immer wieder in Frage gestellt werden.

Das Aufkommen des Populismus, die Wiedergeburt des Nationalismus, der Einfluss des Religiösen auf die Politik und ein offenbar wachsendes Bedürfnis nach autoritärer politischer Führung, sie alle fordern Prinzipien unser freiheitlichen Ordnung massiv heraus – die repräsentative parlamentarische Demokratie, die Freiheitsrechte des Einzelnen, das Prinzip der Gewaltenteilung, die Verständigung auf den rational begründeten Diskurs, die Akzeptanz ethischer Standards im Umgang miteinander und den Respekt gegenüber anderen Menschen, um nur einige zu nennen.

Im weltweiten Vergleich leben die meisten Europäer seit vielen Jahrzehnten auf einer Insel der Freiheit und des materiellen Wohlstands, die historisch beispiellos ist. Wer im Jahr 2020 lebt, kann auf ein Dreivierteljahrhundert ohne Krieg und gewaltsame Konfrontation zwischen Völkern und Staaten zurückblicken. Keiner unserer Vorfahren war jemals in dieser glücklichen Lage. Es gibt historische Gründe, warum das so ist. Und es gibt historische Erkenntnisse, warum diese Errungenschaften bedroht sind.

Derzeit scheint es, als sei das Bewusstsein für die historischen Erfolge von Demokratie und Parlamentarismus, Marktwirtschaft und Sozialstaat, für die offene Gesellschaft oder das Prinzip der Rechtsstaatlichkeit bei vielen Bürgern verblasst. Deshalb sollten bestimmte Werte, Errungenschaften, Begriffe und Regeln immer wieder in Erinnerung gerufen werden, die uns möglicherweise allzu selbstverständlich erscheinen. Und bei vielen Menschen wächst das Gefühl, dass diese Errungenschaften aktiv verteidigt werden müssen.

Dies ist der besondere Wert der Geschichte: dass wir erkennen können, welche Entwicklung der Mensch als selbstständiges Wesen und die Menschheit als Ganzes in den vergangenen 250 Jahren und vor allem in den vergangenen 70 Jahren vollzogen hat – auch als Folge der Aufklärung und des Lerneffekts aus historischer Erfahrung.

Dieser Lerneffekt betrifft alle Lebensbereiche: politisch durch fortschreitende Demokratisierung und Parlamentarisierung; gesellschaftlich durch die Partizipation immer größerer Bevölkerungsgruppen und die Entwicklung des modernen Sozialstaats; wirtschaftlich mit der fortschreitenden Durchsetzung der Marktwirtschaft als Prosperitätsmotor; international mit der Bildung multilateraler Institutionen und dem Rückgang kriegerischer Auseinandersetzungen zwischen jenen Staaten, die durch Demokratisierung, Parlamentsherrschaft und Rechtsstaatlichkeit geprägt sind; schließlich wissenschaftlich und technisch in nahezu allen Bereichen des Lebens.

An vielen Beispielen werde ich in diesem Buch zeigen, wie sich bestimmte Errungenschaften, Regeln und Werte im Verlauf der Geschichte entwickelt haben, die heute die Grundlagen unserer freiheitlichen Ordnung bilden. Es geht um zentrale Bereiche der weichen Welt: die Frage nach dem Menschenbild, das unseren Vorstellungen zugrunde liegt; den Einfluss von Religionen; die Bedeutung der Geschlechterverhältnisse; den Wert politischer Partizipation; die historische Wirkung von Nationalismus und die Lehren, die wir daraus ziehen können, die wiederum eng verbunden sind mit der Geschichte von Krieg und Frieden und den Grundlagen unserer Sicherheit und unseres Wohlstandes.

Wenn wir die Geschichte der Menschheit betrachten, dann stellen wir fest, wie sich Erkenntnisse, Werte und Prinzipien herausgebildet haben, die uns heute zusammenhalten. Wenn wir wissen, wie sie – trotz aller Rückschläge – erkämpft wurden, können wir ermessen, was heute, wo immer mehr von ihnen bedroht sind, auf dem Spiel steht.

Dieses Buch versammelt Erkenntnisse und Erfahrungen, die für jedermann verfügbar sind. Es richtet sich an jene, die sich alltägliche Fragen zur Gegenwart stellen und dazu historisch informierte Antworten suchen. Es verzichtet auf Fachsprache, soweit das für eine präzise Analyse und Beschreibung möglich ist. Jeder kann die Argumente durch eigene Lektüre und eigenes Denken weiter vertiefen.

Dies ist kein Fachbuch der Geschichtswissenschaft. Es wendet sich an Menschen, die nicht notwendigerweise Geschichte, Politik, Philosophie oder Soziologie studiert haben müssen. Und die dennoch wissen wollen, warum die Erkenntnisse aus all diesen Disziplinen Bedeutung für ihr Leben und ihren Alltag haben können.

Können wir aus der Geschichte lernen? Oft ist zu hören, man lerne aus der Geschichte, dass man aus ihr nichts lernen könne. Dabei ist die Antwort recht einfach: Wir können, wenn überhaupt, nur aus der Geschichte lernen. Etwas anderes ist uns gar nicht verfügbar.

Wir können aus der Fülle wissenschaftlicher Forschungen der zurückliegenden Jahrzehnte viele Erkenntnisse destillieren. Über die Bestandteile eines realistischen Menschenbildes; über die Triebkräfte des Menschen als Individuum und über die verschiedenen Formen von Gesellschaft, die über die Jahrhunderte bereits erprobt wurden.

Die Erinnerung an das Vergangene, die Sammlung verfügbarer Erkenntnisse, die Prüfung historischer Fakten, kurz: unser Erfahrungswissen und das Bewusstsein für die Ressourcen der Geschichte bilden jenes Potential, aus dem unser Verständnis für die Gegenwart möglich ist. Und auch die Orientierung für die Zukunft.

Dieses Buch ist geschrieben als möglichst barrierefreie Zusammenschau, eine historische Perspektive für unsere Gegenwart, die Mut machen soll für die Gestaltung einer humanen, friedlichen und für alle Menschen gleichermaßen lebenswerten Welt. Die Chancen sind uns Menschen gegeben. Ob und wie das gelingt, ist offen. Aber aller Anstrengung wert!

»Wenn wir den Mächten widerstehen wollen, die zu einer Unterdrückung der geistigen und persönlichen Freiheit drängen, müssen wir uns klar vor Augen halten, was auf dem Spiel steht, was wir jener Freiheit verdanken, die unsere Vorfahren unter schweren Kämpfen errungen haben. Ohne jene Freiheit hätte es keinen Shakespeare, keinen Goethe, keinen Newton, keinen Faraday und keinen Pasteur gegeben. Es gäbe keine geräumigen Häuser für die Masse des Volkes, keinen Schutz gegen Epidemien, keine billigen Bücher, keine Bildung und keine Segnungen der Kunst für alle. Keine Maschinen würden den Menschen die grobe Arbeit für die Erzeugung der lebensnotwendigen Dinge abnehmen, die meisten Menschen würden ein Leben dumpfer Sklaverei führen wie ehemals in den großen Despotien Asiens. Denn nur der freie Mensch schafft jene Erfindungen und geistigen Werte, die uns modernen Menschen das Leben lebenswert erscheinen lassen.«

(Albert Einstein, Oktober 1933)[1]

Was ist der Mensch?

»Die Leute mögen die Idee der Meinungsfreiheit, bis sie etwas hören, was ihnen missfällt.«

(Ricky Gervais, Januar 2020)[2]

Seit vielen zehntausend Jahren lebt der Mensch auf einem vieltausendfach älteren Planeten. Er kann als einziges Wesen seine Instinkte kontrollieren, Werkzeuge nutzen und mittels Sprache kommunizieren. Seine Fähigkeit zur Selbstreflexion, zum Denken und Lernen markiert den grundsätzlichen Unterschied zur Tierwelt und steht am Anfang dessen, was wir als Menschsein und menschliche Kultur bezeichnen.

Durch DNA-Analysen, Funde von Werkzeugen und Felszeichnungen lässt sich diese Evolution zu einem Bild formen, das uns die Menschheitsgeschichte als einen über die Jahrtausende fortschreitenden Prozess vor Augen führt. In dessen Verlauf entstanden – unter anderem in Babylonien und Ägypten, China und Südamerika, Griechenland und Rom – jene Schöpfungen menschlicher Kultur, die Archäologie, Vor- und Frühgeschichte, Altertumskunde, historische Anthropologie und andere Gebiete der Wissenschaften seit Jahrhunderten erforschen und für uns alle zugänglich machen.

Im Verlauf dieser Geschichte haben Menschen die unterschiedlichsten politischen und ökonomischen Ordnungen erprobt. Auf den ersten Blick mag die Vielfalt historischer Formen menschlichen Zusammenlebens verwirrend erscheinen, aber mit wenigen Fragen lassen sich Muster, die den Modellen zugrunde liegen, erkennen und sortieren. Das wohl wichtigste Kriterium, mit dem sich Gesellschaftsentwürfe der Vergangenheit und der Gegenwart ordnen lassen, ist die Frage nach dem Menschenbild, das darin herrscht.

Wer Politik und Geschichte, Wirtschaft und Gesellschaft, kurzum: die Hintergründe unseres Alltagslebens verstehen will, muss sich zunächst klarmachen, auf welcher Vorstellung vom Menschen jedes Argument, jedes Gespräch, jede Behauptung – ob bewusst oder unbewusst – beruht; jeder Ordnung, jeder Regel, mit der Menschen ihr Zusammenleben zu organisieren suchen, liegt solch eine Vorstellung zugrunde; jedes politische Programm, jede ökonomische Theorie, jede religiöse Formel orientiert sich an einem Menschenbild, das sie für gültig hält und von dem alle weiteren Annahmen und Forderungen abgeleitet werden.

Wenn wir also fragen, was der Mensch »von Natur aus« sei, erkennen wir, vereinfacht, zwei Extrempole, zwischen denen sein Wesen und seine Lebensmöglichkeiten gedacht werden: Auf der einen Seite die Vorstellung, dass er genetisch, historisch, gesellschaftlich oder durch welche Faktoren auch immer festgelegt, also determiniert ist.

Demnach ist der Mensch ein nach vorgegebenen Mustern funktionierendes Lebewesen. Die bestimmenden Muster können dabei unterschiedlichster Art sein: die Gene etwa, die ihn prägen; übersinnliche Vorgaben, die er befolgen muss, weil sie angeblich »von der Natur« oder »den Göttern« vorgegeben sind. Der Mensch hat also keine Wahl, er muss funktionieren, was übertragen auf menschliche Gesellschaften bedeutet: gehorsam folgen – jenen, die behaupten zu wissen, welche »vorgegebenen Bestimmungen« das sind.

Das andere Extrem ist die Vorstellung, der Mensch sei vollkommen frei von Vorprägungen und Regeln. Wie ein weißes Blatt und ohne jede vorbestimmte Eigenschaft komme er in die Welt, sei abgelöst von der biologischen Natur seiner Eltern und Vorfahren. Alles ist möglich und offen ab der Geburt. Entsprechend prägend sind in dieser Vorstellung die Bedeutung von Erziehung und die Einflüsse der Gesellschaft. Sie entscheiden, was der frei formbare Mensch zu werden vermag.

Determiniertheit einerseits, vollständige Offenheit andererseits – alle Menschenbilder bewegen sich zwischen diesen beiden

Polen, im englischen Sprachraum als »*nurture* versus *nature*«-Debatte bekannt. Tatsächlich ist jeder Mensch eine Mischung aus genetischen Anlagen seiner Eltern und Vorfahren sowie der Umwelt und Erziehung, die auf ihn einwirken. Zugleich ist jeder Mensch *immer* ein von Instinkten beeinflusstes und zugleich zur Rationalität fähiges Wesen. Wobei alle Menschen diese Fähigkeiten in je eigener Weise und nach je individueller Lage nutzen. Einen Automatismus der Vernunft gibt es ebenso wenig wie eine vollständige Bestimmtheit durch Instinkte.

Jedes politische Programm, jede Wirtschaftstheorie, jedes Konzept über das Wesen einer Gesellschaft lässt sich zuordnen nach dem Grad der Selbst- oder Fremdbestimmung, die sie dem Menschen zuschreiben. Deshalb müssen wir in allem, was wir politisch, wirtschaftlich oder gesellschaftlich diskutieren, stets zunächst die Frage stellen: Welches Menschenbild verbirgt sich hinter dem Argument, das wir gerade hören? Wie verhält es sich zum Wissen um die immerwährende offene Mischung von *nurture* und *nature*?

Der Mensch war schon immer überwältigt von der Komplexität der Welt um ihn herum. Naturgewalten und Unglücksfälle, Krankheiten und Tod forderten den menschlichen Verstand heraus. Im Unterschied zu anderen Lebewesen, die allein ihrem Instinkt folgen, kann der Mensch über seine Existenz reflektieren – wir nennen das Bewusstsein – und seinen Verstand nutzen, um sich Erklärungen ausdenken für das, was in der Welt um ihn herum geschieht; diese Neugier und dieses Nach-Erklärungen-Suchen ist geradezu eine anthropologische Grundkonstante.

Zugleich versuchen Menschen von jeher, ihrem Leben einen Sinn zuzuschreiben. Sie mutmaßen (und wünschen sich wohl), mehr zu sein als »nur« besonders hoch entwickelte Lebewesen, die sich von anderen Tieren eigentlich nur in dieser wichtigen Eigenschaft unterschieden: sich ihres Menschseins bewusst sein und denken zu können. Das muss doch einen Grund haben!

Diese Sinnsuche ließ Menschen Motive und Erklärungen ausmalen für all das, was ihnen in der Natur und im Verhalten ihrer Mitmenschen begegnete. Dabei blieb vieles rätselhaft, Ursachen und Gründe von Naturereignissen oder Schicksalsschlägen erschienen unverständlich. Antworten meinten Menschen über die Jahrtausende in der Vorstellung von übersinnlichen, metaphysischen Mächten zu finden: Sie stellten sich Götter vor, die sie mit allen Kräften versahen, die menschliche Phantasie zu denken vermag. So erschuf und imaginierte sich der Mensch einen Platz in der jeweils gedachten Ordnung.

Diese Vorstellungen variierten nach Lebensort und natürlicher Umgebung, Klima und Lebensumständen, Nahrungsmöglichkeiten und Kulturentwicklung. Aber im Kern gleichen sie sich: Alle unverständlichen Ereignisse des menschlichen Lebens – Krankheit, Unfall oder Tod, alle Erscheinungen der Natur und der Umwelt, ob Gewitter oder Sturmflut, Kometenschweif oder Vulkanausbruch – erhalten ihren geordneten Platz.

Im Zweifel sind es »Götter«, die als Schlüssel und Bezugspunkt für die eigene Welterklärung vorgestellt werden. Entsprechend können wir vereinfacht sagen, dass Menschen sich auf diesem Weg der Phantasie und der Imagination von Erklärungen für ihre Existenz und ihr persönliches Schicksal über viele Jahrtausende als Teil einer Ordnung verstanden, die sie stets selbst entwarfen.

Auf die Menschenbilder der zahllosen Religionen kann hier nur hingewiesen werden. So unterschiedlich die Religionen und die mit ihnen verbundenen Menschenbilder sein mögen, ihnen gemeinsam ist die Vorstellung, dass der Mensch einer außerweltlichen Instanz unterworfen ist, die seine Freiheit einschränkt. Er ist ein Geschöpf imaginierter Götter oder jedenfalls Objekt ihrer Macht und muss sich deren Anweisungen entsprechend verhalten, die ihm – immer von anderen Menschen – als »Regeln der Götter« präsentiert werden.

Die für die europäische Geschichte bis ins 20. Jahrhundert bekanntesten Menschenbilder liefern die Erzählungen der Bibel. Bis in die Gegenwart hören wir die Formulierung vom »alten Adam«, der sich nicht verändert habe. In dieser Vorstellung bleibt der Mensch auch nach Jahrtausenden unterschiedlichster Zivilisationsprozesse vor allem von seinen Trieben und Begierden, Instinkten und irrationalen Wünschen bestimmt.

Die biblischen Geschichten führen den Gläubigen die Verlockungen, Ängste und Sehnsüchte vor Augen, denen der Mensch ausgesetzt ist, und präsentieren Lebens- und Verhaltensregeln, die es zu befolgen gelte. Ähnliche Symbole und Schriften gibt es in anderen Religionen – im Islam den Koran, im Buddhismus die Texte des Pali-Kanons oder Tripitakain. Im Hinduismus wiederum finden sich zahlreiche Glaubensvorstellungen und eine Vielzahl von Gottheiten in bunter Vielfalt unterschiedlichster Traditionen und Lehren verbunden, aus denen sich Verhaltensregeln für Menschen ableiten.

Dass es in allen Religionen, Traditionen und Texten stets Menschen sind, welche die Regeln der imaginierten Götter mitteilen, hat deren Autorität nicht geschmälert, und die Phantasie beim Götterausdenken und Anweisungenformulieren blieb unerschöpflich. So spiegeln Religionen und Göttervorstellungen das über Jahrtausende laufende Nachsinnen des Menschen über sein Wesen und die Suche nach Regeln, Ordnung und Struktur. Sie sollen dem immerwährenden Zwiespalt zwischen seinen naturhaften, potentiell gewaltvollen Instinkten einerseits und einem der Gemeinschaft zuträglichen, »zivilisierten« Verhalten andererseits ein sicherndes Gerüst geben.

Entsprechend sind etwa die »Zehn Gebote« des sogenannten Alten Testaments für den europäischen Kulturkreis exemplarische Regeln, die dieses Bedürfnis nach Ordnung und Struktur repräsentieren. Ähnliche Grundregeln, die demselben Bedürfnis entspringen, finden sich in anderen Religionen.

Die Kernfrage des menschlichen Bewusstseins wurde bereits in der antiken griechischen Philosophie angesprochen: »Erkenne dich selbst« stand über einem Eingang des Apollo-Tempels von Delphi. In Platons Dialog *Phaidros* sagt Sokrates, er könne sich noch nicht »gemäß dem delphischen Spruch« erkennen – und erforsche deshalb sich selbst.

In anderen Dialogen verbindet sich dieses Streben mit dem Bewusstsein vom eigenen Nichtwissen, aus dem der Drang, das Wissen stetig zu erweitern, resultiert. Letztlich geht es um die menschliche Haltung, durch dauerndes Selbsterforschen und Immer-wieder-Befragen des Wissens allen möglichen Aspekten und Fragen systematisch nachzugehen, immer wieder zu prüfen und so Scheinwissen zu dekonstruieren.

Solange er »noch atme und es vermag, werde ich nicht aufhören, nach Weisheit zu suchen«, lässt Platon Sokrates in seiner Verteidigungsrede sagen.[3] Sokrates bezahlte seine Wissenssuche, wie Platon schilderte, mit dem Leben, weil er angeblich die staatlichen Götter ablehnte und die Jugend verderbe. Platons vielgelesene Schilderung wirkt auch als Warnung, dass Wissbegier und Infragestellen stets mit Misstrauen beantwortet und von Gefahr begleitet sein können. Aber auf dieses Streben nach Wissen und Verstehen ist der Mensch seinem Wesen nach angelegt, wenn er sich seines Menschseins bewusst ist und seinen Verstand nutzt.

Dieses Menschenbild des sich selbst und die Welt erforschenden, befragenden, prüfenden Lebewesens blieb bis in die Frühe Neuzeit weitgehend aufgehoben in den Vorstellungen einer alles bestimmenden »göttlichen Ordnung«. Dann kam – auch als Produkt des unaufhörlichen Selbstbefragens – die Epoche der Aufklärung und mit ihr die Aufforderung an alle Menschen, sich des eigenen Verstandes zu bedienen.

Diese Aufforderung gilt bis heute, und sie ist bis heute umkämpft.

Seit etwa Mitte des 17. bis gegen Ende des 18. Jahrhunderts setzte sich das moderne Naturrecht gegen religiöse und andere philosophische Vorstellungen vom Menschen durch. Die wesentlichen Überlegungen über den Menschen gingen nun davon aus, dass er von Natur frei, individuell und zur Vernunft fähig ist. In ihren Konsequenzen revolutionierten diese Erkenntnisse »das juristische und politische Denken«.[4] Während »positives Recht« durch menschliche Setzung stets etwas Geschaffenes ist, das geändert oder auch wieder beseitigt werden kann, gilt Naturrecht aus eigener, »natürlicher« Legitimation. Es kann deshalb erkannt und verstanden, nicht aber in Frage gestellt oder gar beseitigt werden.

Als Begründer des modernen Naturrechts gilt Thomas Hobbes (1588–1679), nach dessen Überlegungen es sich durch »den Willen und die Einsicht des Einzelnen«[5] begründen lässt. Jeder Mensch kann erkennen, dass es für ihn richtig ist, so zu denken, und zugleich Sinn macht für alle.

Aus der Vorstellung, dass der einzelne Mensch im Naturzustand mit seinem Menschsein ein Recht in sich trägt, folgt, dass er für alle Ordnungen, die er mit anderen Menschen schafft – schaffen muss, um der Komplexität des Lebens und den Erfordernissen des Überlebens gerecht zu werden –, Verfahren der gegenseitigen Verpflichtung zu entwickeln hat,[6] die als Verträge (zwischen gleichberechtigten Vertragspartnern) zu denken sind. Dem liegt die »Idee der Autoritäts- und Herrschaftslegitimation durch freiwillige Selbstbeschränkung aus eigenem Interesse« zugrunde.[7] Die Herrschaft von Menschen über Menschen wird nicht länger als »gegeben« akzeptiert, sondern auf ihre Gründe befragt.

Verträge sind nicht nur erforderlich, sie nützen am Ende allen und spiegeln die Legitimität der Annahme vom Naturrecht aller Menschen. Die entscheidende Frage lautet nun: Wie legitimiert sich Herrschaft?

Denn auch der Staat ist eine menschliche Einrichtung, die erklären muss, warum und mit welcher Legitimität sie Autorität, Macht und Herrschaft beansprucht. Das ist ein Bruch mit allen vorher dominierenden Auffassungen, die den Menschen nicht als Individuum denken, sondern als durch »Götter« oder andere »äußere« Mächte in eine vorgegebene Ordnung und Gemeinschaft eingebunden.

Die Erkenntnis von der Selbstständigkeit des Menschen und seinen natürlichen Rechten entfaltete sich im 17. und 18. Jahrhundert in vielfältigen Schriften und Diskussionen, die allgemein unter dem Begriff der Aufklärung zusammengefasst werden. Die bedeutendsten Autoren lebten in Großbritannien, auf dem europäischen Kontinent, vor allem im französisch- und deutschsprachigen Raum, und waren, insbesondere seit der zweiten Hälfte des 18. Jahrhunderts, eng mit den geistig-politischen Entwürfen in Nordamerika verbunden.

In Frankreich spielte René Descartes (1596–1650) eine wichtige Rolle, der mit seiner Formel »ich denke, also bin ich« (»cogito ergo sum«) gleichsam das Leitmotiv vorgab. Charles Montesquieu (1689–1755) wiederum entwickelte in seinem Werk *Vom Geist der Gesetze* die Hauptbegriffe einer modernen Gewaltenteilung und einer von Menschen konzipierten Verfassungsordnung. John Locke (1632–1704), David Hume (1711–1776) und Adam Smith (1723–1790) in Großbritannien, Jean-Jacques Rousseaus (1712–1778) und die sogenannten Enzyklopädisten mit ihrem wichtigsten Repräsentanten Denis Diderot (1713–1784) bezogen sich bei aller Eigenständigkeit ihrer Werke auf dasselbe: die Vorstellung vom Potential des vernunftbegabten, selbstständig denkenden, aufklärungsfähigen Menschen. In den Vereinigten Staaten propagierte Thomas Paine (1737–1809) mit Publikationen wie *Common Sense* (1776) und *The Rights of Man* (1791/92) die prinzipiell universale Konzeption der Menschenrechte.[8]

Im deutschen Sprachraum formulierte Immanuel Kant (1724–1804) im Jahr 1784 die klassische Antwort auf die Frage *Was ist Aufklärung?*, die zugleich das Menschenbild umreißt: »Aufklärung ist der Ausgang des Menschen aus seiner selbstverschuldeten Unmündigkeit. Unmündigkeit ist das Unvermögen, sich seines Verstandes ohne Leitung eines anderen zu bedienen. Selbstverschuldet ist diese Unmündigkeit, wenn die Ursache derselben nicht am Mangel des Verstandes, sondern der Entschließung und des Mutes liegt, sich seiner ohne Leitung eines anderen zu bedienen. Sapere aude! Habe Mut dich deines eigenen Verstandes zu bedienen! ist also der Wahlspruch der Aufklärung. Faulheit und Feigheit sind die Ursachen, warum ein so großer Teil der Menschen, nachdem sie die Natur längst von fremder Leitung frei gesprochen (…), dennoch gerne zeitlebens unmündig bleiben; und warum es Anderen so leicht wird, sich zu deren Vormündern aufzuwerfen. Es ist so bequem, unmündig zu sein. (…) Zu dieser Aufklärung aber wird nichts erfordert als Freiheit; und zwar die unschädlichste unter allem, was nur Freiheit heißen mag, nämlich die: von seiner Vernunft in allen Stücken öffentlichen Gebrauch zu machen.«[9] Damit präsentierte Kant das Konzentrat eines Diskurses, der um die Neuformulierung des Menschenbildes kreist.

Kant formulierte mit dem »kategorischen Imperativ« auch die Anleitung für ein Verhalten, das diesem Menschenbild entspricht: »Handle nur nach derjenigen Maxime, durch die du zugleich wollen kannst, dass sie ein allgemeines Gesetz werde.«[10] In einer anderen Formulierung heißt es: »Handle so, als ob die Maxime deiner Handlung durch deinen Willen zum allgemeinen Naturgesetze werden sollte.«[11] Dieser Grundsatz ist die ebenso einfache wie logische Folge aus einem Menschenbild, das die Freiheit des Einzelnen und zugleich den Menschen als Gemeinschaftswesen anerkennt. Er bietet eine Anleitung für jeden Menschen, sich so zu verhalten, dass er oder sie dabei stets die Grundprinzipien des vernünftigen Zusammenlebens mitdenkt.

Wirkungsmächtig wurden die zentralen Erkenntnisse der Aufklärung in den Formulierungen der amerikanischen Unabhängigkeitserklärung vom 4. Juli 1776 und in der *Erklärung der Menschen- und Bürgerrechte* von 1789 in Frankreich. In der Präambel der Unabhängigkeitserklärung von 1776 heißt es: »Folgende Wahrheiten erachten wir als selbstverständlich: dass alle Menschen gleich geschaffen sind; dass sie von ihrem Schöpfer mit gewissen unveräußerlichen Rechten ausgestattet sind; dass dazu Leben, Freiheit und das Streben nach Glück gehören«.[12] Und im ersten Artikel der französischen Erklärung der Menschen- und Bürgerrechte von 1789, an deren Erörterung Thomas Jefferson als Botschafter seines Landes in Paris beteiligt war, heißt es: »Die Menschen werden frei und gleich an Rechten geboren und bleiben es.«[13]

Gerade die Formulierungen der amerikanischen Unabhängigkeitserklärung machen deutlich, dass die Prinzipien des Naturrechts sich stets in konkreten Lebenswelten Geltung verschaffen, auf den jeweiligen Reflexionshorizont der Zeit bezogen sind und historisch eingeordnet werden müssen. Daher sind die Umsetzungen dieser Prinzipien auch immer wieder aufs Neue zu überprüfen.

Die Zeitgebundenheit zeigt sich insbesondere in zwei Aspekten: Erstens reflektierten die Autoren (allesamt Männer) weder über ihre Rolle als Sklavenhalter – allein Jefferson besaß im Laufe seines Lebens mehr als 600 Sklaven –, noch hatten sie Frauen als gleichberechtigte Teilhaber ihrer Menschenrechtsdefinition im Blick. Zweitens imaginierten sie einen »Schöpfer« – die Evolution als Entwicklungsgeschichte des Menschen war ihnen noch unbekannt –, auf dessen Plan bzw. Willen sie sich beriefen; der Einsicht in die Freiheit und Gleichheit aller Menschen, die sie proklamierten, war damit allerdings wenig gedient, zumal sich der König in London, gegen den sich die Erklärung richtete, mit demselben Recht auf seinen Gott berufen konnte.

Aber auch wenn das Menschenbild noch durch den damaligen Wissenshorizont begrenzt war und selbst Gegenstand weiterer Reflexionen bleiben musste – auch das gehört zum Wesen selbstständigen Denkens –, so ist die Zäsur gegenüber früheren Menschenbildern doch eindeutig und revolutionär. Nun war potentiell jeder aufgerufen, über sich und sein Handeln nachzudenken, über seine Vernunft, seine Verantwortung und alles, was sich aus der grundsätzlichen Vorstellung von individueller Freiheit und dem Recht auf Selbstbestimmung ergibt.

Wenig überraschend kollidierte dieses Menschenbild nicht nur mit den überkommenen Vorstellungen der Religionen oder autoritärer Philosophien. Es bedeutete zugleich eine politische Herausforderung. Wie sollte Macht legitimiert, wie eine politische Ordnung begründet werden?

Antworten sollten fortan politische Ideologien liefern, die Ordnungssysteme entwarfen, mit denen die bisherigen religiös-obrigkeitlichen Weltbilder im Lichte des neuen Menschenbildes transformiert oder ganz überwunden werden konnten. Konservatismus, Liberalismus, Sozialismus und Kommunismus sind die bekanntesten dieser politischen Ideologien, die sich nun als Konzepte der Staats- und Gesellschaftsordnung mit einem je spezifischen Menschenbild entwickelten.

Das konservative Menschenbild, das oft mit der Metapher vom »alten Adam« arbeitet oder auf Thomas Hobbes' Formulierung hinweist, dass »der Mensch dem anderen Menschen ein Wolf« sei *(»homo homini lupus«)*, drängt auf einen starken, ordnenden, sichernden Staat, der gesellschaftliche Freiheit limitieren müsse, da ein Zuviel in Anarchie und gegenseitiger Gewalt münden könne.

Der Liberalismus hingegen betont die individuelle Freiheit gegen die Ansprüche von Staat und Gesellschaft, die er auf das Notwendigste beschränkt sehen möchte. Seinem Menschenbild gemäß wiegt die Freiheit des Individuums mehr als die Furcht vor Anarchie oder den Unberechenbarkeiten des »alten Adam«. Von der Französischen Revolution bis zum Ende des Ersten Weltkriegs dominierten in Europa und Nordamerika im Wesentlichen verschiedene Varianten und Interpretationen dieser beiden Grundrichtungen.

Daneben entstand seit den 1860er Jahren aus der Arbeiterbewegung die Sozialdemokratie, die bei allen Unterschieden der politischen Praxis und der gesellschaftlichen Ziele ebenso wie Liberalismus und Konservatismus von der grundsätzlichen Fähigkeit des Menschen zur Selbstbestimmung ausgeht.[14] Als Bewegung zur Förderung sozialer Emanzipation und politischer Teilhabe ist das Menschenbild der sozialdemokratischen Bewegungen sogar in ganz spezieller Weise mit dem der Aufklärung verbunden: Individuelle Bildung, soziale Mobilität und Aufstieg durch Gleichberechtigung aller Menschen im Leistungswettbewerb sind allesamt Vorstellungen, die sich direkt aus dem Menschenbild der Aufklärung ergeben.

Seit der Mitte des 19. Jahrhunderts entwickelten sich neben diesen dominierenden Strömungen grundlegend andere, strikt in sich geschlossene politische Weltbilder, die für die längste Zeit des 20. Jahrhunderts welthistorische Bedeutung erlangten. Seit den 1840er Jahren formulierten Karl Marx (1818–1883) und seine Anhänger die Theorien vom geschichtsbestimmenden ewigen Klassenkampf.

Hier ist der Mensch das Produkt eines fest und vorhersehbar verlaufenden historischen Prozesses. Das Individuum hat keine Wahl, vielmehr bestimmen anonyme Kräfte und Strukturen sein Denken und seine Zukunft. Es kann die Geschichte nicht aufhalten, sondern ihre Gesetze nur »erkennen« und sich entsprechend verhalten, indem es den vorgegebenen Weg seines Lebens und seiner Gesellschaft hin zum Kommunismus selbst mit vorantreibt. Als Marxismus-Leninismus wurde dieses Menschenbild seit 1917 zum Leitbild aller kommunistischen Bewegungen des 20. Jahrhunderts.[15]

Nahezu parallel zur Entwicklung des marxistischen Geschichts- und Menschenbildes verbreitete sich seit den 1850er Jahren die Ideologie eines globalen Rassenkampfes. Der französische Graf Joseph Gobineau (1816–1882) legte 1853–1855 seinen »Versuch über die Ungleichheit der Menschenrassen« vor. Im letzten Drittel des 19. Jahrhunderts verbanden »Rassentheoretiker« Gobineaus Konstrukte mit dem Darwinismus zu einem Modell, das auch die Menschengeschichte erklären sollte.

Dieser »Sozialdarwinismus« predigte, dass der Überlebenskampf zwischen Tierarten in gleicher Weise für Menschen gelte. Die Formel der Radikalisierung lautete: Von der Verschiedenartigkeit von Menschen zur Verschiedenwertigkeit, von der Verschiedenwertigkeit zum Wettbewerb, vom Wettbewerb zum Überlebenskampf – und damit zum Ringen auf Leben und Tod.

Das Menschenbild der Rassentheorien mündete im Nationalsozialismus; der Zweite Weltkrieg war der Versuch, es weltweit durchzusetzen. Dem Einzelnen bleibt auch hier nur die Wahl: entweder seine Rolle als Angehöriger »seiner Rasse« anzunehmen und sich im dauernden Kampf gegen »andere Rassen« zu behaupten, denen er dieselben Motive unterstellt – oder unterzugehen.

Sowohl der Marxismus als auch der Rassismus setzen sich

bewusst ab vom Menschenbild der Aufklärung. Sie sehen den Menschen als unfrei und gefangen – im Klassenkampf oder im Rassenkampf. Wer diesen Glauben nicht teilen möchte, schließt sich aus und ist deshalb selbst zu bekämpfen; wer sich weigert, der angenommenen Bestimmung zu folgen, muss umerzogen und diszipliniert, vielleicht sogar vernichtet werden.

Vereinfacht lassen sich diese Ideologien seit der Aufklärung somit in zwei grundsätzliche Strömungen kategorisieren: jene, die – wie Konservatismus, Liberalismus und Sozialdemokratie – im Prinzip von der individuellen Freiheit und Selbstbestimmung des Menschen ausgehen, seiner Fähigkeit zur Vernunft und seinem Recht auf persönliche Entwicklung – wobei sich die Konzepte der politischen Ordnungen, mit denen dies am besten zu sichern sei, je nach den Varianten des Menschenbildes unterscheiden.

Ihnen gegenüber stehen jene dogmatischen Ideologien, die dem einzelnen Menschen eine Rolle als Objekt in einem historisch vorbestimmten Prozess zuweisen – so wie dies in den Zeiten vor der Aufklärung für Religionen galt.

Diese grundsätzliche Dichotomie zwischen dem Naturrecht der Freiheit des Einzelnen und dem Anspruch dogmatischer Ideologien oder Religionen auf Gehorsam und Unterwerfung strahlt aus bis zur Gegenwart.

Nicht zuletzt aus der erbitterten globalen Konfrontation zwischen dem Menschenbild der Aufklärung und dem des nationalsozialistischen Rassismus speiste sich nach dem Zweiten Weltkrieg der Drang, die Prinzipien, die diesen Kampf von Seiten der demokratischen Staaten bestimmt hatten, als Lehre und Orientierung festzuhalten.

Daher beschloss die Generalversammlung der Vereinten Nationen 1948 die *Allgemeine Erklärung der Menschenrechte.* Ihr lag die Einsicht zugrunde, dass »die Anerkennung der angeborenen Würde und der gleichen und unveräußerlichen Rechte aller Mitglieder der Gemeinschaft der Menschen die Grundlage von Freiheit, Gerechtigkeit und Frieden in der Welt bildet«.

Die Erfahrungen der jüngeren Gegenwart aufnehmend, hielt die Resolution fest, dass »die Nichtanerkennung und Verachtung der Menschenrechte zu Akten der Barbarei geführt haben« und dass »es notwendig ist, die Menschenrechte durch die Herrschaft des Rechtes zu schützen, damit der Mensch nicht gezwungen wird, als letztes Mittel zum Aufstand gegen Tyrannei und Unterdrückung zu greifen«.[16]

Die Erklärung fasste im Wesentlichen Gedanken der Menschenrechte zusammen, wie sie schon in der amerikanischen Unabhängigkeitserklärung und der Französischen Revolution ausgedrückt worden waren. »Alle Menschen sind frei und gleich an Würde und Rechten geboren. Sie sind mit Vernunft und Gewissen begabt und sollen einander im Geiste der Brüderlichkeit begegnen«, heißt es im ersten Artikel. Entscheidend ist jedoch der Fortschritt im Wissen und der Reflexion, so dass im Unterschied zu Vorstellungen des 18. und 19. Jahrhunderts nun tatsächlich die universale Existenz aller Menschen und ihrer Rechte explizit formuliert war: »Jeder hat Anspruch auf alle in dieser Erklärung verkündeten Rechte und Freiheiten, ohne irgendeinen Unterschied, etwa nach Rasse, Hautfarbe, Geschlecht, Sprache, Religion, politischer oder sonstiger Anschauung, nationaler oder sozialer Herkunft, Vermögen, Geburt oder sonstigem Stand. Des Weiteren darf kein Unterschied gemacht werden auf Grund der politischen, rechtlichen oder internationalen Stellung des Landes oder Gebietes, dem eine Person angehört, gleichgültig ob dieses unabhängig ist, unter Treuhandschaft steht, keine Selbstregierung besitzt oder sonst in seiner Souveränität eingeschränkt ist.«[17]

Nun waren die Autorinnen und Autoren der Erklärung keineswegs naiv, ebenso wenig wie die Mitglieder der Generalversammlung, die diese Formulierungen am 10. Dezember 1948 verabschiedeten. Allen war bewusst, dass hier kein globaler Ist-Zustand, sondern »das von allen Völkern und Nationen zu erreichende gemeinsame Ideal« beschrieben wurde.[18] Aber – und das ist entscheidend für unser Verständnis der historischen Perspektive – die Formulierungen und die ihr zugrundeliegenden Analysen menschlicher Existenz spiegeln den Fortschritt historischer Erkenntnis.

Sie sind zugleich ein Appell an das Selbstverständnis, ja den Lebens-Egoismus aller Menschen. Denn wer sich als Mensch versteht und seiner selbst bewusst ist, muss ein genuines Interesse daran haben, nicht zum Objekt anderer Menschen, das heißt zum Gegenstand oder Objekt von nicht legitimer Herrschaft zu werden. Kein Mensch kann ernsthaft wollen, Sklave oder Untertan zu sein; jeder Herrschaftsanspruch bedarf der Legitimation durch Zustimmung nach festen Regeln und auf Zeit.

Wer die Universalität der Menschenrechte bestreitet, spricht folglich anderen Menschen das Menschsein ab und trifft damit nicht zuletzt sich selbst: Auch sein Menschsein wäre dann relativ. Es stünde dann jedem anderen Menschen frei, ihm ebenso das Menschsein abzusprechen.

Als die *Allgemeine Erklärung der Menschenrechte* im Dezember 1948 verabschiedet wurde, blieb die Weltpolitik weiterhin geprägt von Realitäten, die einer allgemeinen Durchsetzung entgegenstanden. Die globale Konfrontation des Kalten Krieges zwischen den westlichen Demokratien und der marxistisch-leninistischen Sowjetunion löste den bis 1945 dominierenden Konflikt mit dem Nationalsozialismus ab.

Zugleich betrieben demokratisch-parlamentarische Staaten weiterhin koloniale Machtpolitik, die dem Verständnis universaler Menschenrechte widersprach. Und schließlich bestanden auch in demokratischen Staaten Gesellschaftsstrukturen fort, die mit dem offiziell formulierten Menschenbild unvereinbar waren. Die Politik der Rassentrennung in den Vereinigten Staaten ist das vielleicht markanteste Beispiel.

Dies zu benennen widerlegt in keiner Weise den historischen Fortschritt. Denn der Maßstab, sich auf die Universalität der Menschenrechte hin zu orientieren und die Ordnung der Gesellschaft an ihr auszurichten, ist die dauerhafte Herausforderung jeder offenen Gesellschaft – bis zur Gegenwart. So illustrieren beispielsweise die heftigen Auseinandersetzungen nach dem Tod von George Floyd am 25. Mai 2020 die historische Ambivalenz dieser Entwicklung: Der Tod Floyds war die Folge eines weiterhin virulenten Rassismus, der Menschen weltweit bedroht.

Die weltweiten Proteste vom Sommer 2020 zeigen zugleich die Energie und den Willen zur Wehrhaftigkeit offener Gesellschaften, solche Gewalttaten zu ahnden und ihre Ursachen zu beseitigen – so unendlich herausfordernd diese Aufgabe auch weiterhin erscheint. Aber diese Energie und der Wille zur Besserung unterscheidet das Eintreten für universale Menschenrechte seit ihrer Formulierung von den Versuchen aller totalitären Systeme, diese Diskussion über das Menschenbild und die Menschenrechte zu meiden und zu unterdrücken.

Es ist durchaus erstaunlich, wie hartnäckig sich Menschenbilder und Geschichtsphantasien halten, die einer Vorstellung vom freien, selbstbestimmten Individuum zu widersprechen versuchen, ohne die betroffenen Menschen zu befragen und ihre Stimme ernst zu nehmen. Das galt bis zum Ende des Kalten Krieges für die Staaten und Regime im sowjetischen Machtbereich. Aber es galt und gilt auch durchweg für alle autoritären und totalitären Herrschaftssysteme, die sich neben dem marxistisch-leninistischen Geschichtsmodell etabliert haben – von den autoritären Herrschaften in Russland oder der Türkei über die religiösen Ansprüche im Iran oder Saudi-Arabien bis hin zu den dogmatischen Führungsansprüchen der Kommunistischen Partei in der Volksrepublik China.

Wer im Jahr 2020 lebt, hat einen historischen Vorteil: Im Unterschied zu unseren Vorfahren kennen wir die Realitäten und die Folgen ihrer Menschenbilder und Herrschaftsmodelle und können aus den Erfahrungen lernen. Diese Lehren und Erkenntnisse können wir abrufen, wann immer solche Ideologien uns als Rezepte für die Probleme unserer Gegenwart angeboten werden. Wenn wir folglich die politischen Entwicklungen unserer Gegenwart analysieren und verstehen wollen, müssen wir immer wieder unsere eigene Grundauffassung der menschlichen Natur klären – und die unseres politischen Gegenübers.

Wenn sich in einer Diskussion alle Seiten über die von ihnen angenommene »Natur des Menschen« im Klaren sind, werden auch die Gründe für Differenzen deutlich. Ob in Fragen der Sozialpolitik, der Wirtschaftsordnung oder auf dem Gebiet der internationalen Beziehungen: Immer leitet das Menschenbild den Erkenntnisweg von der Analyse zur Bewertung – und dies ermöglicht es uns, wenn wir wollen, uns mit Vernunft zu positionieren.

In allen Analysen politischer Konflikte unserer Gegenwart müssen wir dies in Erinnerung rufen. Wir haben damit das Instrumentarium, um Argumente und Positionen einordnen und bewerten zu können. Denn in allen politischen Positionen und wirtschaftlichen Argumenten – von Wladimir Putin bis Xi Jinping, von Nicolás Maduro bis Ali Chamenei, von Viktor Orbán bis Rodrigo Duterte, von Jair Bolsonaro bis Donald J. Trump – ist die Vorstellung des Menschenbildes identifizierbar. Und wir sollten uns stets fragen, ob wir uns darin wiedererkennen und ob wir gemäß den Konsequenzen, die sich aus diesen Menschenbildern ergeben, behandelt werden wollen.

Auch dieser Text hat ein Menschenbild vor Augen: den an Vernunft und prüfbarem Wissen orientierten, am selbstständigen Denken und am Austausch von Argumenten interessierten Menschen: der über dieselben Rechte und Pflichten verfügt wie alle anderen auch; der Behauptungen übersinnlicher Wahrheit misstraut und stattdessen auf Forschung und Prüfung, Lernen und Verstehen setzt; der allen Menschen die Möglichkeit zur Vernunft zuschreibt. Und ihnen zutraut, selbst zu denken. Sapere aude.

Viren kennen keine Religion. Die antiwissenschaftliche Naivität mancher religiöser Gruppen könnte dem individuellen Glauben überlassen bleiben – wenn sie im Alltag nicht zur Gefährdung aller anderen Menschen führen würde. In den Vereinigten Staaten wollten Fernsehprediger das Virus »per Befehl« austreiben. Die Corona-Erkrankungen in Frankreich explodierten nach einem mehrtägigen Treffen von etwa 2000 Evangelikalen im Februar 2020 in Mülhausen. Im Mai folgten ähnliche Ausbrüche unter »Evangeliums-Christen« in Frankfurt und Bremerhaven. Die Folgen trug die ganze Gesellschaft als weltliche Solidargemeinschaft.

Göttergeschichten: Religion

> »Gott schuf den Menschen nach seinem Bilde, das heißt vermutlich, der Mensch schuf Gott nach dem seinigen.«
>
> *(Georg Christoph Lichtenberg, 1774)*[1]

Am späten Nachmittag des 23. August 1749 verfinsterte sich der Himmel im Süden des Klosters St. Salvator bei Passau. Was zunächst wie eine Gewitterwolke erschien, entpuppte sich als riesiger Heuschreckenschwarm, der die Sonne verdunkelte und tosenden Lärm verbreitete. Bald waren – wie Josef von Silbermann, der Abt des Klosters, für die Nachwelt notierte – alle Bäume, Wiesen, Äcker, Wege und Dächer bedeckt, »ganz grau und aschenfarb (...), wie in Wintter durch häuffigen schnee alles weis zu werden pfleget«.[2]

Im Frühjahr waren die Schwärme, von Süden kommend, in Siebenbürgen und Ungarn aufgetaucht und hatten sich von dort Richtung Bayern und Franken ausgebreitet. Die Menschen fühlten sich an die achte der biblischen Plagen erinnert, mit denen ihr Gott, dem Buch Exodus zufolge, einst Ägypten geschlagen hatte. Vor allem aber kam ihnen die Offenbarung des Johannes, das letzte Buch der Bibel, in den Sinn, jene Vision des Weltuntergangs, in der es heißt: »Aus dem Rauch kamen Heuschrecken über die Erde und ihnen wurde Kraft gegeben, wie sie Skorpione auf der Erde haben. Es wurde ihnen gesagt, sie sollten dem Gras auf der Erde, den grünen Pflanzen und den Bäumen keinen Schaden zufügen, sondern nur den Menschen, die das Siegel Gottes nicht auf der Stirn haben.«[3]

Im Bistum Regensburg empfahl man, in sämtlichen Kirchen

vormittags und abends »mit lauter Stimme 5 Vater Unser und so viel Englische Grüß samt einem Glauben und Litaney aller Heiligen« zu beten. In Siebenbürgen und Ungarn hatte die Obrigkeit eine dreitägige Prozession angeordnet, »auf daß der Allerhöchste und gutigste Gott seinen wegen unserer Sünden rechtmäßig geschöpfften (…) Zorn, von unserem lieben Vaterland (…) fürohin abwenden, und seine alle menschliche Missethaten übertreffende Barmhertzigkeit uns wiederum bezeigen« möge. Liturgische Bücher verzeichneten Gebete, in denen Menschen sich ihrer Sünden anklagen und ihren Gott »mit gebeugten Herzen und Knieen« anflehen sollten, »Gnade für Recht ergehen« zu lassen gegen das »schädliche Ungeziefer«.[4] In allen Empfehlungen und Vorschriften ist dasselbe Prinzip erkennbar: Ein Gott rufe die sündigen Menschen mit einem Strafgericht zur Ordnung, durch Gebet und Sühne sei er umzustimmen.

Wenn wir in die Menschheitsgeschichte blicken, erkennen wir eine geradezu überwältigende Zahl von Göttervorstellungen. Diesen Göttern werden von jeher die unterschiedlichsten Rollen und Bedeutungen zugeschrieben. Dabei entspringt das menschliche Bedürfnis, sich Götter zu imaginieren, nicht selten dem Wunsch, Zufälliges und Unverstandenes, das alles Leben begleitet, durch eine transzendente, außermenschliche Kraft erklärbar und verständlich zu machen. Göttervorstellungen halfen den Menschen, ihr Gefühl von Ohnmacht, Unverständnis und Schicksalhaftigkeit des Lebens zu kompensieren – gegenüber Naturgewalten wie irdischen Mächten gleichermaßen. In einer Welt voller Rätsel können Göttervorstellungen helfen, Zufälle, Nöte und Bürden so zu deuten, dass sie für das eigene Leben erträglicher werden.

Menschen erschaffen sich Götter, und sie konstruieren Religionen ganz nach ihren Bedürfnissen. Die Natur des Menschen kennt folglich keine »natürliche« Religion. Der Mensch ist von seiner Natur her frei zu glauben, was immer er mag. Oder auch auf einen Glauben zu verzichten.

Heute existieren neben den drei bekanntesten monotheistischen

Religionen – Christentum, Judentum und Islam – Tausende weitere Gottesvorstellungen. Zuletzt, im Mai 2019, konnten die Fernsehzuschauer in aller Welt live verfolgen, wie in Thailand ein neuer König und Gott inthronisiert wurde. (Sein Name ist Maha Vajiralongkorn Bodin Dradebaya Warangkun, »König der Blitze, Abkömmling von allmächtigen Gottheiten«; bis zu seiner Inthronisierung lebte er viele Jahre am Starnberger See und ist auch seither regelmäßig zu Gast in Deutschland.)

In Europa zählten die Göttererzählungen der Griechen, Römer und Germanen rund um Zeus, Jupiter und Thor jahrhundertelang zum Schulkanon. Dass unsere heutige Zeitrechnung nahezu weltumspannend »nach Christus« gezählt wird, spiegelt dabei den viele Jahrhunderte währenden Eroberungszug jener Religion, deren Anhänger sich auf den Nazarener Wanderprediger Jesus berufen.

So auch die beiden größten Religionsgruppen, Katholiken und Protestanten, in der Bundesrepublik Deutschland: Nach einer Erhebung von 2017 gehören 28 Prozent der Bevölkerung hierzulande der katholischen und 26 Prozent der evangelischen Religionsgemeinschaft an. Zehn Prozent zählen zu einer der zahlreichen anderen Religionen, davon gut die Hälfte zu den Glaubensrichtungen des Islam. Die größte Gruppe bilden mit 37 Prozent der Bevölkerung diejenigen ohne jede Religionsbindung.[5]

Die Erfindung der Götter

Wir wissen nicht, wann Menschen begannen, sich Religionen auszudenken. Vielleicht ist die Vorstellung, übernatürliche Wesen seien für all die unverstandenen, schicksalhaften und zufälligen Ereignisse verantwortlich, so alt wie die Menschheit selbst. Man mag in dem Befund, dass Menschen bereits vor zehntausend Jahren ihre Nächsten nach deren Tod nicht einfach liegen ließen, sondern sich um die Leiche kümmerten, schon die Form eines Rituals erkennen, ohne dass wir es religiös nennen könnten. Aber es ist, mit dem Prähistoriker Hermann Parzinger zu sprechen,

»durchaus anrührend, wenn man entsprechende Begräbnisse schon von Neandertalern findet«.[6]

Die neuere Forschung zeigt, dass die bisherige Annahme, die Vorstellung von der Existenz strafender Götter sei eine Vorstufe komplexer Gesellschaften, wohl nicht zutrifft. Lange stand die These im Raum, die Idee von der Existenz »moralisierender Götter« habe eine Art Maklerfunktion eingenommen: Der Glaube an ein übernatürliches Wesen, das als Moralwächter und zu Strafen fähige übernatürliche Kraft imaginiert werde, habe das Zusammenleben von sich eigentlich fremden Menschen in größeren Gesellschaften erleichtert und befördert.

Eine weit gefasste Analyse von 413 menschlichen Gesellschaften in dreißig Regionen weltweit, die über einen Zeitraum von zehntausend Jahren existierten, deutet aber auf eine andere Erkenntnis: Erst schufen die Menschen komplexere Gesellschaften, dann imaginierten sie strafende Götter.[7] Religionen hatten dabei schon immer auch eine machtpolitische Funktion. Zunächst wurden Glaubensinhalte und Glaubenspraktiken standardisiert durch regelmäßige Wiederholung und indem religiöse Autoritäten ritualisierte Übungen anordneten. Waren sie erst einmal etabliert, ließen sie sich auf größere Bevölkerungsgruppen übertragen. Damit konnten auch Herrschaftsgrenzen überschritten werden. Zwei Herrschaftsgebiete konnten also ähnliche Rituale befolgen und waren so gleichsam auf einer übergeordneten Ebene verbunden. Diese Rituale und die institutionalisierte Kontrolle durch religiöse Hierarchien lassen sich lange vor der Imagination moralisierender Götter nachweisen.[8]

Religiöse Glaubenssysteme leben durch Rituale, Zeremonien und Wiederholungen. Sie konstruieren einen geschlossenen Raum von Glaubenssätzen: – »Es gibt Götter«, »Diese Götter beobachten Dein Leben, sie haben Macht (über Dich!)«. Nun sind Menschen nicht von Natur darauf aus, sich imaginierten Autoritäten unterzuordnen. Glaubenssysteme zielen deshalb auf Vereinheitlichung und Überschaubarkeit ihrer Konstruktionen mit Hilfe von Regeln, die das individuelle Sprechen und Denken überlagern. Um diese Glaubenssysteme stabil zu halten, bilden Religionen hierarchische Strukturen von Autorität und Priestertum aus, die wiederum Macht beanspruchen und von den Gläubigen verlangen, Gehorsam zu leisten.

Dieser Anspruch ist nicht nur ein historisches Phänomen. Bis in die Gegenwart üben viele Religionen Einfluss auf politische Prozesse, gesellschaftliche Machtverteilung und wirtschaftliche Entwicklungen. Beispiele dafür werden wir später betrachten. Diese Ansprüche entstammen nicht selten historischen Traditionen, nach denen Religionen nahezu alle Bereiche des menschlichen Lebens in einem Maße bestimmten, das uns heute fremd erscheint. Ein kurzer Blick auf die Geschichte Europas zeigt die Bedeutung und Wirkung von Religionen. Dabei ist wichtig, die zentrale Frage im Blick zu behalten: Welches Menschenbild, welche Vorstellung von der »Natur des Menschen« liegt Religionen zugrunde?

Bis in die politischen Debatten der Gegenwart ist regelmäßig vom »jüdisch-christlichen Erbe« die Rede. Das Begriffspaar verweist auf bestimmte Texte und Vorstellungen, die hier nur kurz erwähnt werden sollen. Im Zentrum steht zunächst die Person Jesus, ein jüdischer Wanderprediger im Gebiet des heutigen Israel, von dessen Wirken einige Erzählungen berichten, die Jahrzehnte nach seinem Tod entstanden sind. Wir kennen sie unter dem Begriff »Neues Testament«. Die Erzählungen beziehen sich regelmäßig auf frühere Texte, die in derselben Region über viele Jahrhunderte vor dem Auftreten von Jesus entstanden und als »Altes Testament« bekannt sind. Darin sind eine Vielzahl mythischer Geschichten, Fabeln und Dichtungen versammelt, in denen es immer wieder um die Vorstellung eines Gottes geht, der sich sehr direkt zu den Menschen verhält und von ihnen Gehorsam erwartet.

Mit dem Auftreten von Jesus glaubte nun eine wachsende Zahl von Menschen, dass dieser der in vielen Texten angekündigte Gottessohn, der Messias, oder griechisch: der Christus, sei. Sie nannten sich Christen und beriefen sich auf die Erzählungen des Neuen Testaments. Andere glaubten, weiter auf das Erscheinen eines Gottes warten zu sollen. Manche warten noch heute.

Für die Ausbreitung des Jesus-Glaubens entscheidend wurde die Verbindung zur politischen Herrschaft im Römischen Reich, in den ersten Jahrhunderten christlicher Zeitrechnung die dominierende militärisch-zivilisatorische Kraft des europäischen Kontinents. Das Christentum nahm dabei zahlreiche Riten und Glaubensvorstellungen anderer Religionen auf.

Über Jahrtausende schon war es geübte Tradition politischer Führer – von den Pharaonen Ägyptens bis zu den römischen Kaisern –, sich bei ihrem Herrschaftsanspruch auf eine transzendente Legitimation zu berufen. Diese Aufgabe übernahm nun seit dem 4. Jahrhundert in Europa zunehmend das christliche Glaubenssystem. Exemplarisch lässt sich dies im 8. Jahrhundert am fränkischen König Carolus Magnus zeigen. »Karl der Große« war ein nach zeitgenössischen Maßstäben überaus erfolgreicher Heerführer und Herrschaftsorganisator. Seine Macht beruhte im Kern auf seiner militärischen Kontrollgewalt, die er glaubwürdig und nachhaltig in einem großen Territorium zu repräsentieren vermochte.

Mittlerweile hatte sich das Christentum zu einer hierarchischen Kirchenorganisation entwickelt, an deren Spitze der Papst als oberster Priester den Anspruch erhob, die göttliche Herrschaft zu repräsentieren. Zugleich sahen sich die Anhänger des Jesus-Glaubens von dessen Aufforderung angetrieben, den Glauben an ihn zu verbreiten.[9] Diese »Mission« war nicht möglich ohne Verdrängung. Die Vielfalt der Göttervorstellungen sollte der Idee des einen Gottes weichen.

Dies war auch für politische Herrscher höchst attraktiv. Denn wenn es nur einen Gott gab, der einen König legitimierte, verloren alle Konkurrenten ihre Rechtfertigung. Politische und religiöse Herrschaftsansprüche waren zudem über eine komplexe Vorstellung göttlicher Reiche verbunden. Entscheidend war: Wer Herrschaft beanspruchte, musste sich auf ein vermeintlich von einem Gott gegebenes Recht berufen. Denn eine überwältigende Zahl von

Menschen lebte durch die religiösen Erzählungen in Glaubensvorstellungen, die ein Weiterleben nach dem Tod verhießen, auf das es sich vorzubereiten galt.

Den Schlüssel, so die weitere Glaubenskonstruktion, besaßen die Menschen selbst – durch ihr Verhalten im alltäglichen (und einzig realen) Leben. Wer sich hier, im Diesseits, nach den Regeln der Glaubensorganisatoren in Kirche und Priesterkaste verhielt, dem wurde ein glückliches Leben nach dem Tod, im Jenseits, versprochen. Die Furcht vor dem Schicksal in der wortreich ausgemalten Phantasiewelt nach dem Tod war der vielleicht mächtigste Antrieb zum Gehorsam.

Wer dergleichen nicht glauben mochte, gar dagegen opponierte, stellte sich gegen die überwältigende Mehrheit seiner Zeitgenossen – und, schlimmer noch, gegen den imaginierten Gott. Entsprechend beflissen zeigte sich die Mehrheit gegen Abweichler, nicht zuletzt aus Furcht um die eigene Bewährung.

Wir müssen uns die Weltvorstellungen der Menschen jener Jahrhunderte in Erinnerung rufen, um den Denkhorizont zu verstehen und die Wucht der Ereignisse zu begreifen, die all diese Bilder und Erwartungen erschütterten. Eine grundlegende Zäsur bewirkte zunächst im 16. Jahrhundert die Aufspaltung und Lagerbildung der christlichen Konfessionen im Zuge der sogenannten Reformation. Als dominierende Glaubensorganisation hatte die katholische Kirche bis dahin ihren Wahrheits- und Herrschaftsanspruch in weiten Teilen des heutigen Europa durchzusetzen vermocht.

Diese Einheit zerbrach nun im Zustrom neuer Glaubensmodelle, die konkurrierende Wahrheiten behaupteten. Die neuen Glaubensgründer – der bekannteste zweifellos Martin Luther – entstammten in der Regel den alten Institutionen. Diese Varianten des Christus-Glaubens werden seither unter dem Begriff des Protestantismus gefasst. Ihre Anhänger beriefen sich auf dieselben Texte und denselben Ursprung, leiteten daraus jedoch andere Lehren ab und behaupteten zugleich, die eigentlich richtige Interpretation zu bieten.

Die Vorstellung einer alle Glaubensrichtungen in sich schließenden Herrschaft war nicht länger durchzusetzen. Die Anhänger der Protestanten beanspruchten das gleiche Maß an religiöser »Wahrheit« und damit an Legitimität wie diejenigen, die weiter den überkommenen Vorstellungen einer »sakralen Universalherrschaft« folgten.

Im Augsburger Religionsfrieden fanden die Gegner 1555 den Kompromiss, dass der jeweilige Herrscher in seinem Gebiet die Konfession seiner Untertanen bestimme (*cuius regio, eius religio* – »wer herrscht, bestimmt die Religion«). Der Kompromiss löste jedoch nicht den grundsätzlichen Konflikt. Alle konkurrierenden Parteien nahmen für sich in Anspruch, im Namen eines überlegenen Gottes zu sprechen.

Der Dreißigjährige Krieg und die Folgen

Von der Mitte des 16. Jahrhunderts bis zur Mitte des 20. Jahrhunderts prägte der konkurrierende Wahrheitsanspruch beider christlicher Kirchen die Lebenswirklichkeit der allermeisten Menschen, die im Gebiet des heutigen Europa lebten.

Verheerend deutlich zeigte sich diese Konfrontation zwischen katholischem und protestantischem Glaubenssystem im sogenannten Dreißigjährigen Krieg von 1618 bis 1648. Der Krieg war ein Gemisch aus unterschiedlichsten Konflikten, die miteinander verwoben waren. Aber die wichtigsten Motive aller Seiten kreisten stets um die Verbindung von Machtpolitik und Religion. Die große Mehrzahl der Zeitgenossen betrachtete sich als Teil eines religiösen Heilsgeschehens. Sie dachten sich abhängig von einem beobachtenden, eingreifenden, strafenden Gott. Den Krieg interpretierten sie entsprechend: Er kam irgendwie von außen, als »göttliches Gericht«.

Das Gemetzel um die Gottesgunst kostete jeden dritten Mitteleuropäer das Leben. Die Anhänger beider Seiten töteten sich gegenseitig in Scharen, zerstörten Verkehrswege und Siedlungen, verwüsteten Wirtschaftsgüter und Handel. Aber der Gott, in dessen Namen alle zu kämpfen vorgaben, mochte sich für keine Partei entscheiden.

Ausgezehrt von den Verwüstungen einigten sich die überlebenden Kriegsparteien in jahrelangen Verhandlungen auf eine weniger blutige Lösung: Toleranz und Kompromiss. Man erdachte einen »Normaltag« – der 1. Januar des Jahres 1624 – und ordnete die Rechtsverhältnisse zwischen den Glaubensgruppen nach diesem Maßstab. Aus dem Wahrheitsanspruch beider Seiten, der bislang auf Leben und Tod ausgefochten wurde, entwickelte sich ein Wettbewerb auf dem Markt für Glaubensbedürftige.

Wer später nach Gründen für die in vielen deutschen Ländern verbreitete Sehnsucht nach Obrigkeit und Schutz durch Autoritäten sucht, muss auf diese Entwicklung der »Glaubensspaltung« bis zum Ende des Dreißigjährigen Kriegs blicken. Die Erfahrungen der Konflikte und des jahrzehntelangen Gemetzels brannten sich tief in das Bewusstsein der Betroffenen ein. Das waren vor allem die deutschsprachigen Mitteleuropäer, in deren Gebieten sich die gegenseitigen Ansprüche auf göttliche Wahrheit und weltliche Legitimität so grausam ausgewirkt hatten.

So wurde der Kompromiss, Landesherrschaft und Religion, politische Macht und religiöse Orientierung zu verbinden, zu einer bestimmenden Größe mitteleuropäischer Geschichte. Dem Landesherrn wuchs die Rolle des Garanten zu. Stabile staatliche Autorität und öffentliche Ordnung sollten vor weiteren marodierenden Heerscharen bewahren.

Die Überlebenden des Dreißigjährigen Kriegs gewöhnten sich im Schmerzgedächtnis der Religionskonflikte an, den Sicherheitsversprechen der Landesführung zu folgen, statt möglicherweise mit Gewalt für Ansprüche auf mehr politische Machtteilhabe zu kämpfen. Besser in einem autoritär gesicherten, stabilen Staat leben und von weiteren Kriegserfahrungen verschont bleiben, als weitere Verwüstungen erdulden zu müssen – so ist diese lange wirkende Haltung im Wesentlichen beschrieben worden.[10]

Ganz gleich ob das Verlangen nach Gehorsam vom protestantischen Landesherrn, vom katholischen Bischof oder dem Papst kam, die Haltung bevorzugter Unselbstständigkeit des Untertanen blieb sich ähnlich. Die enge Verbindung der protestantischen Kirche zu ihren Landesherrschern verstärkte diesen Effekt.

Das deutschsprachige Mitteleuropa arrangierte sich so zu einer vielfarbigen Landkarte von Hunderten benachbarten protestantischen und katholischen Herrschaftsgebieten, mit denen die religiöse Konfrontation gewissermaßen eingefroren war. Die bunte Vielfalt unterschied diese mitteleuropäischen Territorien von jenen Ländern, deren Herrschaftsgebiete in hohem Maße homogene religiöse Einheiten bildeten. Beispielhaft galt dies für Frankreich und England, ähnlich auch für Spanien oder die Niederlande. England war seit König Heinrich VIII. religiös protestantisch geprägt. In Frankreich und Spanien dominierte der Katholizismus. In den Gebieten russischer Herrschaft setzte sich die orthodoxe Kirche durch.

In der bunten Mischung der deutschen Territorien spiegelte sich diese Rivalität auch im Konflikt der beiden bedeutendsten Militärmächte: Österreich blieb katholische Vormacht, Preußen wurde die protestantische. Die religiösen Konflikte verlängerten sich so in die Sphäre der Außen- und Machtpolitik. Im sogenannten deutschen Dualismus – dem gut zwei Jahrhunderte währenden Kampf zwischen Preußen und Österreich um die dominierende Rolle im deutschsprachigen Mitteleuropa, den Preußen 1866 für sich entschied – schwang dieser religiöse Grundkonflikt stets mit.

Die Vielfalt von Machtzentren war ein weiteres Merkmal. Ein einziger Ort der Zentralgewalt wie London für die britischen Inseln oder Paris und Versailles für Frankreich existierte in Mitteleuropa nicht. Wien, Berlin, Hamburg, Dresden, München oder Stuttgart – die regionalen Herrschaftszentren blieben von Konkurrenz geprägt.

Dem entsprach eine Vielfalt der Regionen mit ihrer je eigenen Kultur. Die Unterschiede zwischen einem Hamburger Kaufmann und einem bayerischen Handwerker, einem badischen Offizier und einem preußischen Junker blieben für den Lebensalltag markant. Auch entwickelte sich keine von allen gleichermaßen anerkannte gemeinsame Institution, wie es sie etwa im Londoner Parlament für ganz England gab. Einen König gar zu köpfen, um dessen Nimbus ein für alle Mal zu brechen, wie es dort Karl I. widerfuhr, erschien in deutschen Landen geradezu undenkbar.

Für die meisten Menschen blieben die Religionssysteme mit ihren Götterbildern auch im 17. und 18. Jahrhundert prägend. Die übergroße Mehrheit sah sich als Geschöpf einer äußeren Macht. Für die eigene Verantwortung brachte das je nach Position Vor- und Nachteile: Privilegien für die selbsternannten Gottesvertreter; Pflichten, Kosten und Arbeit für den Rest der Gläubigen. Wem Menschen abnahmen, dass er für ihren Gott sprach, der konnte Einfluss nehmen, Macht ausüben, über Leben und Tod bestimmen. Wer, wie die meisten Menschen, diese Regeln nicht mitbestimmen konnte, musste gehorchen, um nicht Strafe auf sich zu ziehen.

Mit dem Fortschritt des Wissens aber wurde offensichtlicher, dass systematisches Denken und rationales Handeln Ergebnisse lieferten, die durch Gebete nicht zu erreichen waren. Das wurde den Zeitgenossen auch anlässlich der eingangs beschriebenen Heuschreckenplage von 1749 deutlich.

Bereits im Jahr zuvor waren kleinere Schwärme über Ungarn und Siebenbürgen Richtung Schlesien gezogen. Kaiser Franz I. war im Oktober 1748 selbst nach Ungarn gereist, um sich die Naturkatastrophe anzusehen. Er sandte den Mathematiker und Naturforscher Joseph Anton Nagel (1717–1794), um vor Ort geeignete Gegenmaßnahmen zu erkunden. Als sich die Plage im nächsten Sommer wiederholte, veröffentlichte Kaiserin Maria Theresia am 25. Juni 1749 ein Edikt, das die wirksamsten Maßnahmen beschrieb. Das Wissen verbreitete sich über die habsburgischen Herrschaftsgebiete hinaus, und viele Menschen reagierten. Prämien für abgelieferte Heuschreckeneier, Dreschflegel, steinerne Walzen und ähnliche Gerätschaften wurden eingesetzt, um die Tiere zu erschlagen.

Man vertrieb sie mit Glocken, Becken und Hörnern oder beschoss sie mit Sand. Vor allem der Einsatz von Feuer erwies sich als erfolgreich: Man streute nachts, wenn die Tiere ruhten, Stroh oder Tannenzweige über sie und zündete es an. So gelang es schließlich, der Plage Herr zu werden.[11]

Die Reaktionen zeigen exemplarisch die Varianten zeitgenössischer »Lösungsstrategien«: Auf der einen Seite die überkommene Vorstellung, dass die Naturkatastrophe dem Handeln überirdischer Mächte entspringe, die durch Anbetung und Selbsterniedrigung besänftigt werden können. Auf der anderen Seite die systematische Analyse dessen, was in der Natur real geschieht, und daraus abgeleitet die Erprobung unterschiedlichster praktischer Mittel auf ihre Wirkung, um die zerstörerischen Effekte und Folgen der Naturgewalten zu minimieren.

Entscheidend ist der Lerneffekt: Um zu verhindern, dass die Heuschrecken die eigenen Lebensgrundlagen bedrohen, erscheint es vielversprechender, die Tiere zu beobachten, zu bekämpfen und zu verbrennen, als mittels Kniebeugen und Prozessionen auf Hilfe zu hoffen.

Diese Gegenüberstellung verweist auf jene zentrale, ja revolutionäre Zäsur, die auch als »anthropologische Wende« bezeichnet wird: Der Mensch sieht sich selbst als Element einer Welt, die er zu verstehen und in der er sich selbst eigenständig zu verorten vermag. Er bemerkt zugleich die Herausforderung an jeden Einzelnen, die darin liegt: Jeder Mensch ist *als solcher* zu vernünftigem Handeln fähig, aber von selbst ist nichts.

Der Mensch ist vielmehr aufgerufen, seine Anlagen durch Erziehung und Bildung zu entwickeln. Das heißt weder, dass es einen Automatismus gibt, der diesen Fortschritt bewirkt, noch, dass diese Anstrengung je ein Ende haben kann. Jeder Mensch ist immer neu dazu aufgerufen.

Diese scharfe Gegenüberstellung und ihre Konsequenzen lagen für das Denken der überwiegenden Mehrzahl der Menschen des 18. Jahrhunderts weit entfernt von Leben und Alltag. Auch die Autoren des Aufklärungszeitalters blieben herausgefordert und

Diese Bibelillustration aus der Werkstatt von Lucas Cranach aus dem frühen 16. Jahrhundert führt plastisch das Gefühl der Ohnmacht vor Augen, mit dem die Menschen damals Krankheit, Leid und Naturkatastrophen gegenüberstanden. Man sah darin göttliche Strafen oder gar Vorzeichen des Weltuntergangs. Während die einen Gebete aufgaben, versuchten andere, die Ursachen der Bedrohungen zu ergründen, um ihrer Herr zu werden. Die Systematik freien Forschens ist die Grundlage jeder Wissenschaft und der Motor des Fortschritts zum Nutzen aller Menschen.

beeinflusst durch zeitgenössische Gottesvorstellungen und konfessionelle Strukturen.

Entscheidend jedoch für die Religionsfrage ist die Erkenntnis, dass unvernünftiges Handeln, menschliche Gewalt und politische, wirtschaftliche oder gesellschaftliche Entscheidungen und deren Konsequenzen nicht länger auf Götter geschoben werden können.[12] Alle Menschen sind aufgefordert, ihren eigenen Verstand zu benutzen. Sie können sich weder darauf berufen, einfach göttliche Gebote zu befolgen, noch auf göttliche Hilfe in der Welt vertrauen.

Glaubensfreiheit und der säkulare Staat

Historisch betrachtet ist die seit der Aufklärung allmählich vollzogene Trennung von »Staat« und »Religion(en)« die Voraussetzung für individuelle Glaubensfreiheit. Diese Grundformel ist einfach. Sie historisch in ihr Recht zu setzen ist allerdings ein seit mehr als zweihundert Jahren andauernder und bis heute nicht abgeschlossener Prozess.

Die Zähigkeit ist dabei keineswegs verwunderlich. Die über Jahrtausende eingeübten Rituale und Glaubensbilder wirkten bei den meisten Menschen wie selbstverständlich fort. Zumal die Kirchenorganisationen weiter über Macht, Eigentum und Menschen verfügten, die den Stand und die Rolle der Religionen wie vor der Aufklärung zu erhalten suchten.

Zwar konnte ein militärischer Eroberer wie Napoleon Bonaparte zahllose Besitztümer der katholischen Kirche neu verteilen – und damit belegen, dass keine höhere Gewalt ihn zu hindern vermochte. Aber auch er bediente sich religiöser Formeln, wenn sie ihm nützlich erschienen. Seine Macht gründete auf militärischer Gewalt, religiöse Formeln und Symbole blieben allerdings nützliche Legitimationsverstärker. Entsprechend beriefen sich monarchische und autoritäre Herrschaften, die das 19. Jahrhundert Europas dominierten, weiterhin auf eine jenseitige, »göttliche« Legitimation, ein »Gottesgnadentum«.

Aber das Bild des selbstständigen, des autonomen Menschen war in der Welt, und aus dem vernunftgemäßen Nachdenken über Staat, Religion und Gesellschaft ergaben sich entsprechende politische Forderungen. Dieses neue Selbstverständnis verbreitete sich, sobald offene Verhandlungen über politische und gesellschaftliche Regeln möglich wurden.

So bestimmte die sogenannte Paulskirchenverfassung von 1849 im Abschnitt über die »Grundrechte des deutschen Volkes« in Paragraph 144: »Jeder Deutsche hat volle Glaubens- und Gewissensfreiheit. Niemand ist verpflichtet, seine religiöse Überzeugung zu offenbaren.« Wer mochte, konnte auch »neue Religionsgesellschaften« gründen. Aber »keine Religionsgesellschaft genießt vor anderen Vorrechte durch den Staat«, und »jede Religionsgesellschaft bleibt (...) den allgemeinen Staatsgesetzen unterworfen«. Zu diesem neuen Weltverständnis passt im Übrigen, dass ein weiterer Paragraph ausdrücklich festhielt: »Die Wissenschaft und ihre Lehre ist frei.«[13]

Die Paulskirchenverfassung trat nie in Kraft, und die Verfassung des Deutschen Reichs von 1871 begann mit der Formel, wonach der preußische König Wilhelm »von Gottes Gnaden Deutscher Kaiser« sei.[14] Die enge Verbindung zwischen dem religiös begründeten Obrigkeitsstaat und dem monarchischen Autoritätsanspruch blieb erhalten und war prägend für das preußisch-deutsche Reich. Wilhelm II., der als Kaiser von 1888 bis 1918 in hohem Maße mitverantwortlich war für die außenpolitische Isolierung des Reiches, die 1914 in den Weltkrieg führte, trat gern als oberster Kirchenherr auf und zelebrierte höchstpersönlich »Gottesdienste«.[15]

Mit dem Untergang des Kaiserreichs gelang den rationalen Kräften in der Weimarer Reichsverfassung die Kodifizierung der Einsichten, die schon für die Paulskirche bestimmend gewesen waren. Den Themen »Religion und Religionsgesellschaften« widmete sich der dritte Teil der Verfassung und hielt fest: »Alle Bewohner des Reichs genießen volle Glaubens- und Gewissensfreiheit. Die ungestörte Religionsübung wird durch die Verfassung gewährleistet und steht unter staatlichem Schutz.« (Art. 135)[16] Zugleich sollten »die bürgerlichen und staatsbürgerlichen Rechte und Pflichten (...) durch die Ausübung der Religionsfreiheit weder bedingt noch beschränkt« werden; niemand war verpflichtet, »seine religiöse Überzeugung zu offenbaren« (Art. 136). Die »Freiheit der Vereinigung zu Religionsgesellschaften« sollte ohne Einschränkungen möglich sein (Art. 137). Diese einschlägigen Artikel der Weimarer Reichsverfassung wurden 1949 in das Grundgesetz aufgenommen.[17]

Im 20. Jahrhundert ist die Phase von 1917 bis 1945 von epochaler Bedeutung. Denn mit dem Kommunismus-Bolschewismus seit 1917 und dem Nationalsozialismus, der 1933 in Deutschland zur Macht gelangte, traten zwei weitere Weltanschauungen mit einem Absolutheitsanspruch auf. Auch sie beanspruchten Wahrheit und behaupteten, die Bewegungsgesetze der Geschichte erkannt zu haben.

Ihre geschlossenen Glaubenssysteme, Rituale und insbesondere ihre dogmatischen Ansprüche an ihre Gefolgschaft hatten quasireligiösen Charakter. Sie versprachen ebenfalls Erlösung und erinnerten in ihrem Absolutheitsanspruch an die überkommenen Religionskonflikte. Die dogmatischen Ideologien forderten in gleicher Weise Gläubigkeit und Gefolgschaft wie in den Jahrhunderten zuvor die Religionen. Sie widersprachen der Vorstellung vom freien, selbstbestimmten Menschen und führten hinter die Aufklärung zurück.

Der Nationalsozialismus scheiterte mit seinem ideologischen Weltherrschaftsanspruch in der Niederlage des Zweiten Weltkriegs. Die Ideologie des Kommunismus-Bolschewismus mit der Sowjetunion als Führungsmacht konnte sich nach dem Weltkrieg noch auf einige Jahrzehnte stabilisieren. Sie behauptete weiterhin, einem vorgegebenen Weg der Geschichte, einer Art eigenem Heilsplan zu folgen.

Eine historische Konsequenz der Erfahrungen und Erkenntnisse aus den religiösen und ideologischen Konflikten war die *All-*

gemeine Erklärung der Menschenrechte von 1948. Die Freiheit und Selbstbestimmung des Menschen bedeutete zugleich sein Recht auf Religionsfreiheit. Als Menschenrecht bedeutet sie aber auch: Wenn ich selbst das Recht der Wahl beanspruche, religiös sein zu können, muss ich Toleranz üben gegenüber der Wahl jedes anderen Menschen, ob er nun meint, einer Religion zu bedürfen, oder nicht.

Die Verbindung von Religionen und deren Wahrheitsansprüchen mit staatlicher Politik war, wie die europäische Geschichte zeigt, regelmäßig Anlass für Gewaltkonflikte, Kriege und Massenmorde. Millionen Opfer machten allen Beteiligten deutlich, dass keiner der Wahrheitsansprüche Vorrang hat. Historisch mündeten diese Erfahrungen in einen Kompromiss: Waffenstillstand, Interessenabgleich, die Suche nach Gleichgewicht und das Bemühen um Toleranz. Zugleich dienten Religionen weiterhin dem Erhalt und der Verteidigung hierarchischer und obrigkeitsstaatlicher Machtstrukturen.

Mit und seit der Aufklärung haben sich die staatlichen Ordnungen in Europa schrittweise von ihren religiösen Verbindungen und Legitimationsansprüchen gelöst. Dieser Prozess der Säkularisierung ist in allen Lebensbereichen sichtbar. Dabei ist von zentraler Bedeutung, dass der Staat als Ordnungsinstanz seine religiöse und weltanschauliche Neutralität zum Wesensmerkmal bestimmt hat und allen Religionen das gleiche Recht zu gewähren sucht. Der moderne Verfassungsstaat ist, wie Horst Dreier treffend konstatiert, »keine sinnstiftende Instanz. (…) Die Obrigkeit des freiheitlichen Verfassungsstaates ist *nicht* von Gott. Hier geht, wie es das Grundgesetz in Art. 20 formuliert, alle Staatsgewalt vom Volke aus. Nach diesem Prinzip der Volkssouveränität gründet sich staatliche Herrschaft weder auf das Gottesgnadentum eines Monarchen oder das Charisma überragender Führergestalten noch auf eine metaphysische Idee oder sakrale Instanz, sondern allein auf den Willen der zum Staatsvolk zusammengefassten Individuen. (…) Jenseits dieses Volkes gibt es für den irdischen

Staat und das weltliche Recht keine weitere Legitimationsinstanz oder Sinnstiftungsquelle.«[18]

Wenn der säkulare Verfassungsstaat gegenüber den Wahrheitsansprüchen von Religionen und Weltanschauungen auf seiner Neutralität besteht, zieht er folglich die Konsequenz aus der historischen Erkenntnis, dass es nach menschlichem Ermessen den *einen* (religiösen oder weltanschaulichen) Wahrheitsanspruch nicht geben *kann*! Damit reklamiert er keineswegs seinerseits einen unbedingten Wahrheitsanspruch und propagiert auch keine weltanschauliche Doktrin; er schützt lediglich *alle* seine Bürger vor der Zumutung, sich zu *einer* weltanschaulichen Position zu bekennen und sich deren Wahrheitsansprüchen unterwerfen zu sollen.

Gleichwohl wird über die Rolle und die Funktion der Religionen bis in unsere Gegenwart weiter heftig gestritten. Woher sollen Menschen, so die häufig gehörte Frage, ihr ethisches Verhalten ableiten, wenn nicht aus religiösen Formeln? Beruhen die Moralvorstellungen, die unser Zusammenleben regeln, denn nicht auf spezifisch »abendländischen« oder »jüdisch-christlichen« Werten?

Dahinter steht die Überzeugung, die moralische Substanz des Menschen könne nur eine religiöse sein bzw. einzig Religionen seien in der Lage, ethisches Handeln und ein (friedliches) Zusammenleben der Menschen herzustellen, gar zu garantieren. Diese Annahme ist falsch – es verhält sich genau umgekehrt: Wie wir gesehen haben, bewirkten Glaubenssysteme mit ihrem unbedingten Wahrheitsanspruch in Europa bis weit ins 20. Jahrhundert hinein das Gegenteil von Frieden und Harmonie, sie waren vielmehr ein Hauptgrund für Gewaltkonflikte. Gerade diese Erfahrungen spiegeln sich in den Verfassungsregeln, die 1849, 1919 und 1949 zu den individuellen Religionsfreiheiten des Menschen formuliert wurden.

Das »Böckenförde-Diktum«

In der Diskussion um das Verhältnis von Staat, Religion und menschlicher Ordnung wird regelmäßig das sogenannte Böckenförde-Diktum angeführt: »Der freiheitliche, säkularisierte Staat lebt von Voraussetzungen, die er selbst nicht garantieren kann.«

Ernst-Wolfgang Böckenförde (1930–2019) resümierte 1964 in einem Vortrag über »Die Entstehung des Staates als Vorgang der Säkularisation« mit Blick auf die aktuelle Frage des Verhältnisses von Staat und Kirchen, dass die »Substanz des Allgemeinen, das der Staat verkörpern und sichern soll (…), nicht mehr in der Religion, einer bestimmten Religion gesucht«, sondern »unabhängig von der Religion in weltlichen Zielen und Gemeinsamkeiten gefunden werden« müsse. »Woraus lebt der Staat, worin findet er die ihn tragende, homogenitätsverbürgende Kraft und die inneren Regulierungskräfte der Freiheit, denen er bedarf, nachdem die Bindungskraft aus der Religion für ihn nicht mehr essentiell ist und sein kann?«[19]

Wie er das verstanden wissen wollte, hat Böckenförde später wie folgt erläutert: »Als freiheitlicher Staat kann er einerseits nur bestehen, wenn sich die Freiheit, die er seinen Bürgern gewährt, von innen her, aus der moralischen Substanz des einzelnen und der Homogenität der Gesellschaft, reguliert. Anderseits kann er diese inneren Regulierungskräfte nicht von sich aus, das heißt mit den Mitteln des Rechtszwanges und autoritativen Gebots, zu garantieren suchen, ohne seine Freiheitlichkeit aufzugeben und – auf säkularisierter Ebene – in jenen Totalitätsanspruch zurückzufallen, aus dem er in den konfessionellen Bürgerkriegen herausgeführt hat.«[20]

Böckenfördes Formulierung hat die intellektuelle Debatte immer wieder bewegt und wurde wiederholt zur vermeintlichen Ehrenrettung des Religiösen angeführt, als könne (nur) Religion die Voraussetzungen liefern, die dem freiheitlichen, säkularisierten Staat angeblich fehlen.[21] Aber religiöse Lehrsätze, Gebote oder Werte sind für ein solches Fundament ganz ungeeignet, da ihre

Gültigkeit auf Glauben beruht. Die »inneren Regulierungskräfte« des Staates können schon deshalb nicht irgendeiner Religion entstammen, weil damit alle Bürger, die sich ihr nicht zugehörig fühlen, außerhalb des Staates stehen würden.

Es bedarf nicht der Homogenität – ob aus ideologischen oder religiösen Herleitungen –, sondern der Humanität aus rationaler Freiheit; diese rechtssicher als Ordnungsrahmen zu strukturieren und zu erhalten ist die Aufgabe des Staates oder, genauer: seiner Bürgerinnen und Bürger. Denn die Voraussetzungen, von denen ein freiheitlicher, säkularer Staat lebt, sind die Menschen, die ihn konstituieren.

Jeder Staat – ob freiheitlich und säkular oder diktatorisch oder autoritär und religiös – ist das Produkt von Menschen; ein Staat und seine Regeln für das Zusammenleben können nur von Menschen ausgehandelt werden und sind in ihrer regelnden Wirkkraft für die Gesellschaft fortwährend zu prüfen. Anders gesagt: Moral fällt nicht vom Himmel, auch in früheren Jahrhunderten nicht, auch nicht in der Zeit vor der Erfindung von Religionen. Menschen kommen zur Moral durch die Nutzung ihres Verstandes. Sie werden zu moralischen Wesen, sobald sie sich als Menschen begreifen, deren individuelles Wünschen, Handeln und Streben nicht ohne den Verbund mit anderen möglich ist.

Es ist gerade der säkulare, freiheitliche Staat, der diese Offenheit zur Vernunft ermöglicht. Die Verhinderung von Totalitätsansprüchen ist selbst kein solcher Anspruch, weil sie den Menschen frei belässt; und nur aus seiner Freiheit können jene »inneren Regulierungskräfte« erwachsen. Insofern schafft und sichert der freiheitliche säkulare Staat in der Tat seine eigenen Voraussetzungen: Als Konstruktion von Menschen ist er in der Lage, seine Bedeutung täglich neu zu konstituieren und zu garantieren, indem er seine Leistungsfähigkeit – als Sozialstaat, Rechtsstaat, parlamentarische Demokratie, als Ermöglicher individueller Freiheit, technischen Fortschritts – beweist.

Mittel dazu sind etwa ein leistungsstarkes Bildungssystem, das jedem die Möglichkeit gibt, seine Fähigkeiten zu entfalten; ein

Steuersystem, das Lasten und Nutzen in einer dem gesamtgesellschaftlichen Wohl dienenden Weise verhandelt; Rechtssicherheit, Menschenwürde, Wissenschaftsfreiheit, Schutz vor Diskriminierung, Fürsorge und Ausgleich lebenswirklicher Härten.

Wenn Böckenförde zu Recht auf das Dilemma des freiheitlichen Staates verweist, der ein verbindendes Ethos brauche, das er nicht durch Zwang verordnen kann, dann ist die Antwort historisch sichtbar: Aufklärung, Selbsterkenntnis, Reflexion und Humanismus sind treffende Quellen für dieses Ethos; Religion, die sich auf eine außer- oder übermenschliche Autorität beruft, an die man *glauben muss*, dagegen nicht.

Menschen können Ethos durch Vernunftgebrauch entwickeln. Es entspringt dem Menschen selbst, sofern er sich *als Mensch* versteht. Die »moralische Substanz des einzelnen« besteht in der Vernunftfähigkeit des selbst denkenden Menschen. Die Formulierungen des kategorischen Imperativs bieten mustergültige Orientierungen, wie sich ein verbindendes Ethos zu konstituieren vermag. Unbestritten ist, dass dies eine dauernde Herausforderung bleibt. Mit einem aufgeklärten Menschenbild ist das eine Selbstverständlichkeit ohne Schrecken.

Der freiheitliche und säkulare Staat entstand aus der schmerzvollen Ablösung religiöser und sonstiger dogmatisch-weltanschaulicher Wahrheitsansprüche. Es steht allen Menschen frei, sich (auch) aus religiösen Motiven für Menschenrechte, Aufklärung und Humanität einzusetzen, auf denen der freiheitliche, säkulare Staat beruht.

Aber die Werte, die sie damit vertreten, sind deshalb keine religiösen, sondern menschliche Produkte. Wer darüber hinausgehende religiöse Überzeugungen hat, mag danach leben, solange die Neutralität des Verfassungsstaates ebenso respektiert bleibt wie die Freiheit aller anderen, eine (andere) Religion zu praktizieren (oder nicht).

Der moderne, freiheitliche Verfassungsstaat ist ein »Staat ohne Gott«. Er »versteht sich«, wie Horst Dreier prägnant zusammenfasst, »nicht als Widerpart des Glaubens, sondern bietet diesem eine Plattform. Staat ohne Gott und kraftvolle Religiosität in der Gesellschaft schließen sich mithin keineswegs aus.

Im Gegenteil: die verschiedenen religiösen Gruppen können sich überhaupt nur dann ungehindert als gleichberechtigte Freiheitsträger mit umfänglichen Betätigungsmöglichkeiten entfalten, wenn der Staat selbst sich weltanschaulich strikt neutral verhält und nicht Partei ergreift. Die gleiche Freiheit aller auch in Fragen des Glaubens und der Weltanschauung bedingt die korrespondierende Enthaltsamkeit des Staates. Die Säkularisierung des Staates ist daher freiheitsnotwendig und entfaltet – nur scheinbar paradox – religionsbegünstigende Wirkungen.«[22]

Jenseitige Ansprüche in der Gegenwart

Auch die Welt des 21. Jahrhunderts ist durchzogen von religiösen Vorstellungen, dem Auftreten von Menschen mit »priesterlichen« Ansprüchen an ihre Mitmenschen und der Einmischung von Religionen in die Politik. Zahlreiche Staaten berufen sich auf die religiöse Essenz ihrer Herrschaftsform.

Der Iran etwa versteht sich als »Islamische Republik« – die politische Macht geht hier nicht »vom Volk« aus, sondern von der Vorstellung eines Gottes, der über seine religiösen Vertreter die Regierung legitimiert.[23] Auch Saudi-Arabien versteht sich als »Gottesstaat«, in dem eine spezifische Ausrichtung des Islam, der Wahhabismus, als Staatsreligion gilt und eine absolute Monarchie herrscht. Beide Staaten widersprechen nicht nur der Trennung von Staat und Kirche, sondern zugleich der Universalität der Menschenrechte. Sie unterdrücken mit religiösen Begründungen die Gleichberechtigung der Geschlechter sowie die Meinungs- und Pressefreiheit.

Aber die Wirkungen religiöser Bewegungen sind auch in »westlichen« Ländern sichtbar, die sich seit Jahrhunderten auf einem Weg der Säkularisierung befinden. In Brasilien war der Evangelikale Kirchengründer Edir Macedo mit seinen Millionen Anhängern einer der wichtigsten Unterstützer bei der Wahl des Präsidenten Jair Bolsonaro. Im brasilianischen Kongress »gehören der sogenannten ›Fraktion der Bibel‹ derzeit fast 200 der 513 Abgeordneten an. Die Hälfte davon sind Evangelikale, viele davon Pastoren von Freikirchen.«[24] Und in den Vereinigten Staaten wird die evangelikale Unterstützergruppe für den Präsidenten Donald J. Trump auf rund 25 Millionen Anhänger geschätzt.

Aktuell illustrieren die Reaktionen von vielen Evangelikalen auf das Corona-Virus ein religiös begründetes Sonderbewusstsein, das sich in einer tiefen Skepsis gegen wissenschaftliche Analysen und die daraus abgeleiteten Maßnahmen vieler Bundesstaaten ausdrückt. Diese Religionsströmung ist von jeher eine der bedeutendsten Stützen des Präsidenten; der von Trump ausgewählte Vizepräsident Mike Pence ist bekennender Evangelikaler. Robert Jeffress, landesweit prominenter Pastor einer Baptistengemeinde in Dallas, Texas, betete öffentlich mit Trump im Oval Office – inklusive Handauflegen beim Präsidenten. Jeffress »prophezeite« im Dezember 2019 gegen die Kritik anderer Christen an Trumps Charakter, dass die überwältigende Mehrheit »in den kommenden Jahrhunderten auf Donald J. Trump als den größten und prophetischsten Präsidenten der amerikanischen Geschichte« blicken werde.[25] Charles Stanley, Pastor der Baptistenkirche von Atlanta und einflussreicher Prediger – seine Fernsehsendung *In Touch with Dr. Charles Stanley* wird in fünfzig Ländern verbreitet –, sieht hinter dem Corona-Virus »Gottes Willen«.[26]

Am auffälligsten vertrat den religiösen Überlegenheitsanspruch der »Televangelist« Kenneth Copeland, der in einer »öffentlichen Verurteilung« am 29. März 2020 dem Covid-Virus den »Befehl« gab, »das Land zu verlassen«, denn: »Als Volk Gottes haben wird die Herrschaft und Autorität über COVID-19, weil Jesus uns erlöst hat von allem Übel, einschließlich Krankheit, Gebrechen und Seuchen«.[27]

Copeland ist wie viele andere Evangelikale als Veranstaltungsunternehmer daran interessiert, weiterhin Versammlungen abhalten und Spenden sammeln zu können. Sein Kollege Jerry Falwell ignorierte als Präsident der »Liberty University« in Lynchburg, Virginia, die als »Kaderschmiede der Evangelikalen« gilt, die Warnungen des Gouverneurs vor der Pandemie und öffnete seine Religionshochschule für Tausende Studenten.[28] Falwell vermutete politische Gründe hinter den staatlichen Schließungsforderungen. Jeffress wiederum meinte am 15. Mai 2020 zur Ankündigung dreitausend kalifornischer Kirchengemeinden, sich über die staatlichen Anordnungen hinwegzusetzen, dass im Zweifelsfall das »Wort Gottes« über den Anordnungen des Staates stehe.[29]

Auch in der Bundesrepublik ist die politische Repräsentation des Säkularismus keineswegs in derselben Weise etabliert wie die Vertretung der Religionen. Im März 2019 verbot SPD-Generalsekretär Lars Klingbeil einer Gruppe von SPD-Mitgliedern, die sich – analog zu Christen und Juden – als nicht religiöse Sozialdemokraten in der Partei zu einem offiziellen Arbeitskreis zusammenschließen wollten, die Nutzung des Kürzels »in der SPD«.[30]

Diese Haltung der Parteiführung gegen die Nichtreligiösen hat Tradition. Schon im Sommer 2010 wollten einige SPD-Mitglieder einen Arbeitskreis von Laizistinnen und Laizisten in der Partei gründen. Sie verstanden sich als »Vertretung und Sprachrohr der konfessionsfreien, atheistischen, agnostischen und humanistischen Mitglieder«. Der SPD-Parteivorstand lehnte das Anliegen der Laizisten einstimmig ab.

Parteichef Sigmar Gabriel sah sich, obwohl er das Thema als »nicht wirklich weltbewegend« abtat, zu einer Stellungnahme auf Facebook genötigt. Die Trennung von Staat und Kirche sei nicht die Position der SPD, so Gabriel.[31] Wolfgang Thierse, seinerzeit Bundestagsvizepräsident, beschwor gar die Gefahr eines »säkularen Fundamentalismus« herauf.[32] Gabriel widersprach sich in seiner Argumentation selbst: Der Staat halte sich »aus weltanschaulichen und religiösen Fragen heraus«; zugleich jedoch unterstütze der Staat »die religiösen und weltanschaulichen Gemeinschaften«.[33]

Ja, was denn nun? Ist der Staat neutral? Oder unterstützt er bestimmte Gemeinschaften? Und wenn er einige von ihnen im Gegensatz zu anderen auswählt, ist das kaum eine neutrale Haltung. Die Frage bleibt: Warum verwehrt die SPD auch 2019 noch den konfessionell nicht gebundenen Menschen in der Partei die gleiche Anerkennung wie religiösen Gruppen? Es ist bemerkenswert, im Jahr 2020 festhalten zu müssen, dass die SPD offenbar noch nicht akzeptieren möchte, dass zur Vielfalt der Glaubensrichtungen heute auch die Nichtreligiosität gehört.

Eine freie politische Ordnung bedarf keiner religiösen Begründung, um menschliche und politische Ordnungsmuster denken und realisieren zu können. Der freiheitliche Verfassungsstaat identifiziert sich nicht mit religiösen Inhalten, und er bleibt auch allen religiösen Ansprüchen auf Wahrheit gleich fern.

Die Notwendigkeit von Moral und Ethik ist selbstverständlich für jeden, der sich als Mensch versteht. Wenn der Glaube dem menschlichen Denken übergeordnet wird und sich auf vermeintlich »göttliche« Aufforderungen beruft, sind wir gefordert, dagegen Stellung zu beziehen, ohne in Gesinnungskontrolle zu verfallen. Rechtsgehorsamkeit muss gelten und ist durchzusetzen, ganz gleich auf welchen inneren Voraussetzungen des Individuums sie beruht.

§ 1356. Haushaltsführung, Erwerbstätigkeit

(1) 1 Die Frau führt den Haushalt in eigener Verantwortung.
2 Sie ist berechtigt, erwerbstätig zu sein, soweit dies mit ihren Pflichten in Ehe und Familie vereinbar ist.

(2) Jeder Ehegatte ist verpflichtet, im Beruf oder Geschäft des anderen Ehegatten mitzuarbeiten, soweit dies nach den Verhältnissen, in denen die Ehegatten leben, üblich ist.

Die rechtliche Diskriminierung von Frauen erscheint uns heute lange überwunden. Welch ein Irrtum. Bis in die späten 1970er Jahre blieben Frauen gegenüber Männern rechtlich benachteiligt – § 1356 BGB etwa war in dieser Fassung von 1958 bis 1977 gültig –, trotz des Grundsatzes der Gleichberechtigung im Grundgesetz. Und die soziale Realität der Gleichberechtigung bleibt eine dauernde Herausforderung.

Das Bild der Frau: Geschlechterverhältnisse

> »Die Geschichte aller Zeiten (...) lehrt; dass diejenigen auch vergessen wurden, welche an sich selbst zu denken vergaßen! (...) Mitten in den großen Umwälzungen, in denen wir uns Alle befinden, werden sich Frauen vergessen sehen, wenn sie selbst an sich zu denken vergessen!«
>
> *(Louise Otto-Peters, 1849)*[1]

Am 3. August 2019 berichtete der Bayerische Rundfunk über die Website eines Münchner Islam-Vereins, auf dem zu lesen stand, dass Männer berechtigt seien, ihre Frauen zu schlagen. Die Münchner *tz* nahm das am 5. August 2019 auf: »Im Internetauftritt des Islamischen Zentrums München (IZM) heißt es im Kapitel ›Frau und Familie im Islam‹ unter Berufung auf einen Koranvers, dass als letztes Mittel im Fall von Eheschwierigkeiten auch das Schlagen der Frau infrage komme. Dabei müsse der Ehemann allerdings drei Schritte einhalten: ›Ermahnung, Trennung im Ehebett und Schlagen‹. Nach Ansicht der ›Gelehrten‹ habe das Schlagen allerdings ›eher einen symbolischen Charakter‹.«[2]

Über dergleichen religiösen Fundamentalismus hinaus werden Frauen auch in der säkularen Welt weiterhin spezifische Rollenmuster zugeschrieben. Die AfD etwa beklagt »die dramatische Zunahme der Ehe- und Kinderlosigkeit«. Frauen wird eine klare Funktion zugewiesen: Von einer »natürlichen Geschlechterpolarität« ausgehend, propagiert sie einen »Paradigmenwechsel« in der »derzeitigen demografischen Lage« Deutschlands »hin zu einer Bevölkerungspolitik in Gestalt einer aktivierenden Familienpolitik« zum »Erhalt des eigenen Staatsvolks«.[3] Entsprechend sollte gemäß dem Wahlprogramm zur Bundestagswahl 2017 aus dem »Bundesministerium für Familien, Senioren, Frauen und Jugend« ein »Bundesministerium für Familie und Bevölkerungsentwicklung« werden, »das Bevölkerungsentwicklung nach wissenschaftlichen Kriterien koordiniert und fördert«.[4]

Frauen und Männer repräsentieren einen etwa gleich großen Anteil der Menschheit.[5] Empirisch sind Frauen global leicht in der Unterzahl,[6] aber sie werden (zumindest in vielen Industrieländern) im Durchschnitt älter als Männer und sind statistisch gesehen gesünder. Die Geschichte der Menschheit zeigt jedoch eine ungleiche Teilhabe der Geschlechter an politischen, wirtschaftlichen und gesellschaftlichen Prozessen und Machtverhältnissen – über Jahrtausende wurden Frauen von politischer und wirtschaftlicher Macht ferngehalten. Dieses Ungleichgewicht wurde immer wieder mit angeblich gott- oder naturgegebenen Unterschieden und entsprechenden Eigenschaften begründet, war aber vor allem ein Produkt menschlicher, meist: männlicher Handlungen.

Das Bewusstsein dafür, dass aus der naturrechtlichen Gleichheit der Menschen auch und gerade die Gleichberechtigung der Geschlechter folgt, konnte sich nach der Aufklärung als Menschenrecht geltend machen – in einem langwierigen Prozess der Emanzipation, der in der politischen und gesellschaftlichen Praxis auf enorme Hindernisse und tradierte Grenzen stieß. Der schließlich erreichte Fortschritt drückt sich aus in zentralen Aspekten wie dem Wahlrecht, dem Eherecht und der freien Berufswahl bis hin zum Ausbau des Sozialstaates zur Ermöglichung gleichberechtigter Erziehung von Kindern. Dies ist das Ergebnis von Bewusstseinsprozessen und Machtverhandlungen. Beides ist nicht voneinander zu trennen.

Emanzipation bedeutet nicht nur die Gleichberechtigung der Frau, sondern generell die Chancenangleichung aller Individuen und gesellschaftlichen Gruppen, die über unterschiedliche Machtpositionen verfügen. Dieser Prozess setzt eine rationale Herangehensweise an die Herausforderungen der Welt voraus, bleibt aber nicht bei der Rationalität stehen, sondern verlangt nach Konsequenzen, die immer wieder zu überprüfen sind. Mit Blick auf die Emanzipation der Frau ist in dieser Perspektive von einem »langen Weg zur Mündigkeit« gesprochen worden.[7]

»Der Verstand hat kein Geschlecht«

Das Frauenbild im »christlichen Abendland« blieb – »auch hier«, könnte man sagen – jahrhundertelang von religiösen Vorstellungen geprägt, wie sie die Erzählungen der Bibel präsentieren: Die Fabel, nach der Eva aus einer Rippe Adams »geschaffen« wurde, lässt die Frau gleichsam als »Nebenprodukt« des Mannes erscheinen. Sie ist ihm qua Herkunft und Konstruktion untergeordnet, unselbstständig: »Frau soll sie heißen, / denn vom Mann ist sie genommen«, lesen wir im Buch Genesis (2,23). Darüber hinaus sei sie auch noch für die »Vertreibung aus dem Paradies« verantwortlich, weil sie gegen »Gottes Gebot« verstieß und sich dazu verlocken ließ, vom »Baum der Erkenntnis« zu essen. Somit wird der Frau die »Erbsünde« zugeschrieben, die prinzipielle Sündhaftigkeit des Menschen.

Dergleichen Erzählungen zeugen von überkommenen Geschlechterbildern vormoderner Gesellschaften, die sich über Jahrtausende als Kondensat von Alltagspraktiken und Traditionen entwickelt haben. Aufgrund der religiösen Auratisierung wohnt ihnen eine ungemeine Wirkungskraft inne.

Die abendländische Philosophie und ihre christlichen Interpreten wie Thomas von Aquin (1225–1274) folgten dem Denkmuster der »Minderwertigkeit« und »Unvollkommenheit«. Vorherrschend blieb das christliche Menschenbild, wonach die Frau in der Kirche zu schweigen habe (»taceat mulier in ecclesia«[8]) – Frauen blieben weitgehend vom öffentlichen Leben ausgeschlossen und auf ihre Rollen als Ehefrau und Mutter fixiert. »In ganz Europa war die Frau ›Eigentum‹ des Mannes und damit keine Rechtsperson.

Sie durfte weder Geschäfte betreiben noch Verträge abschließen, der Frau war es nicht einmal gestattet, ihr eigenes Erbe und Vermögen zu verwalten. Und das sollte sich auch im Verlauf des 18. Jahrhunderts nicht ändern.«[9]

Die Aufklärung forderte dieses Menschenbild heraus, ohne es zunächst grundsätzlich zu revidieren. So stellte etwa der französische Aufklärer François Poullain de la Barre (1647–1723) in seiner Schrift »Über die Gleichheit beider Geschlechter« (1673) klar, dass die körperlichen Unterschiede zwischen Mann und Frau keinen Einfluss auf die Fähigkeit zu denken haben: »Der Verstand hat kein Geschlecht.«[10] Doch das war selbst im Chor der Aufklärer eine vereinzelte Stimme, die noch zweihundert Jahre später – als Hedwig Dohm (1831–1919) leicht abgewandelt proklamierte: »Menschenrechte haben kein Geschlecht« – nicht nur in Deutschland kaum Gehör fand.[11]

Das Zeitalter der Aufklärung blieb patriarchalisch geprägt, die Auffassungen von der »natürlichen« Differenz und einer daraus abgeleiteten Vorrangstellung des Mannes gegenüber der Frau bildeten die Basis für die Überlegungen zu den Geschlechterrollen. Jean-Jacques Rousseau (1712–1778) räsonnierte 1762 in seinem Buch »Émile oder Über die Erziehung«, die Frau sei dem »aktiven« Mann als »passives« Pendant untergeordnet; aus der »Natur der Frau« ergebe sich deren Position innerhalb der Gesellschaft.[12] Weder in Rousseaus Schrift »Über den Gesellschaftsvertrag« (1758) noch in Montesquieus »Vom Geist der Gesetze« (1748) sind »die Frauen auch nur gedanklich in die Lehren vom Gesellschaftsvertrag als Partner« einbezogen.[13] Wenn überhaupt von einem »Emanzipationsprozess« während der Aufklärung gesprochen werden kann, dann allenfalls mit Blick auf einige Frauen des gehobenen Bürgertums.[14]

Der weitaus größte Teil der Frauen gehörte freilich den sogenannten unterbürgerlichen Schichten an. Sie wurden als »billige Arbeitskraft (…) überall in Europa in den Manufakturbetrieben gebraucht. Die Arbeiterinnen lebten zum Teil in Wohnkolonien, oftmals eine Verbindung von ›Zucht-und Arbeitshäusern‹, die sie angesichts eines 15-Stunden-Arbeitstages kaum verließen« – Bedingungen, die an heutige *sweat shops* in Asien erinnern. Auch die ihnen gewährten »Hungerlöhne lagen weit unter denen, die die Arbeiter erhielten. Ein ähnlich kümmerliches Dasein fristeten die Vagabundinnen, Hökerrinnen, Händlerinnen, Bettlerinnen, (Dienst-)Mägde, Gelegenheitsarbeiterinnen und Prostituierten.«[15]

Unter männlicher Vormundschaft und begrenzt auf ihre private Umgebung, blieb Frauen der Zugang zu Universitäten, den gängigen Berufen, zu Handel und Handwerk ebenso verwehrt wie zu politischen Machtpositionen. Im öffentlichen Leben, in Gesellschaft oder Kultur traten sie als selbstständige Individuen so gut wie nicht in Erscheinung.

Zäsur: Die Französische Revolution

Auch in der Geschichte des Feminismus und der Empanzipationsbewegung der Frauen markiert die Französische Revolution eine Zäsur. Sehr viel weiter als die in der amerikanischen Unabhängigkeitserklärung geschriebene Auffassung von den Menschenrechten forderte sie überkommene Vorstellungen heraus und erschütterte »eine ganze Zivilisation bis in ihre häuslichen Fundamente«.[16]

Einer der bekanntesten Verfechter der Frauenrechte in der Revolution, Jean-Antoine de Condorcet (1743–1794), forderte 1790 in seinem »Plädoyer für die Zulassung der Frauen zum Bürgerrecht«: »Entweder hat kein Glied des Menschengeschlechts wirkliche Rechte, oder sie haben alle die gleichen, und derjenige, der gegen das Recht eines anderen stimmt, mag er auch einer anderen Religion, einer anderen Hautfarbe oder dem anderen Geschlecht angehören, hat damit seine Rechte verwirkt.«[17]

Doch es blieb nicht bei Proklamationen; Frauen traten nun selbst als politisch handelnde Subjekte in Erscheinung. Beim sogenannten Marsch der Pariserinnen am 5. und 6. Oktober 1789, einer »Massendemonstration«, die von Paris nach Versailles führte, versammelten sich »etwa 8.000 bis 10.000 Frauen, die schließlich auch von 20.000 Männern der Nationalgarde, der neuen Bürgermiliz, eskortiert wurden«.[18] Sie forderten für Frauen nicht bloß das Recht, am öffentlichen Leben teilzunehmen, sondern sie nahmen es sich und verschafften ihm machtvoll Geltung.

Zu den prominentesten Exponentinnen zählte Etta Palm d'Aelders (1743–1799). In den Niederlanden geboren und seit 1773 in Paris als intelletuell-feministische Organisatorin eines Salons diplomatisch und publizistisch engagiert, sprach sie am 30. Dezember 1790 vor dem französischen Nationalkonvent »Über die Ungerechtigkeit der Gesetze zum Vorteil der Männer auf Kosten der Frauen«.[19]

Ihre Zeitgenossin Olympe de Gouges (geb. Marie Gouze, 1748–1793), die unter anderem als Schriftstellerin zu wirken versuchte, formulierte in Anlehnung an die *Erklärung der Menschen- und Bürgerrechte* von 1789 zwei Jahre später eine »Erklärung der Rechte der Frau und Bürgerin« *(Déclaration des droits de la femme et de la citoyenne).* Darin stellte sie klar, dass Menschenrechte nicht nur Männerrechte sind und Bürgerrechte unabhängig gelten müssen vom Geschlecht. Der erste Artikel hielt unmittelbar fest: »Die Frau wird frei geboren und bleibt dem Manne ebenbürtig in allen Rechten. Unterschiede im Bereiche der Gesellschaft können nur im Gemeinwohl begründet sein«; niemand dürfe »wegen seiner Meinung, selbst in Fragen grundsätzlicher Natur, Nachteile erleiden. Die Frau hat das Recht, das Schafott zu besteigen, gleichermaßen muß ihr das Recht zugestanden werden, eine Rednertribüne zu besteigen«.[20]

Während de Gouges' Einfluss und Wirken in der Geschichtsschreibung danach für fast zweihundert Jahre gering blieb, wurde die Formulierung zum Recht des Weges zum Schafott auch deshalb regelmäßig zitiert, weil sie zu ihrem Schicksal wurde: Mit dem Vorwurf der »Unterminierung des Staates durch ihre Schriften« machte ihr das Revolutionstribunal mit Antoine Fouquier-Tinville (1746–1795) an der Spitze den Prozess und ließ sie am 3. November 1793 hinrichten.[21]

Schon im Verlauf der Revolutionsjahre ging das Momentum für eine stärkere Frauengleichberechtigung und ihre Teilhabe wieder verloren. »Die Ehre der Frauen«, verkündete eine zeitgenössische Stimme der Jakobiner, bestehe darin, »in aller Stille die Tugenden ihres Geschlechtes zu kultivieren, und zwar unter dem Schleier der Bescheidenheit und im Schatten ihres Heimes. Auch kommt es den Frauen nicht zu, den Männern den Weg zu weisen«.[22] Die Gegenbewegung war auch deshalb massiv, weil Napoleon Bonaparte als zentrale Machtfigur sie mit vorantrieb. Jean-Étienne-Marie Portalis (1746–1807), einer der Verfasser des *Code civil* vermochte ein Problem gar nicht mehr zu erkennen: Man habe »lange über den Vorrang oder die Gleichheit der beiden Geschlechter gestritten. Nichts ist unsinniger als ein solcher Streit«, denn: »Die Natur hat sie verschieden gemacht«, und diese Verschiedenheit liege »ihren Rechten und Pflichten zugrunde«.[23] Napoleon selbst kommentierte, dass der Mann eine »absolute Macht« über seine Frau haben müsse![24]

Die Rechtslage der Frau im 19. Jahrhundert

Um die zeitgenössische Situation verstehen und einordnen zu können, müssen wir deshalb vor allem die Rechtslage beachten: Die Frau als Rechtsperson kommt in der Rechtslehre des 19. Jahrhunderts so gut wie nicht vor, genauer: Ihre gesellschaftliche Stellung wird fast ausschließlich in Bezug auf die des (Ehe-)Mannes diskutiert. So formuliert Friedrich Hegel in seinen *Grundlinien der Philosophie des Rechts* (1821): »Der Mann hat (…) sein wirkliches substantielles Leben im Staate, der Wissenschaft und dergleichen, und sonst im Kampfe und der Arbeit mit der Außenwelt und mit sich selbst, so daß er nur aus seiner Entzweiung die selbstständige Einigkeit mit sich erkämpft, deren ruhige Anschauung und die empfindende subjektive Sittlichkeit er in der Familie hat, in welcher die *Frau* ihre substantielle Bestimmung und in dieser *Pietät* ihre sittliche Gesinnung hat«.[25]

Dergleichen Überlegungen laufen regelmäßig darauf hinaus, dass Frauen ihrer Selbstbestimmung beraubt bleiben, von politischer Beteiligung, gar Mitbestimmung ganz zu schweigen. Männer verfügen über das Vermögen, entscheiden über die Lebensumstände und haben, wie etwa im *Code civil*, sogar das Recht, die Korrespondenz zu kontrollieren. Barbara Stollberg-Rilinger hat entsprechend deutlich resümiert, »dass die zunehmende Rechtsgleichheit der Männer in der bürgerlichen Gesellschaft des 19. Jahrhunderts, die von der Revolution auf den Weg gebracht wurde, zunächst gerade mit einer desto schärferen Ausgrenzung der Frauen vom politischen Leben einherging«.[26]

Diese Ausgrenzung war so selbstverständlich, dass sie nicht einmal thematisiert werden musste – »weder in den Debatten um das Wahlrecht oder die Grundrechte der Deutschen in der Frankfurter Paulskirche noch in den Verfassungen der Einzelstaaten (z. B. in der Preußischen Verfassung von 1850) oder in den neuen Freiheiten für Handel und Gewerbe«.[27]

Bedeutende Wegbereiterinnen des Wandels waren meist wirtschaftlich unabhängige Frauen, die ihre Freiheit nutzten, um Gleichberechtigung durch aktive Teilhabe einzufordern. So proklamierte Louise Otto-Peters (1819–1895), die seit 1843 regelmäßig an die Öffentlichkeit trat, dass die »Teilnahme der Frau an den Interessen des Staates (...) nicht ein Recht, sondern eine Pflicht« sei.[28] Sie publizierte 1849 eine *Frauen-Zeitung*, die von der Sächsischen Regierung verboten wurde, organisierte Frauenkonferenzen und veröffentlichte 1866 eine vielbeachtete Broschüre über *Das Recht der Frauen auf Erwerb*.

Der kausale Zusammenhang von finanzieller Unabhängigkeit und Selbstbestimmung einerseits und individueller Freiheit und gesellschaftlicher Mitbestimmung andererseits war (und ist) nie so offensichtlich wie in der »Frauenfrage«. Objektiv arbeiteten Frauen von jeher ebenso wie Männer, aber ihre rechtliche, soziale und materielle Stellung blieb untergeordnet. Das Recht auf eigenständigen Verdienst und finanzielle Selbstständigkeit bilden entsprechend den Kern aller Optionen von Unabhängigkeit – seinerzeit und bis heute. In der Abwehr dahin führender Emanzipationsschritte wurden regelmäßig neue Formen der Diskriminierung zum Erhalt traditioneller Geschlechterrollen erfunden. Ein Beispiel ist die sogenannte Zölibatsklausel für Beamtinnen.

Auf Grundlage des Reichsbeamtengesetzes von 1873 kodifizierten die Länder ihre eigenen Beamtengesetze und führten dabei Eheverbotsregeln für Lehrerinnen ein.[29] Das Großherzogtum Baden verordnete 1879: »Nur unverheirathete Frauen können als Lehrerinnen (...) angestellt werden.«[30] Ab 1892 galt in Preußen die Regel, dass verbeamtete Lehrerinnen bei Heirat entlassen werden und ihre Pensionsansprüche verloren gehen konnten.[31] Die Regelungen blieben von Land zu Land unterschiedlich, diskriminierten aber stets Frauen gegenüber Männern, die als Beamte ihre Heirat allenfalls anzuzeigen hatten, ein »generelles Heiratsverbot« aber gab es nicht.[32]

Die Lehrerin und Frauenrechtlerin Maria Lischnewska (1854–1938), seit 1875 selbst im Dienst, als die Zölibatsklausel noch nicht in Kraft war, engagierte sich vehement gegen diese Diskriminierung. Als zweite Vorsitzende des Landesvereins Preußischer Volksschullehrerinnen argumentierte sie auf einem Treffen anlässlich des Internationalen Frauenkongresses 1904, sie wolle »den Lehrer sehen, dem man eine Stelle auf dem Lande anböte mit der Bedingung, dass der sich zu lebenslänglichem Cölibat verpflichten müsse. Er würde dem Staat den Dienst einfach vor die Füße werfen.«[33]

Im Lehrerinnenzölibat mischten sich zeitgenössische Vorurteile und ökonomisches Kalkül. Frauen waren vor allem deshalb als Lehrerinnen akzeptiert worden, weil Personalmangel dazu zwang und sie eine willkommene Rolle als ökonomische Verfügungsmasse einnahmen. Diese Flexibilität sollte erhalten werden. Die Argumente mischten sich mit fest gefügten Rollenbildern. Eine verheiratete Lehrerin könne sich, hieß es, weder um Mann und Kinder noch um ihre Aufgaben in der Schule gleichzeitig mit der notwendigen Energie widmen. Eine Lehrerin solle sich ausschließlich ihrem Beruf hingeben. Dafür erhalte sie eine

Selbstständigkeit, die für sie von Vorteil sei und den Verzicht auf eine eigene Familie aufwiege.

Dergleichen Versuche, das Lehrerinnenzölibat zu einer emanzipatorischen Berufung zu überhöhen, bedeuteten faktisch ebenso wie alle anderen Rechtfertigungsfloskeln nur eines: die gewaltsame Beschneidung individueller Lebensentscheidungen. Dabei war die Forderung nach Ehelosigkeit von Lehrerinnen »keine deutsche Besonderheit«. Vielmehr war die Arbeitswelt der »überwiegende[n] Mehrheit von Lehrerinnen in ganz Europa und den Vereinigten Staaten« vor 1914 durch zwei Dinge charakterisiert: »Sie verdienten weniger als ihre männlichen Kollegen, und sie waren ledig«.[34]

Dass eine Kombination von Arbeitsleben und Familiendasein nicht nur möglich, sondern für viele Frauen dauernder Alltag war, ließ sich leicht beim Blick auf die Landwirtschaft und in die Fabrikhallen erkennen. Frauen arbeiteten hier kaum weniger als Männer, und ihre weiteren Rollen als Hausfrauen und Mütter waren damit vollständig verflochten. Der Alltag der allermeisten Frauen verlangte in der Regel eine dauerhafte, gleichzeitige Energie und Bewährung auf unterschiedlichsten Gebieten und Lebensfeldern – die sie wie selbstverständlich leisteten.

Kampf um das Wahlrecht

Jede Emanzipation bedarf politischer Macht, um sich durchzusetzen. Folgerichtig wurde der Kampf um das Wahlrecht eine der zentralen Forderungen der internationalen Frauenbewegung.

In Deutschland war es vor allem die SPD, die die Forderung nach einem Wahlrecht für beide Geschlechter unterstützte. Dabei war die Haltung innerhalb der Arbeiterbewegung zunächst umstritten. Insbesondere der Allgemeine Deutsche Arbeiterverein betrachtete Frauen als Konkurrentinnen auf dem Arbeitsmarkt. Allerdings setzte sich in der sozialistischen Bewegung bald die Vorstellung durch, dass Frauen und Männer gemeinsamer Teil des

Klassenkampfes seien, den sie auch zusammen zu überwinden hätten. Die markanteste Streitschrift publizierte hierzu 1879 der Sozialdemokrat August Bebel (1840–1913) unter dem Titel »Die Frau und der Sozialismus«. Das Buch erschien wegen der Sozialistenverfolgungen in Zürich und lieferte eine programmatische Gesamtschau, in der die soziale Frage und die »Befreiung der Frau« untrennbar verbunden waren.

Der 1894 gegründete Bund Deutscher Frauenvereine (BDF) zählte 1905 rund 100.000 Mitglieder, die in 190 Frauenvereinen organisiert waren.[35] Die »Frauenfrage« konnte nicht länger ignoriert werden und blieb im öffentlichen Diskurs zugleich geprägt von tradierten Rollenbildern. Wer sich in *Meyers Großem Konversationslexikon* von 1907 darüber informieren wollte, erfuhr: »Das auf politische Gleichberechtigung gerichtete Verlangen entspringt weniger einem praktischen Bedürfnis als einer theoretischen Anschauung von zweifelhaftem Werte. Die geistige Individualität der Frau sowie das bei ihr vorherrschende Gemütsleben lassen sie für eine tätige Teilnahme am öffentlichen Leben wenig geeignet erscheinen. Verwirft auch die moderne Kultur (…) die grausame Knechtung der Frau, wie sie bei rohen Völkern und im Orient vorkommt (…), so will sie doch durch Anerkennung der idealisierten Geschlechtsverschiedenheit gerade dem Interesse echter Weiblichkeit dienen und der Frau zu einer würdigen Stellung und einem segensreichen Wirkungskreis verhelfen. Dem Mann der Staat, der Frau die Familie!«[36]

Schon zeitgenössisch war das für unabhängige und selbstbewusste Frauen – wie stets generierte eine wirtschaftlich-finanzielle Sicherheit die notwendige Freiheit für emanzipatorisches Engagement – eine provokativ-verkürzende Zuschreibung. Nimmt man das Lexikon-Resümee als herrschende Überzeugung des Zeitgeistes, dann klang die Forderung von Minna Cauer: »Die Frau gehört nicht mehr ins Haus, sie gehört in dieses Haus: den Reichstag«, umso revolutionärer.

Cauer (1841–1922), früh verheiratet und zweimal verwitwet, war unter großen finanziellen Schwierigkeiten Lehrerin geworden

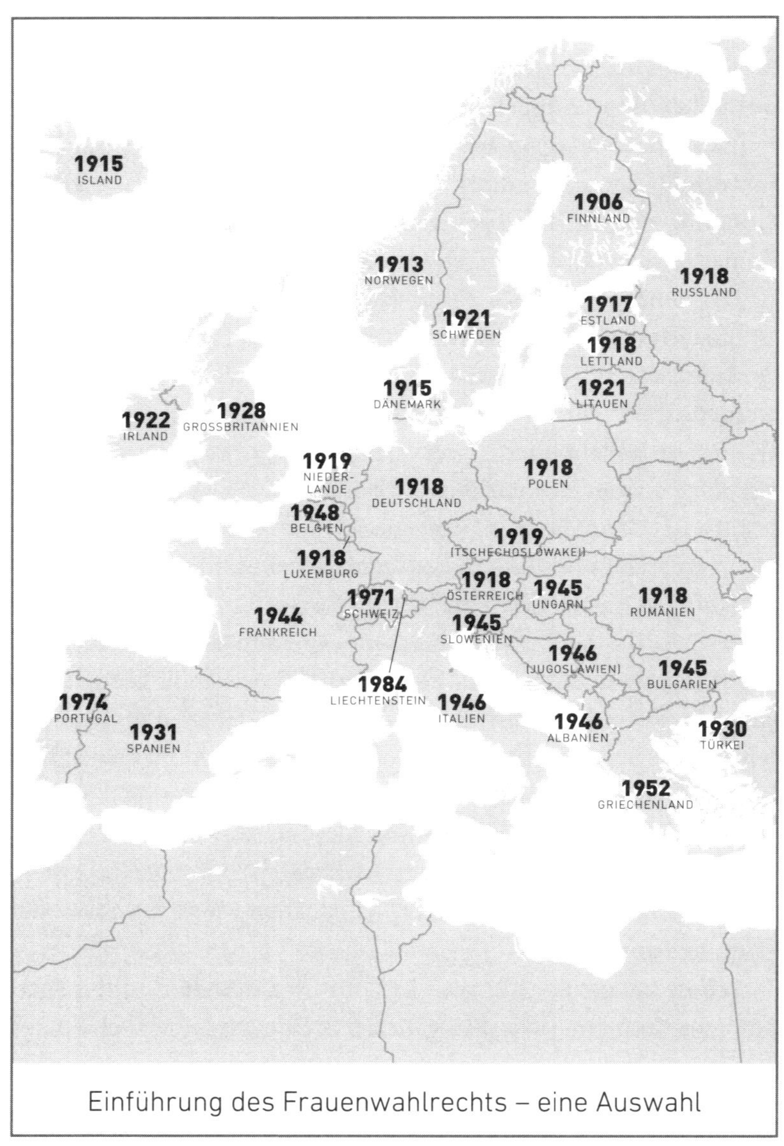

Einführung des Frauenwahlrechts – eine Auswahl

Die Hälfte der Bevölkerung ohne Stimmrecht: Das Wahlrecht für Frauen wurde in vielen europäischen Staaten erst gegen Ende des Ersten Weltkriegs eingeführt, in manchen Ländern gar erst nach dem Ende des Zweiten. Bisweilen galten zunächst noch unterschiedliche Altersgrenzen für Männer und Frauen, wie in Großbritannien, wo das Geschlecht erst seit 1928 keinen Unterschied beim Wahlrecht macht.

und schrieb zunächst anonym. 1895 gründete sie die Zeitschrift *Die Frauenbewegung* und mit einer Reihe weiterer Frauen den Deutschen Verband für Frauenstimmrecht. Andere bedeutende Wegbereiterinnen sind Helene Lange (1848–1930), Clara Zetkin (1857–1933), Anita Augspurg (1857–1943).[37] Sie alle trafen zeitgenössisch auf Widerstände und Anfeindungen. Die Wirkung reichte bis in die Geschichtsschreibung, deren Hauptstrom das Engagement der Frauenrechtsbewegung noch bis lange Zeit nach dem Zweiten Weltkrieg weitgehend ignorierte.

Besonders vehement wurde der Kampf um das Frauenwahlrecht in England geführt. Hier hatten sich seit den 1880er Jahren verstärkt Frauenorganisationen gegründet, die vor allem dieses Ziel verfolgten. Bis zum Ersten Weltkrieg schlossen sich mehr als 600 solche Gruppen mit insgesamt über 100.000 Mitgliedern in der *National Union auf Women's Suffrage Societies* (NUWSS) zusammen.[38]

Die von Emmeline Pankhurst im Oktober 1903 gegründete *Women's Social and Political Union* (WSPU) erlangte nicht zuletzt aufgrund der neuen, auch gewaltsamen Formen des Aktivismus, die dem Leitspruch »Deeds not Words« (»Taten, nicht Worte«) folgten, historische Bedeutung. Ihre Zeitschrift *Votes for Women* – der Titel war zugleich Schlagwort und Hauptforderung – bestimmte mit einer wöchentlichen Auflage von 40.000 Exemplaren einen unüberhörbaren Grundton. Die Protagonistinnen entwickelten zugleich moderne Wahlkampfmethoden, die mit Plakaten, Fahnen und Broschüren eine erhebliche Meinungswirkung entfalteten.

Am 21. Juni 1908 demonstrierten 500.000 Frauen in London für das Stimmrecht. Großbritannien erlebte eine historische Machtauseinandersetzung zwischen beharrender Ignoranz und emanzipatorischer Dynamik: Die Männer an der Macht versuchten, den diskriminierenden Status quo mit staatlicher Gewalt, Verhaftungen und Gefängnis zu verteidigen, zu der sie sich durch einen »demokratischen« Prozess legitimiert sahen, repräsentierten sie doch ihre (männlichen) Wähler. Dass diese nur einen bescheidenen Bevölkerungsanteil repräsentierten, was die Basis jener Legitimität untergrub, focht sie nicht an.

Wandel durch den Ersten Weltkrieg

Der Erste Weltkrieg hatte auf die Geschlechterverhältnisse einen prägenden, ja revolutionären Einfluss. Da Männer als Soldaten in den Krieg ziehen mussten, wuchs die Notwendigkeit, Frauen in den industriellen Produktionsprozess einzubeziehen. Die Verantwortung für Haushalt und Kinder hatten sie ohnehin schon immer ganz überwiegend getragen. Nun zeigte sich, dass sie auch im industriellen und öffentlichen Prozess agieren konnten wie Männer.

In Großbritannien, dem Land, das bis 1914 die gewaltvollsten Konflikte um das Frauenstimmrecht erlebte, führte der Krieg einerseits zu einer Art vorübergehendem Burgfrieden, andererseits trieb er einen schon früher einsetzenden sozialen Wandel voran.[39] Zahlreiche Herrschaftshäuser etwa waren auf billige Arbeitskräfte angewiesen, Dienstmädchen, Putzfrauen, Köchinnen, Wäscherinnen, Erzieherinnen, die oft in jahrzehntelangen Bindungen den Betrieb am Laufen hielten – Filme und Fernsehserien wie *Upstairs, Downstairs* (dt. *Das Haus am Eaton Place*), *Downton Abbey* oder *Brideshead Revisited* vermitteln einen literarisierten Eindruck von diesen Sozialgefügen. Viele der weiblichen Arbeitskräfte fanden nun besser bezahlte, persönlich freiere und flexiblere Alternativen in der Industrie, und die Gebilde kollabierten.

Auch in Deutschland verstärkte der Krieg eine strukturelle Verschiebung der Frauenarbeit in Richtung Industrie und Dienstleistungen. Frauen besetzten Arbeitsplätze in der Rüstungsindustrie und in öffentlichen Einrichtungen; traditionelle Branchen der Frauenarbeit wie die Textilindustrie verloren Kräfte. Der Anteil erwerbstätiger Frauen an der Gesamtbeschäftigtenzahl blieb bei etwa einem Drittel.[40]

NUMÉRO 221

Femina

PIERRE LAFITTE et Cie, Editeurs, 90, Av. des Champs-Élysées
(Pour la publicité : Huguet, Minart et Cie, 11, boulevard des Italiens, Paris.)

Mme MARGUERITE DURAND ET SA LIONNE « TIGRE »

Mme Marguerite Durand, qui s'est rendue célèbre par ses idées féministes et par la constance qu'elle a mise à les défendre, notamment en fondant [illegible] la Fronde, journal fait par et pour les femmes, ne se contente plus de songer à triompher de l'éternel masculin. Depuis quelques jours, elle loge une jeune lionne dans le jardin de son petit hôtel, près du parc Monceau. Cette admirable bête que, par amour du paradoxe sans doute, Mme M. Durand a baptisée « Tigre » s'est montrée jusqu'ici d'une exceptionnelle douceur : elle est très familière avec Mme Durand et sa femme de chambre. Mais la petite lionne deviendra une grande lionne, et Mme Durand n'envisage pas sans inquiétude cette inévitable éventualité.

Die französische Journalistin und Wahlrechtskämpferin Marguerite Durand im Frühjahr 1910 mit ihrer jungen Löwin namens »Tiger«. Sie posierte für einen Wahlkampf, an dem sie nur symbolisch teilnehmen konnte. Die Löwin war ein Geschenk des Gouverneurs von Französisch West Afrika, William Merlaud-Ponty. Mit publicityträchtigen Aktionen wie diesen gelang es Frauenrechtlerinnen, Öffentlichkeit für ihre Sache zu erzeugen. Aufnahmen und Karikaturen zu Durand liefen über mehrere Monate durch französische und internationale Zeitungen.

Nach dem Sturz der Monarchie führte der *Rat der Volksbeauftragten* am 12. November 1918 das Wahlrecht für Frauen ein: »Alle Wahlen zu öffentlichen Körperschaften sind fortan nach dem gleichen, geheimen, direkten, allgemeinen Wahlrecht auf Grund des proportionalen Wahlsystems für alle mindestens 20 Jahre alten männlichen und weiblichen Personen zu vollziehen.«[41]

Im Ergebnis der Wahlen zur verfassunggebenden Nationalversammlung 1919 waren von den 423 Abgeordneten 37 Frauen, was immerhin fast einem Zehntel der Abgeordneten entsprach – bis 1983 wurde diese Quote in den Reichs- und Bundestagen kaum wieder erreicht! Am Mittwoch, den 19. Februar 1919, dem elften Sitzungstag des neu gewählten Parlaments, hielt die SPD-Politikerin Marie Juchacz (1879–1956) als erste Frau eine Rede vor einem demokratisch gewählten deutschen Parlament. Auf ihre Anrede »Meine Herren und Damen« reagierten die Abgeordneten laut Protokoll mit »Heiterkeit«. Selbstbewusst konstatierte sie: »Ich möchte hier feststellen, und glaube damit im Einverständnis vieler zu sprechen, dass wir deutschen Frauen dieser Regierung nicht etwa in dem althergebrachten Sinne Dank schuldig sind. Was diese Regierung getan hat, das war eine Selbstverständlichkeit: sie hat den Frauen gegeben, was ihnen bis dahin zu Unrecht vorenthalten worden ist.«[42]

Die Rechte der Frau als Staatsbürgerin waren nun in der Verfassung verankert: »Männer und Frauen haben grundsätzlich dieselben staatsbürgerlichen Rechte und Pflichten«,[43] bestimmte Artikel 109 der Weimarer Reichsverfassung. Auch das Zölibat für Lehrerinnen wurde aufgehoben.[44] Aber die staatsbürgerlichen Rechte galten für Frauen eben nur »grundsätzlich«, also mit Einschränkungen, und auch nur gegenüber dem Staat, nicht im privaten Leben, wo weiterhin das Bürgerliche Gesetzbuch von 1900 die Vorrangstellung des Mannes festschrieb.[45]

Durch ihre Kriegsarbeiten waren die Frauen Teil des gewerblichen Lebens geworden. Sie hatten erfolgreich Funktionen übernommen, die bislang Männern vorbehalten waren. Jetzt kehrten diese – oft traumatisiert, jahrelang an Gewalt gewöhnt – aus dem Krieg zurück, mussten sich mühsam wieder in den zivilen Alltag einfinden und einen neuen Platz, das hieß in der Regel vor allem: einen Arbeitsplatz, finden. In der Gesellschaft dominierte die Erwartung, dass Frauen den heimkehrenden Soldaten Platz zu machen hatten. Die Berufstätigkeit verheirateter Frauen erschien vielen als Provokation, weil sie als »versorgt« galten. In Zeiten knapper Arbeitsplätze wurden sie als Doppelverdiener stigmatisiert. Bereits 1923 wurde das Beamtinnenzölibat erneut eingeführt. Selbst der eigentlich mit dem Beamtenstatus unabdingbar verbundene Schutz vor Entlassung wurde aufgehoben.

Als am 30. Mai 1932 das »Gesetz über die Rechtsstellung der weiblichen Beamten« in Kraft trat, war die Willkür gleich im ersten Paragraphen formuliert: »Verheiratete weibliche Reichsbeamte sind jederzeit auf ihren Antrag aus dem Beamtenverhältnis zu entlassen. Die vorgesetzte Dienstbehörde kann die Entlassung auch ohne diesen Antrag verfügen, wenn die wirtschaftliche Versorgung des weiblichen Beamten nach der Höhe des Familieneinkommens dauernd gesichert erscheint.«[46] Mit einer Abfindung sollten »alle Versorgungsbezüge abgegolten« sein.

Entscheidend an diesen Formulierungen war die Symbolwirkung: Der Staat kann jederzeit als gesichert geltende Normen und Regeln, auf die sich Menschen verlassen zu können glauben, aufheben. Dies war eine totalitäre Ambition, die deutlich machte, dass Gleichberechtigungsregeln weiterhin nicht – wie Marie Juchacz 1919 betont hatte – zu den Grundrechten, sondern zur variablen Verfügungsmasse gesellschaftlicher Verhandlung zählten.

Mit dem Nationalsozialismus folgte wenig später ein bewusst und explizit totalitäres System, das den ganzen Menschen, Mann wie Frau, für sich beanspruchte und dabei ideologisch eindeutig charakterisierte Rollen vorschrieb.

Die Frau im Nationalsozialismus

Die NSDAP war eine Männerpartei, der NS-Staat männergeführt und das »Dritte Reich« im Kern eine Männergesellschaft. Hitler und seine Herrschaftsentourage lebten und propagierten eine untergeordnete, auf Heim, Herd und Mutterschaft konzentrierte Rolle der Frau als angebliches »Gesetz der Natur«.

Entgegen Hitlers Behauptung, dass dieses Geschlechterbild viele Frauen angezogen habe, gelang es der NSDAP »bis zur Reichspräsidentenwahl 1932 weder unter den weiblichen Wählern noch gar unter den weiblichen Stimmberechtigten, die gleichen Ausschöpfungsquoten zu erzielen wie unter den Männern«.[47] Der rasante Aufstieg der Nationalsozialisten ging nicht auf die Frauenstimmen zurück. Auch die Mitgliederstruktur der Partei spiegelte die Männerdominanz, Frauen blieben im Schatten. Am 1. Januar 1935 zählte die NSDAP rund 2,5 Millionen »Parteigenossen«, davon waren nur 136.197 Frauen.

Das Weltbild der Nationalsozialisten stellte Frauen in den Dienst des Volkstums und der Rassenzüchtung: Sie sollten möglichst viele Kinder »produzieren«, während die Aufgabe der Männer darin bestand, für Herrenmenschentum und Lebensraum zu kämpfen. In einer Rede »an die deutschen Frauen« erklärte Hitler am 8. September 1934: »Was vielleicht wenige philosophisch begnadete Geister in der Lage sind, wissenschaftlich zu analysieren, empfindet das Gemüt des unverdorbenen Menschen instinktsicher. Das Empfinden und vor allem das Gemüt der Frau hat zu allen Zeiten ergänzend auf den Geist des Mannes eingewirkt. (...) Das Wort von der Frauen-Emanzipation ist nur ein vom jüdischen Intellekt erfundenes Wort, und der Inhalt ist von demselben Geist geprägt. (...) Wenn man sagt, die Welt des Mannes ist der Staat, die Welt des Mannes ist sein Ringen, die Einsatzbereitschaft für die Gemeinschaft, so könnte man vielleicht sagen, daß die Welt der Frau eine kleinere sei. Denn ihre Welt ist ihr Mann, ihre Familie, ihre Kinder und ihr Haus. (...) Wir empfinden es nicht als richtig, wenn das Weib in die Welt des Mannes, in sein Hauptgebiet eindringt, sondern wir empfinden es als natürlich, wenn diese Welten geschieden bleiben. (...) Jedes Kind, das sie zur Welt bringt, ist eine Schlacht, die sie besteht für Sein oder Nichtsein ihres Volkes. (...) Wir haben deshalb die Frau eingebaut in den Kampf der völkischen Gemeinschaft, so, wie die Natur und die Vorsehung es bestimmt haben.«[48]

In den Anfangsjahren der NS-Herrschaft half das Verdrängen der Frauen aus dem Erwerbsleben, die Arbeitslosenzahlen zu senken. Aber die Aufrüstung und die 1935 wieder eingeführte Wehrpflicht absorbierten bald Millionen männliche Arbeitskräfte. Entsprechend wuchs der Druck, im Dienst der Rüstungswirtschaft das weibliche Arbeitskräftepotential auszuschöpfen. Verheiratete Landarbeiterinnen durften sich seit 1936 wieder an der Erntearbeit beteiligen, im Oktober 1937 wurde das Beschäftigungsverbot für Ehefrauen aufgehoben, und im Februar 1938 wurde ein land- und hauswirtschaftliches »Pflichtjahr« für alle ledigen Frauen unter 25 Jahren eingeführt. Phrasen vom Heimchen am Herd waren nicht länger durchzuhalten in einem Industrieland, dessen Arbeitsbevölkerung mit Hochdruck Rüstungsgüter für einen Krieg herstellen sollte. Ohne Frauenarbeit in vermeintlichen Männerdomänen konnten auch die Nationalsozialisten keinen Staat machen. Trotz aller ideologischen Vorbehalte gegen die Berufstätigkeit von Frauen und entsprechender Kampagnen gegen das »Doppelverdienertum« stieg die Zahl der berufstätigen Frauen zwischen 1933 und 1939 von 11,6 auf 14,6 Millionen.

Im Krieg wurden dann auch die letzten Reserven, unabhängig von Alter und Geschlecht, mobilisiert. So wandte sich Rüstungsminister Albert Speer am 18. Oktober 1943 bei einem Massenappell an die »schaffende deutsche Jugend«.[49] Vor ihm waren mehrere tausend Jungmädel in weißen Blusen und junge Parteimänner in Uniform aufmarschiert. Stellvertretend für die »rund sechs Millionen Jugendlichen, die heute im Arbeits- und Wirtschaftsleben wichtige Aufgaben« erfüllen, forderte er sie zum weiteren Kriegseinsatz und zum Kampf um die »Schaffung des neuen deutschen Lebensraums« auf.[50] In die letzten zwölf Kriegsmonate fallen mehr als 3,82 Millionen zivile Opfer, rund doppelt so viele wie in allen Jahren zuvor zusammen.[51]

»Männer und Frauen sind gleichberechtigt«

Von den etwa 18 Millionen deutschen Männern, die im Krieg als Soldaten dienten, starben rund vier Millionen, weitere 1,2 Millionen gelten als verschollen, und viele Millionen gerieten zunächst in Kriegsgefangenschaft. Infolgedessen lebten im Deutschland der unmittelbaren Nachkriegszeit über sieben Millionen mehr Frauen als Männer, zwei Millionen Frauen waren »Kriegerwitwen«. Schon im Krieg waren die Extralasten des Alltags auf die Frauen abgewälzt worden, nun blieben viele von ihnen aufgrund der Geschlechterüberzahl unfreiwillig ohne Partner. Zugleich besetzten Männer wieder und weiterhin die wichtigsten Machtpositionen in Parteien, Verwaltung und öffentlichen Institutionen.

Für die neu gegründeten Parteien, die bald von Männern wie Konrad Adenauer und Kurt Schumacher dominiert wurden, deren Karrieren in der Zeit vor der NS-Herrschaft begonnen hatten, waren Frauen vor allem als Wählerinnen interessant. Als aktive Politikerinnen blieben Frauen dagegen weiterhin unterrepräsentiert. Schätzungen gehen dahin, dass sich in der Nachkriegszeit nur etwa eine von zehn Frauen in einschlägigen Vertretungen und Institutionen des öffentlichen Lebens engagierte. Noch bis Ende der 1960er Jahren stellten Frauen in den bedeutendsten Parteien nur jedes fünfte Mitglied.

Im Parlamentarischen Rat, der im Mai 1949 das Grundgesetz für die Bundesrepublik Deutschland verabschiedete, waren neben 61 Männern nur vier Frauen vertreten: Elisabeth Selbert, Friederike Nadig, Helene Weber und Helene Wessel. Dass der Satz »Männer und Frauen sind gleichberechtigt« überhaupt ins Grundgesetz aufgenommen wurde, ist vor allem einer von ihnen, Elisabeth Selbert, und der von ihr mobilisierten öffentlichen Unterstützung durch Hunderttausende Frauen zu verdanken.

Dabei war ein erheblicher Widerstand opponierender Männer, aber auch Skepsis der anderen »Mütter des Grundgesetzes« zu überwinden. Gegner und Gegnerinnen fürchteten die rechtliche Wirkung des Satzes. »Dann ist das Bürgerliche Gesetzbuch verfassungswidrig«, wandte Thomas Dehler (FDP) ein.[52] In der Tat widersprach das bislang geltende BGB in vielen Punkten dem Grundsatz der Gleichberechtigung. Und das war schlecht so. Im Kaiserreich entstanden, seit 1900 in Kraft und über alle politischen Systemwechsel hinweg geltend geblieben, beruhte es auf einem patriarchalen Ehe- und Familienverständnis. Weil das mit dem Grundgesetz nicht länger vereinbar war, mussten die privatrechtlichen Regelungen angepasst werden.

Die Übergangs- und Schlussbestimmungen in Artikel 117 des Grundgesetzes hielten fest, dass zum 1. März 1953 alle rechtlichen Bestimmungen außer Kraft treten sollten, die dem Artikel zur Gleichberechtigung widersprachen. Doch die Frist verstrich; ein Gesetzentwurf vom Oktober 1952 wurde nicht verabschiedet. So galten die trockenen Paragraphen der Diskriminierung bis 1958:

> **§ 1354 BGB** (bis 1958)
> (1) Dem Manne steht die Entscheidung in allen das gemeinschaftliche eheliche Leben betreffenden Angelegenheiten zu; er bestimmt insbesondere Wohnort und Wohnung.
> (2) Die Frau ist nicht verpflichtet, der Entscheidung des Mannes Folge zu leisten, wenn sich die Entscheidung als Mißbrauch seines Rechtes darstellt.

Nicht nur, dass die Frau dem Mann an dem Wohnort und in die Wohnung zu folgen hatte, sie hatte dort auch für ihn zu arbeiten:

> **§ 1356 BGB** (bis 1958)
> (1) Die Frau ist, unbeschadet der Vorschriften des § 1354, berechtigt und verpflichtet, das gemeinschaftliche Hauswesen zu leiten.
> (2) Zu Arbeiten im Hauswesen und im Geschäfte des Man-

nes ist die Frau verpflichtet, soweit eine solche Thätigkeit nach den Verhältnissen, in denen die Ehegatten leben, üblich ist.

Auch die Änderungen, die 1958 wirksam wurden, wiesen der Frau weiterhin eine untergeordnete und abhängige Rolle zu; ihre Freiheitsrechte blieben eingeschränkt und abhängig von vagen Kriterien, die sie selbst nicht zu bestimmen vermochte:

§ 1356 BGB (1958–1977)
(1) [1] Die Frau führt den Haushalt in eigener Verantwortung. [2] Sie ist berechtigt, erwerbstätig zu sein, soweit dies mit ihren Pflichten in Ehe und Familie vereinbar ist.
(2) Jeder Ehegatte ist verpflichtet, im Beruf oder Geschäft des anderen Ehegatten mitzuarbeiten, soweit dies nach den Verhältnissen, in denen die Ehegatten leben, üblich ist.

Mit der nächsten Änderung, die 1977 – nach immerhin 19 Jahren – folgte, wurde zumindest die Gleichberechtigung als Norm festgeschrieben, und der Maßstab gegenseitiger Rücksichtnahme war so formuliert, dass die Regelung als für beide Geschlechter gleichermaßen bestimmend angesehen werden konnte.

§ 1356 BGB (1977–2002)
(1) [1] Die Ehegatten regeln die Haushaltsführung im gegenseitigen Einvernehmen. [2] Ist die Haushaltsführung einem der Ehegatten überlassen, so leitet dieser den Haushalt in eigener Verantwortung.
(2) [1] Beide Ehegatten sind berechtigt, erwerbstätig zu sein. [2] Bei der Wahl und Ausübung einer Erwerbstätigkeit haben sie auf die Belange des anderen Ehegatten und der Familie die gebotene Rücksicht zu nehmen.

Die rechtliche Abhängigkeit und potentielle Unmündigstellung der Frau ist in wenigen Regelungen deutlicher formuliert als in

§ 1358, der Frauen praktisch das Recht auf die eigene Berufstätigkeit verweigerte. Ein Mann konnte zahllose Hebel in Bewegung setzen, um seine Frau daran zu hindern, selbst Geld zu verdienen und finanziell unabhängig zu werden. Es lohnt sich auch hier, die trockenen Paragraphen zu lesen, um das Frauenbild zu erkennen, das seinerzeit die juristische Norm der Bundesrepublik bestimmte:

> **§ 1358 BGB** (bis 1958)
> (1) [1] Hat sich die Frau einem Dritten gegenüber zu einer von ihr in Person zu bewirkenden Leistung verpflichtet, so kann der Mann das Rechtsverhältniß ohne Einhaltung einer Kündigungsfrist kündigen, wenn er auf seinen Antrag von dem Vormundschaftsgerichte dazu ermächtigt worden ist. [2] Das Vormundschaftsgericht hat die Ermächtigung zu ertheilen, wenn sich ergiebt, daß die Thätigkeit der Frau die ehelichen Interessen beeinträchtigt.

Nicht nur ihre persönliche Freiheit zur Berufswahl und der Suche nach einem Arbeitsplatz war eingeschränkt – Frauen verloren mit der Ehe sogar das Recht, über ihr eigenes Vermögen zu verfügen:

> **§ 1363 BGB** (bis 1958)
> (1) Das Vermögen der Frau wird durch die Eheschließung der Verwaltung und Nutznießung des Mannes unterworfen (eingebrachtes Gut).
> (2) Zum eingebrachten Gute gehört auch das Vermögen, das die Frau während der Ehe erwirbt.

Die träge Umsetzung der vom Grundgesetz vorgeschriebenen Rechtsreformen zeigt die Zählebigkeit juristischer Traditionen im Gefüge politisch-parlamentarischer Machtfragen. Gerade weil Frauen, die in diesen Jahren weiterhin die Mehrzahl der Bevölkerung und damit der Wählerschaft stellten,[53] in den Parteien, in Parlamenten und politischen Machtzirkeln systematisch unterrepräsentiert blieben, mussten sie Interessen der Gleichberechtigung auf anderen Wegen artikulieren und ihre Interessen zur Geltung bringen.

1962 beantragte die SPD die Einrichtung einer Enquetekommission zur Situation der Frauen. Bezeichnend für den Geist der Zeit, dem andere Fragen drängender schienen, ist ein Bericht des *Zeit*-Journalisten Heinz Bergner vom Dezember 1964: »Ermüdet von einer vielstündigen Debatte über die Verjährung von NS-Verbrechen und über Stand oder Notstand des deutschen Bildungswesens, hatten die Bundestagsabgeordneten am Mittwoch letzter Woche keine Lust mehr, über den geplanten Frauen-Report zu debattieren. Immerhin wurde aber der Bundesregierung der Auftrag für eine umfassende Frauen-Enquete nunmehr erteilt.«[54]

Im Juni 1966 lag der »Bericht über die Situation der Frau in Beruf, Familie und Gesellschaft« mit mehr als 600 Seiten und einer Fülle empirischer Details zur Geschlechtersituation vor. Er lieferte eine durchaus differenzierte historische Herleitung, wenn er darauf verwies, dass vor der Industrialisierung die häusliche Gemeinschaft und gemeinsame Arbeit für Männer und Frauen weithin verbreitet gewesen sei. Erst mit der Industrialisierung und der »außerhäuslichen« Arbeitswelt seien die Herausforderungen entstanden, mit denen die Frauen der Gegenwart zu kämpfen hätten.

Die »Wandlungen im Leitbild der Frau« wurden in bemerkenswerter Deutlichkeit angesprochen. Zwar sei die soziale Rolle der Frau »stets entscheidend bestimmt« gewesen »durch die Vorstellung vom Wesen der Frau« und der »Mutterschaft im Vordergrund« – so habe das »Bild der Frau« als »Familien- und Hausmutter« gleichsam »den Rang eines ›Urbildes‹« eingenommen –, aber der Bericht erwähnt ausdrücklich Simone de Beauvoirs 1949 erschienenes Zäsurwerk über *Das andere Geschlecht*, wonach »das Leitbild der Frau nicht etwas von vornherein Gegebenes, sondern etwas historisch Gewordenes sei«.[55]

Die erwerbstätigen Frauen waren zu dieser Zeit überwiegend ungelernte Arbeitskräfte. Praktisch bedeutete dies, dass die meisten von ihnen zur industriellen Reservearmee gehörten, die im Wirtschaftsboom eingesetzt (und, wenn nötig, in Krisenzeiten entlassen) werden konnte. Die Vorstellungen über »Frau, Beruf und Arbeit« waren weiterhin von einer Kombination aus traditionellem Geschlechterbild und wirtschaftlicher Verfügbarkeit geprägt, die auch das seinerzeit gängige Drei-Phasen-Modell bestimmte: »Nach einer ersten Phase der Berufsausbildung und Berufstätigkeit, auf die die zweite Phase der vordringlichen Inanspruchnahme durch die der Frau als Mutter und Hausfrau obliegenden Pflichten folgt, ermöglicht die dritte Phase einen erneuten Eintritt in das Berufsleben.«[56]

Von Gleichberechtigung war das gleich in mehrfacher Hinsicht weit entfernt. Weder fiel Männern dieselbe Verantwortung für die Kindererziehung zu, noch entsprach das Modell den Gegebenheiten des Arbeitsmarktes in einer sich laufend wandelnden Industriegesellschaft. Denn eine mehrjährige Unterbrechung des aktiven Berufslebens machte es unmöglich, nach einer Unterbrechung von zwei Jahrzehnten – was die zweite Phase realistisch mindestens bedeutete – eine berufliche Laufbahn fortzuführen, während der Mann seine Karriere kontinuierlich vorantreiben konnte.

Die Einsetzung einer weiteren Enquetekommission mit dem Titel »Frau und Gesellschaft« im November 1973, diesmal auf Antrag der CDU/CSU, war die Reaktion auf eine inzwischen seit mehreren Jahren offensiv geführte Debatte um ein neues Frauenbild, namentlich Fragen der Schwangerschaftsverhütung und den Paragraphen 218. Emblematisch für diese Auseinandersetzung steht die Titelgeschichte des »Stern« vom 6. Juni 1971. Auf dem Cover waren 28 meist prominente Frauen abgebildete, die für insgesamt 374 Frauen standen, die im Heft bekannten: »Wir haben abgetrieben!«[57]

Die Enquetekommission erhielt den Auftrag, »Empfehlungen für die rechtliche und soziale Gleichberechtigung der Frau in der Gesellschaft« zu erarbeiten. Im Gegensatz zur ersten Frauen-

Enquete, die ihren Bericht in wenigen Jahren vorlegte, zog sich dieser über drei Wahlperioden hin.[58] Ein 1977 veröffentlichter Zwischenbericht (ausdrücklich mit »Werkstattcharakter«) erreichte eine Auflage von 65.000 Exemplaren.[59]

Im selben Jahr beschloss der nächste Bundestag die Fortsetzung, aber die Ergebnisse im August 1980 kamen zu spät für eine Diskussion vor der Bundestagswahl, und die vergleichsweise schmalen Berichte versandeten.[60] Die Diskussionen um die Rollen der Frau in Gesellschaft und Politik verlagerten sich auf eine neue Ebene: in die direkte Herausforderung der »Männer-Republik« durch die außerparlamentarischen und sogenannten neuen sozialen Bewegungen.

Bis 1983 lag der Frauenanteil der Abgeordneten des Deutschen Bundestages kontinuierlich unter zehn Prozent! Mit 5,8 Prozent den niedrigsten Anteil weiblicher Abgeordneter hatte das 1972 gewählte Parlament, das die Regierungsmehrheit von Bundeskanzler Willy Brandt bestätigte, der wenige Jahre zuvor mit dem Slogan »Mehr Demokratie wagen!« angetreten war.

Von machtpolitisch entscheidendem Einfluss waren die Wahlerfolge der »Grünen« – mit ihrem Einzug in den Bundestag 1983, dem ersten ausschließlich von Frauen gebildeten Fraktionsvorstand 1984 und zahlreichen politischen Anstößen zu einem aktualisierten Verständnis der Selbstbestimmung der Frau. Die parlamentarischen Auseinandersetzungen erfuhren in Stil und Wortwahl eine Vielzahl feministischer Impulse, die zunächst irritierten, dann in einer bemerkenswerten Weise quer durch die Parteien wirkten und sich über die Jahre in kleinen, aber kontinuierlichen Reformschritten niederschlugen.[61]

Am 15. November 1994 beschloss der Bundestag Artikel 3, Absatz 2 GG zu ergänzen: »Der Staat fördert die tatsächliche Durchsetzung der Gleichberechtigung von Frauen und Männern und wirkt auf die Beseitigung bestehender Nachteile hin« – eine Wegmarke im fortlaufenden Reflexionsprozess, der keineswegs an sein Ende gelangt ist.

Als 1919 die Verfassunggebende Nationalversammlung gewählt wurde, waren von den 423 Abgeordneten 37 Frauen, etwa neun Prozent. Bis 1983 wurde diese Quote in den Reichs- und Bundestagen kaum wieder erreicht, oft unterschritten! Auch im aktuellen Bundestag sind nur 30 von hundert Abgeordneten Frauen, in der Bevölkerung der Bundesrepublik insgesamt sind es 51 von hundert.

Die soziale Realität in der Bundesrepublik ist von einer Gleichberechtigung der Geschlechter in vielen Bereichen weiterhin deutlich entfernt. Das gilt wohl am markantesten bei der zentralen Frage: gleicher Lohn für gleiche Arbeit. Das gilt aber auch für die Karrierechancen von Frauen in den Führungsetagen von Wirtschaftsunternehmen ebenso wie in wichtigen Verbänden und politischen Parteien. Zwar haben Frauen – am prominentesten zweifellos Angela Merkel – inzwischen selbstverständliche Machtpositionen inne,[62] aber eine volle Parität, die dem realen Bevölkerungsanteil entspräche, ist keineswegs erreicht. Zudem ist mit der AfD seit einigen Jahren eine Partei im Bundestag und den Länderparlamenten vertreten, deren Programm ein vermeintlich »natürliches« Geschlechter- und Familienbild im Dienst staatlicher Geburtenförderung sowie die Rückkehr zu einer »natürlichen Geschlechterpolarität«, d. h. eine Dichotomie aus dem vorwissenschaftlichen Raum propagiert.

Aber die Geschichte der Frauengleichberechtigung zeigt, dass die Orientierung an rationalen Prinzipien auf Dauer zu einer Gesellschaft beitragen kann, die allen Menschen eine größtmögliche Fairness von Lebenschancen bietet: Überall dort, wo Menschenrechte, Rechtsstaatlichkeit und demokratische Freiheitsrechte gelten, hat sich die Erkenntnis »Der Verstand hat kein Geschlecht« im fortwährenden Diskurs kontinuierlich durchgesetzt.[63] Dies lässt sich in allen Bereichen der Gesellschaft belegen. Auch wenn es dazu bislang kaum systematische historische Untersuchungen gibt, illustriert dies etwa die Rolle von Frauen als erfolgreiche Unternehmenseigentümerinnen, von Johanna Quandt und Susanne Klatten bei BMW, Elisabeth Schäffler bei INA, Liz und Birgit Mohn bei Bertelsmann über Friede Springer beim Axel-Springer-Verlag, Petra Grotkamp bei der Funke Mediengruppe, Yvonne Bauer bei der Bauer Media Group bis zu Alexandra Schörghuber bei der gleichnamigen Unternehmensgruppe, Rosemarie Veltins bei der gleichnamigen Brauerei oder Catharina Cramer beim Wettbewerber aus Warstein – die Liste ließe sich um Dutzende Namen von Frauen erweitern.[64] Die vermeintliche Selbstverständlichkeit der Männerdominanz ist passé, gemischte Vorstände mit höherem Frauenanteil sind nach aktuellen Studien sogar nachgewiesen finanziell erfolgreicher.[65]

Grundsätzlich geht es auch bei Fragen der Gleichberechtigung immer um politische, gesellschaftliche und ökonomische Machtfragen, die im demokratischen Rechtsstaat über Parlamente, Gesetze und Institutionen, aber auch über wirtschaftliches Gewicht und Vermögen entschieden werden. Deshalb ist die Frage der Partizipation der Frauen in den Gesetzgebungsgremien, in öffentlichen Institutionen, aber auch in Unternehmensvorständen und Aufsichtsräten von zentraler Bedeutung für faire Teilhabe.

Aber die Entwicklung der Gleichberechtigung folgt keinem Automatismus. Weiterhin stehen dem Menschenbild von der Gleichheit der Geschlechter, das sich in Europa und Nordamerika durchgesetzt hat, weltweit andere Menschenbilder gegenüber, die eines gemeinsam haben: Nicht die Menschen selbst werden gefragt, ob sie sich damit identifizieren, sondern ihnen wird eine Identität aufgedrängt, die auf religiösen, ideologischen oder einfach nur autoritären Zuschreibungen beruht. Das ist, für Frauen wie Männer, die eigentliche Herausforderung.

Demonstration in London für eine zweite Volksabstimmung zum Brexit, März 2019. Volksabstimmungen sind Momentaufnahmen. Sie suggerieren, mit einfachen Ja-Nein-Antworten ließen sich komplexe Fragen lösen. Das Prinzip demokratischen Verhandelns, der fortlaufende Interessenausgleich wird ersetzt durch die Konfrontation eines Entweder-Oder, das die Gesellschaft gespalten zurücklässt. Beim Brexit standen sich zwei etwa gleich große Meinungsgruppen gegenüber. Die Verlierer von 2016 forderten eine weitere Abstimmung in Kenntnis der Folgen einige Jahre später – vergeblich.

Die Stimme finden: Politik und Partizipation

> »Kein Mensch ist gut genug, einen anderen Menschen ohne dessen Zustimmung zu regieren.«
>
> *(Abraham Lincoln, 1854)*[1]

»Das Land hat gerade an einer gigantischen demokratischen Übung teilgenommen, vielleicht der größten unserer Geschichte. Mehr als 33 Millionen Menschen aus England, Schottland, Wales, Nordirland und Gibraltar haben ihre Meinung wissen lassen. Wir sollten stolz sein darauf, dass wir auf diesen Inseln den Menschen zutrauen, solch große Entscheidungen zu treffen. Wir haben nicht nur eine parlamentarische Demokratie, sondern zu Fragen über die Art und Weise, wie wir regiert werden, ist es zu Zeiten richtig, das Volk selbst zu befragen, und das haben wir getan. Das britische Volk hat dafür gestimmt, die Europäische Union zu verlassen, und dieser Wille muss respektiert werden. (…) Der Wille des britischen Volkes ist eine Anweisung, die es umzusetzen gilt. (…) Einen Zweifel am Ergebnis kann es daher nicht geben.«[2]

Als der britische Premierminister David Cameron am 24. Juni 2016 in seiner Rede nach dem Brexit-Referendum seinen Rücktritt ankündigte, suchte er zu erklären, warum er die parlamentarische Demokratie, auf die das Land sonst so stolz war, ausgehebelt hatte. Es sei »zu Zeiten richtig, das Volk selbst zu befragen« – als hätten die Menschen in seinem Land sonst keine Gelegenheit, ihre Meinung zu äußern. Dabei betont gerade das britische Mehrheitswahlrecht die Verbindung zwischen den Menschen im Wahlkreis und ihren Abgeordneten. Das Wahlrecht mit seiner Favorisierung des einen Siegers und der Diskriminierung aller anderen Kandidaten und ihrer Wähler zwingt alle Abgeordneten dazu, sich intensiv um ihre Klientel zu kümmern. Die nächsten Wahlen kommen bestimmt. Sie sind schließlich das Wesen des demokratischen Prozesses, um »das Volk selbst zu befragen«.

Es ist ein weit verbreiteter Irrtum, dass Volksabstimmungen besonders demokratisch seien. Historisch erklärbar ist diese Auffassung, weil das Wahlrecht – die meisten Männer erhielten es erst im Laufe des 19. Jahrhunderts, Frauen noch später – ein hart erkämpftes Menschenrecht ist.

Wer die öffentlichen Debatten über die demokratisch-parlamentarischen Institutionen in Deutschland, Europa und Nordamerika verfolgt, dem begegnet in jüngerer Zeit regelmäßig eine Skepsis, ja ein gewisser Überdruss gegenüber der Demokratie. Wobei die lautesten Kritiker immer gleich »das System« attackieren.

Dahinter ist eine gehörige Portion Geschichtsvergessenheit sichtbar, die sich nicht selten mit der Sehnsucht nach einer erträumten vergangenen Stabilität verbindet, die als Kontrast zur komplexen und komplizierten Gegenwart vorgestellt wird. Die Gründe für diese Verklärung einer Vergangenheit, die so nie existiert hat, führen weit zurück in die deutsch-europäische Geschichte.

Vorstellungen von der Stabilität autoritärer Führungen haben zumal in Deutschland eine lange Tradition. Den wenigsten »Systemkritikern« ist bewusst, dass sie in jener vermeintlich »guten alten Zeit« selbst keine vernehmbare Stimme, geschweige denn einen Anteil an der politischen Macht gehabt hätten. Ein die Mehrheit der Menschen repräsentierendes Parlament als Zentrum politischer Gesetzgebung und Machtkontrolle konnte sich im Deutschen Reich bis 1914 nicht etablieren.

Dies lag nicht zuletzt an den im Lande verbreiteten Vorurteilen gegen politische Parteien: Der Streit um Argumente, Konzepte und Mehrheiten erfüllt eine unverzichtbare Funktion. Wünsche und Willen der Wahlberechtigten müssen kanalisiert, strukturiert, verhandelt werden. Parteien, die prinzipiell jedem offenstehen, dienen deshalb als Sammelbecken für Menschen mit verwandten

Weltbildern und Interessen. Durch die Wahl ihrer eigenen Strukturen und Führungspersonen bilden sie eigene Energiezentren in einer repräsentativen Demokratie, die in freien Wahlen ihre Legitimität immer wieder neu begründen. Sie sind zugleich elementare Träger politischer Macht und grundlegende Institutionen politischer Kontrolle.

Die Vorstellung, dass Parteien die unverzichtbare Aufgabe erfüllen, staatliche Macht sowohl politisch zu legitimieren als auch parlamentarisch zu kontrollieren, war im deutschsprachigen Mitteleuropa, insbesondere im dominierenden Preußen, bis weit ins 20. Jahrhundert alles andere als populär. Weit verbreitet war die Imagination von einem fürsorglichen Herrscher, der sich um das Wohl »seiner Untertanen« kümmern und ihnen Sicherheit und Raum für »machtgeschützte Innerlichkeit« (Thomas Mann) gewähren werde. Dass das »politische Lied« ein »garstig Lied« sei, ließ Goethe Anfang des 19. Jahrhunderts im *Faust* deklamieren.

Wer »Partei« war, stellte sich vermeintlich außerhalb des großen Ganzen. Entsprechend galten Demokraten, die für das allgemeine Wahlrecht eintraten, gar Sozialdemokraten, die sich international mit Gleichgesinnten solidarisierten, als »vaterlandslose Gesellen«. Wenn Kaiser Wilhelm II. am 4. August 1914 – als deutsche Truppen in Belgien einmarschierten – vor den Abgeordneten des Reichstages im Berliner Stadtschloss proklamierte: »Ich kenne keine Parteien mehr, kenne nur noch Deutsche«, so war die Formulierung auch ein Appell an die Phantasie vermeintlicher Homogenität aller Untertanen.

Wie unverzichtbar Parteien für die politische Meinungsbildung und den friedlichen Abgleich unterschiedlicher Interessen waren, mussten die Deutschen erst lernen – und taten es lange mit Widerwillen. »Wie wäre es«, schrieb Kurt Tucholsky 1931, »wenn man nun einmal einen dämlichen kleinen Trick aus unsrer Politik entfernte, der darin besteht, jeder grade an der Macht befindlichen Partei vorzuwerfen, sie betreibe Parteiwirtschaft –? Ja, was soll sie denn eigentlich sonst betreiben –? Das Wohl der Allgemeinheit …, ich weiß schon. Aber ich möchte nur einmal wissen, wozu denn

Wahlen und Propaganda und Parteikampf da sein sollen, wenn nicht zu dem alleinigen Zweck, eine Partei an die Macht zu bringen. Und wenn sie dort angekommen ist, was hat sie zu tun? Natürlich ihre Macht zu gebrauchen. (…) Zu bekämpfen ist allein die Parteiwirtschaft, die sich nicht offen als solche bekennt, sondern die vorgibt, für das große Ganze zu arbeiten.«[3]

Der lange Weg zur Mitbestimmung

Menschen haben im Laufe der Geschichte verschiedenste Ordnungsmodelle für ihr Zusammenleben entwickelt und erprobt. Von den Herrschaftssystemen Ägyptens drei Jahrtausende vor unserer Zeitrechnung bis zum Zeitalter der Aufklärung beruhte die politische Ordnung nirgendwo auf der Vorstellung einer Gleichheit und Gleichwertigkeit aller Menschen, die einfach durch ihr Menschsein ein Recht zur Mitentscheidung besitzen. Stets wurde eine (meist religiös) legitimierte hierarchische (Macht-) Struktur als gegeben angesehen, in der jedem Einzelnen (nicht als Individuum, sondern als Teil einer wie auch immer definierten Gruppe) sein Platz zugewiesen war. Um eine Herrschaft derart hierarchisch mit einer Führungsfigur an der Spitze zu organisieren, waren stets Formen der Machtbeteiligung für ausgewählte Gruppen – Priester, Beamte, Adel oder Stände – nötig.

Im sogenannten Heiligen Römischen Reich deutscher Nation, das vom Mittelalter bis zu seiner Auflösung durch Napoleon als politischer Verband existierte, stand an der Spitze ein gewählter König bzw. Kaiser. »Wahlberechtigt« waren allerdings nur einige Kurfürsten. Der deutsche König bzw. Kaiser beanspruchte die oberste Herrschaftskompetenz und behauptete, in der Tradition des vorherigen Römischen Reiches und dessen Kaisertum zu stehen sowie »von Gott« legitimiert zu sein.

Für den Herrschaftsalltag war er nicht nur auf sein eigenes Heer, seinen Hofstaat und kundige Experten angewiesen. Er benötigte Verbündete, mit deren Hilfe der Gesamtverbund überhaupt erst geschaffen und stabil erhalten werden konnte. In der historischen Realität waren dies Kurfürsten, Fürsten, Grafen, Ritter, Bischöfe und ähnliche Partner der Herrschaftsorganisation. Sie alle verfolgten eigene Interessen und hatten eigene Macht in allerdings sehr unterschiedlichem Maße.

Eine Versammlungsinstitution gemeinsamer politischer Entscheidungsfindung war der Reichstag. In ihm saßen seit 1521 die Stände, die zu Reichssteuern verpflichtet waren und mitentscheiden wollten. Diese Reichsstände lassen sich mit aller Vorsicht als eine Art Repräsentationssystem jenes kleinen Bevölkerungsteils mittlerer Machthaber interpretieren, der sich von der Masse der »Untertanen« abhob.

In ein modernes Bild übersetzt, könnte man die Reichsstände als eigenständige Management-Einheiten eines Machtnetzwerks bezeichnen. Der Kaiser möchte von ihnen Steuern erhalten, sie möchten ihre Macht sichern, verfolgen ihre Interessen, suchen Stabilität, Sicherheit und Gewinn. Sie bilden einen über Personen, Loyalitäten, Absprachen und Verträge vernetzten Machtverbund zum gegenseitigen Nutzen, stehen dabei aber immer auch in Konkurrenz miteinander.

In der europäischen Geschichte der Frühen Neuzeit sehen wir in allen Ländern einen fortwährenden Machtkampf zwischen den Ständen und den obersten Herrschern – mit unterschiedlichen Konsequenzen. In England setzten sich die Stände als Zentralgewalten im Parlament gegen die Krone durch. Der Streit zwischen König und Parlament führt 1642 zu einem Bürgerkrieg, in dessen Konsequenz König Karl I. am 30. Januar 1649 geköpft wird.

Auch ein Monarch kann so enden, war die Botschaft. In den weiteren Auseinandersetzungen wurde die Monarchie zwar wieder installiert, aber mit der *Glorious Revolution* von 1688/89 suchte sich das Parlament seinen eigenen König aus. Der Monarch wurde zu einem Teil des Parlaments *(»king in parliament«)* und stand nicht mehr darüber. In Frankreich dagegen versuchte das Herrscherhaus der Bourbonen, von denen der »Sonnenkönig«

Das »Heilige Römische Reich deutscher Nation« mit seinen hunderten Herrschaftsgebieten bestimmte die politische Landkarte Mitteleuropas über viele Jahrhunderte bis 1806. Die Vielfalt reichte von riesigen Territorien, wie sie etwa die Habsburger und Hohenzollern besaßen, bis zu kleinen Ritterschaften mit wenigen Hektar Land. Konfessionelle Gegensätze prägten den Alltag und beeinflussten die große Politik, zahllose Grenzen erschwerten die wirtschaftliche Entwicklung. England und Frankreich als konfessionell und territorial einheitlichere Staaten hingegen entwickelten sich zu dominierenden, weltweit agierenden Großmächten.

Ludwig XIV. (1638–1715) der bekannteste ist, mit einigem Erfolg, die Stände zu entmachten und selbst »absolut« zu regieren. Anders als dem englischen König oder dem deutschen Kaiser gelang es ihm mit geeigneten Methoden, die Stände zu entmachten: ein großer Hof mit enger Kontrolle seiner unmittelbaren Gefolgschaft, ein »stehendes« Heer, das ihm als Machtinstrument ebenso verfügbar war wie ein umfänglicher Bürokratie-Apparat, um Wünsche und Befehle umzusetzen; schließlich seine Fähigkeit, Geldquellen zu gewinnen und zugleich die regionalen Führungsgruppen in ihren Vetorechten einzuschränken.

Im deutschsprachigen Territorium gelang weder dem Kaiser noch anderen Einzelherrschern eine vergleichbare Ausnahmestellung. Es präsentierte sich als bunter Flickenteppich von Herrschaftsgebieten, durchzogen von religiösen Konfliktlinien entlang Hunderter Grenzen. Der Kaiser blieb für seine Wahl auf Kompromisse angewiesen und musste sich Unterstützung durch Zugeständnisse sichern.

Der Reichstag in Regensburg als Verhandlungsort der Machtgruppen wurde kein Machtorgan wie das Londoner Parlament. Er diente vielmehr dem Abgleich von Interessen und der Inszenierung von Macht, ohne selbst eine Machtposition über den Gesamtverbund des Reiches zu gewinnen. Die Untertanen – das Volk – als größter Teil der Bevölkerung spielten in dieser Konstellation politisch keine Rolle; ihre Funktion war zu dienen und zu produzieren ohne eigene Repräsentation.

Mit den Wandlungen des Menschenbildes zu den Erkenntnissen des Naturrechts im Zeitalter der Aufklärung wurden diese bislang als historisch gültig angenommenen Axiome der Herrschaftsorganisation in Frage gestellt. So schrieb der Ökonom und politische Schriftsteller Johann Heinrich Gottlob Justi (1720–1771) in seinem 1759 publizierten *Grundriß einer guten Regierung*: »Da ein jeder vernünftiger Mensch, der Freyheit und Erkenntniß hat, sich selbst regieren soll; so muß auch ein freyes und gesittetes Volk sich selbst regieren, in so weit es darzu fähig ist. Das Volk ist außer Streit zur Gesetzgebung fähig, weil es seinen Zustand und

Bedürfnisse besser kennet, als jemand anders. Folglich soll in einer weisen vermischten Regierungsform die gesetzgebende Macht bey dem Volke beruhen. Allein, weil in einem großen und mittelmäßigen Staate das gesammte Volk ohne Unordnung und Versäumniß sich nicht selbst versammlen kann, auch die geringste Klasse des Volkes nicht die, zur wahren Wohlfahrt des Staats nöthige Erkenntniß und Einsicht hat; so ist es natürlich, daß es die gesetzgebende Macht durch seine Representanten ausübet. Diese Representanten muß eine jede Stadt und Bezirk des platten Landes durch eine freye Wahl ernennen; und hierzu ist das Volk gar wohl fähig; denn auch die geringste Sorte des Volks ist vermögend, die Geschicklichkeit und Verdienste einzusehen.«[4]

Die zentrale Frage der politischen Theorie lautete fortan: Wie legitimiert sich eine Herrschaft angesichts des Naturrechts aller Menschen? Wenn politische Herrschaft auf Verträgen zwischen Menschen beruht, wie können Monarchen oder Fürsten dann ihre Position rechtfertigen?

Eine Antwort war, dass Herrscher sich als Ausdruck des Gesamtwohls aller Vertragspartner zu legitimieren suchen. Der »aufgeklärte Monarch« sollte so als oberster Repräsentant der Vernunft über den Ständen und Einzelinteressen der Menschen gedacht werden, der sich als solcher an die eigenen vernünftigen Gesetze hält. Aber wer sollte das kontrollieren? Und warum nicht auch andere Wege finden, um vernünftige Gesetze zu erlassen?

Die Unabhängigkeitsbewegung in Nordamerika lieferte ein fernes Vorbild, wie selbstbewusste Bürger sich im Zweifel auch mit Gewalt gegen überkommene Herrscherrechte durchsetzen konnten. Die Unabhängigkeitserklärung von 1776 hält ausdrücklich fest, dass jede Regierung von Menschen eingesetzt ist, um deren unveräußerliche Rechte zu sichern, und ihre Macht und Legitimität einzig der Zustimmung der Regierten verdankt. Damit waren die Konsequenzen des Naturrechtsdenkens für die machtpolitische Praxis formuliert.[5]

Die Forderung nach »gerechter Repräsentation« sollte sich zur Kernfrage der parlamentarischen Demokratie entwickeln. Der

Ruf nach Verfassungen, in denen diese Rechte zu regeln waren, konnte sich erneut am nordamerikanischen Vorbild orientieren: Die Verfassung der Vereinigten Staaten – 1787 formuliert und 1789 in Kraft getreten – regelte nicht nur die Frage der gesetzgebenden Gewalten und ihrer Kontrolle, sondern schrieb in ihren Zusatzartikeln (»amendments«) auch zentrale Freiheitsrechte »des Volkes« fest.[6]

Wer das genau war, blieb dem Zeitverständnis anheimgegeben. Einschränkende Auffassungen des Menschenbildes – auch in den Vereinigten Saaten waren Frauen, Sklaven und nichtweiße Männer in der Definition »all men« nicht enthalten und blieben vom Wahlrecht ausgeschlossen – verbanden sich allgemein mit Vorurteilen gegen die Urteilsfähigkeit der »Masse« mit ihrem »beschränkten Untertanenverstand«.[7]

Vorbehalte gegen die Urteils- und Wahlfähigkeiten spezifisch definierter Gruppen – Frauen, Menschen mit geringer formaler Bildung, mit bestimmten ethnischen oder religiösen Zuschreibungen und dergleichen mehr – sind gleichsam das immerwährende Gegenbild der Forderung nach »ein Mensch, eine Stimme«: Warum sollte, so hieß es, ein Tagelöhner, Bergmann oder Knecht, der womöglich weder lesen noch schreiben konnte, wählen und politisch mitbestimmen dürfen? Der Kampf um das allgemeine und gleiche Wahlrecht traf von Beginn an auf den Beharrungswillen überkommener Machtgruppen, die sich für auserwählt hielten und berufen fühlten, das Gemeinwesen zu repräsentieren.

In der Auseinandersetzung um die Beteiligung aller (erwachsenen) Menschen an politischen Entscheidungen ist erneut die Französische Revolution von 1789 die entscheidende Zäsur der europäischen Geschichte. Der sogenannte dritte Stand, zu dem neben dem Bürgertum auch Bauern und Handwerker zählen, konnte sich als zentraler Faktor der verfassunggebenden Nationalversammlung etablieren. Die Abschaffung der Privilegien von Adel und Klerus sowie der Feudalabgaben wurden verbunden mit der weithin ausstrahlenden Erklärung der Menschen- und Bürgerrechte.

Die 1791 verabschiedete Verfassung etablierte zunächst ein Wahlrecht für Männer über 25 Jahren, das an einige wirtschaftliche Kriterien geknüpft war und den größten Teil der Bevölkerung ausschloss. Bereits 1792 wurde der Nationalkonvent nach dem allgemeinen Wahlrecht (für Männer) bestimmt. Die Revolutionsdynamik mündete allerdings rasch in blutige Konflikte konkurrierender Machtgruppen, die Napoleon Bonaparte 1799 durch einen Staatsstreich beendete.

Napoleons Herrschaft trug die Dynamik der Revolution in seiner Weise kriegerisch auf den gesamten Kontinent und gestaltete die politische Landkarte nach seinen Machtwünschen um. Auch weite Teile des Reichsgebietes brachte er unter seine Kontrolle und strukturierte Ländereien, Herrschaftsrechte und Menschen im Dienst seiner Machtsicherung.

Diese revolutionäre Flurbereinigung, fixiert in der Auflösung des Alten Reichs 1806, zerstörte nicht nur Institutionen wie den Reichstag und andere überkommene Ständerepräsentation, sondern brachte auch praktische Reformen wie Bauernbefreiung oder Gewerbefreiheit – und befeuerte den deutschen Nationalismus.

Verfassungsfragen

Entscheidend für alle Fragen der Partizipation im demokratischen Sinn war der Ruf nach Verfassungen. Napoleon hatte 1799 mit einer neuen Konstitution die Revolution beendet, und bis zum Jahr 1830 wurden in europäischen Herrschaftsgebieten mehr als siebzig Verfassungen verabschiedet. Sie sollten das Verhältnis zwischen Individuum und Staatsgewalt systematisch, transparent und für alle gültig regeln. Dabei widersprachen sowohl der Nationalismus wie der Ruf nach Verfassungen den zentralen dynastischen Macht- und Ordnungsprinzipien vieler Staaten des deutschsprachigen Mitteleuropa, die nach dem Ende der napoleonischen Herrschaft 1815 auf dem Wiener Kongress die Territorien neu aufteilten. Der neu geschaffene Deutsche Bund aus 35 Fürstenstaaten und vier freien Städten blieb dominiert von den Interessen der Hauptmächte Österreich und Preußen. In ihrer Konfrontation spiegelte sich auch die weiter schwelende Auseinandersetzung zwischen Katholizismus und Protestantismus.

Für die politischen Partizipationsrechte ist entscheidend, dass der starke Mann des Deutschen Bundes, Klemens Fürst von Metternich-Winneburg, als Staatskanzler Österreichs eine Abwehr gegen nationalistische und demokratische Wünsche auf mehrere Jahrzehnte erfolgreich zu organisieren vermochte. Denn aus Sicht der Herrschenden waren die nationalistischen Ziele etwa der Burschenschaften, Gesangsvereine und Turngruppen eine revolutionäre Provokation, die auf den Umsturz der überkommenen monarchisch-obrigkeitlichen Ordnung zielte. Für herrschende Machtgruppen wie die Habsburger, Hohenzollern, Wittelsbacher und all die weiteren Managerhäuser waren nationalistisches Vereinigungsstreben und demokratische Teilhabeforderungen existenzbedrohend.

Die bis zu den revolutionären Bewegungen von 1848 entwickelten Forderungen nach dem demokratischen Verfassungsstaat waren im Kern ein bürgerliches Projekt, keine Revolution der »Massen«. Deren Welt blieb von den Schwierigkeiten des Alltags, oft den Erfordernissen des einfachen Überlebens geprägt. Gerade in diesen Jahrzehnten ließ das Bevölkerungswachstum und der Produktionswandel in Landwirtschaft, Handwerk und der beginnenden Industrie eine neue Gruppe verarmter, nicht selten hungernder Menschen entstehen, für die 1835 das Wort »Proletariat« geprägt wurde.[8] »Pauperismus« war der Begriff, mit dem ihr Zustand seither charakterisiert worden ist.[9]

Die Verfassungsfrage und der Ruf nach Machtbeteiligung erhielten in den deutschen Teilstaaten vor allem als Folge der sozialen und wirtschaftlichen Krise seit 1845 eine neue Dynamik. Insbesondere in Preußen und Österreich hatten die Herrscher einst gegebene Verfassungs- und Teilhabeversprechen blockiert. Das soziale Elend und die Hungersnöte befeuerten die ohnehin

Das Elend in Schlesien.

Hunger und Verzweiflung.

Offizielle Abhülfe.

Holzstich aus den »Fliegenden Blättern« zum Weberaufstand in Schlesien, 1844. Wenn Not und Elend als göttliche Fügung und reines Privatproblem gesehen werden, endet jede Gesellschaft im Konflikt. Aber Armut und Hunger, soziale Konflikte und wirtschaftliche Interessengegensätze lassen sich nicht mit Gewehren, sondern nur mit politischen Strategien der Teilhabe, der Chancengleichheit und der sozialen Mobilität erfolgreich bekämpfen – zum Wohle aller Menschen einer Gesellschaft.

latente Kritik an der Unfähigkeit des Staates und legitimierten den revolutionären Ruf nach Mitbestimmung.

»Was das Volk – und das meint alle Klassen, oben wie unten – wünscht, ist (…) verfassungsmäßige Freiheit (…) und eine wirkliche, gemeinsame Vertretung des ganzen deutschen Volkes«, berichtete die Londoner *Times* am 6. März 1848 unter der Überschrift »Germany« und illustrierte damit das enorme Interesse, das man den Umwälzungen auch international entgegenbrachte.[10] Umstritten blieb die Frage, wer aufgrund welcher Kriterien das Wahlrecht erhalten sollte.

Die Antwort fiel in den einzelnen Staaten unterschiedlich aus – einig war man sich lediglich darüber, dass nur Männer in Frage kamen –, setzte aber regelmäßig Hürden vor allem des Einkommens, so dass Bauern und Arbeiter weitgehend ausgeschlossen blieben. Die Nationalversammlung von 1848 in der Frankfurter Paulskirche wurde tatsächlich ein Akademiker-Parlament: Rund drei Viertel der 812 Abgeordneten waren akademisch gebildet; mehr als die Hälfte hatte einen juristischen Hintergrund; Bauern gab es drei, Handwerker vier.[11]

Die demokratischen Bewegungen und die Forderungen nach Parlamenten richteten sich zwar gegen die monarchische Vorherrschaft und zielten auf den Verfassungsstaat, aber von der Vorstellung einer allgemeinen, gleichen, geheimen und direkten demokratischen Partizipation waren auch viele von jenen, die 1848 die Revolution trugen, weit entfernt. Die Hoffnung auf einen »parlamentarischen Verfassungsstaat«, in dem Nationalismus und Parlamentarismus verschmelzen würden, blieb unerfüllt.[12]

Repräsentationsmodelle

Regelmäßig wird bis heute Großbritannien als Mutterland des Parlamentarismus präsentiert. Dabei wird leicht übersehen, dass die Machtsicherung des Parlaments gegen die Krone keineswegs mit Demokratie gleichzusetzen ist.

Nachdem sich im England des 17. Jahrhunderts die Stände mit dem Parlament gegen den Herrschaftsanspruch der Krone durchgesetzt hatten, blieb die Frage, wer die Repräsentanten auswählt, zentral für die Bewertung des britischen Parlamentarismus bis zur Gegenwart. Die Durchsetzung der Parlamentsherrschaft bedeutete keineswegs, dass damit die Bevölkerung in nennenswerter Weise an der Macht beteiligt gewesen wäre. Vielmehr repräsentierten die Mitglieder des Unterhauses in erster Linie eine privilegierte Gruppe von Landbesitzern und staatsnahe Institutionen. Die Kontroversen um die Ausweitung des Wahlrechts auf größere Bevölkerungsteile wirken im 19. und Anfang des 20. Jahrhunderts fast so vehement wie der ursprüngliche Konflikt zwischen Parlament und Krone.

Bis zur Wahlrechtsreform von 1832 besaßen – bei einer Bevölkerung von fast 14 Millionen Menschen – nur rund 400.000 bis 500.000 Männer das Stimmrecht, die entweder über einen qualifizierenden Besitz bzw. ein bestimmtes Jahreseinkommen oder sonstige Privilegien verfügten. Durch die Reform stieg ihre Zahl auf 650.000 bis 800.000; vor allem erhielten nun viele kleine Landbesitzer, Pächter und Händler das Wahlrecht.[13] Damit waren, je nach Schätzung, drei bis fünf Prozent der Bevölkerung stimmberechtigt. Mit der Wahlrechtsreform von 1867 folgte eine Erweiterung der Kriterien, so dass nun 2,2 Millionen Männer wählen durften, was etwa sechzehn Prozent der erwachsenen Bevölkerung entsprach.[14] Aber weiterhin blieb das Wahlrecht an Kriterien wie Besitz und Einkommen gebunden – Mietzahlungen von zehn Pfund pro Jahr etwa oder einen kleinen Landbesitz. 1884 wurde das Wahlrecht nochmals vereinheitlicht, und die Zahl der stimmberechtigten Männer stieg auf rund fünf Millionen; aber immer noch waren vierzig Prozent der Männer und alle Frauen vom Wahlrecht ausgeschlossen.[15]

Die gesellschaftlichen Folgen des Ersten Weltkriegs beschleunigten den Wandel. Mit dem *Representation of the People Act* von 1918 wurde zumindest das allgemeine Männerwahlrecht durchgesetzt, und Frauen über 30 Jahren durften wählen. Das allgemeine

Wahlrecht für Frauen folgte erst 1928 – das Wahlalter lag bei 21 Jahren und wurde 1969 auf 18 Jahre gesenkt. Damit stieg der Anteil der Wahlberechtigten in der Bevölkerung auf 71 Prozent.[16]

Nicht nur blieben bedeutende Gruppen der Bevölkerung bis zum Ende des Ersten Weltkriegs von der Mitbestimmung ausgeschlossen, auch die Ausweitung der Wahlberechtigung bedeutete nicht zwingend mehr Gehör für »Volkes Stimme«. Die Parteienlandschaft blieb denkbar übersichtlich. Bis zum Ersten Weltkrieg wechselten sich Konservative und Liberale als die dominierenden politischen Strömungen bei den Regierungsbildungen ab. Die *Labour Party* begann dann in den 1920er Jahren, zu einem ernsthaften politischen Faktor zu werden, etablierte sich kurzfristig als dritte Kraft und trat bald an die Stelle der Liberalen.

Trotz der Ausweitung des Stimmrechts und der Etablierung einer dritten größeren Partei behinderten die Regeln des Wahlrechts weiterhin die volle Repräsentation des Wählerwillens im Parlament – und das gilt bis heute. Denn für jeden Wahlkreis gilt allein das Mehrheitswahlrecht. Nach der Regel *first past the post* – wer die relativ meisten Stimmen hat, gewinnt – genügt eine einfache Wählermehrheit für den Sitz im Parlament. Regelmäßig siegen so Kandidaten mit weniger als der Hälfte der Stimmen ihres Wahlkreises. Sie können ins Unterhaus ziehen, während die Wähler anderer Kandidaten nicht weiter zählen.

Nehmen wir das Beispiel des aktuellen Parlaments, das im Dezember 2019 gewählt wurde: Die Konservative Partei konnte mit 13.966.451 Stimmen (43,6 Prozent) 365 der 625 Wahlkreise für sich entscheiden. Die *Labour Party* erhielt 10.295.907 Stimmen (32,2 Prozent) und gewann 203 Wahlkreise. Die Liberaldemokraten erhielten 3.696.423 Stimmen (11,5 Prozent), gewannen aber nur elf Wahlkreise. Obwohl *Labour* und Liberale zusammen 25.879 Stimmen mehr erhielten als die Konservativen, sind sie nur mit 214 Abgeordneten vertreten. Die Konservativen dagegen repräsentieren nur gut vier von zehn Wählern, stellen aber fast sechs von zehn Abgeordneten und verfügen damit über eine komfortable absolute Mehrheit.

In Preußen und dann im deutschen Kaiserreich war die parlamentarische Demokratie aus anderen Gründen eingeschränkt. Das Wahlrecht für das preußische Abgeordnetenhaus beruhte auf einer ohne Mitwirkung des Landtags erlassenen Verordnung von 1849.[17] Das Wahlrecht besaßen alle männlichen preußischen Staatsbürger ab 24 Jahren, die bürgerliche Rechte hatten und keine Armenunterstützung erhielten.[18] Aber die Wahlberechtigten hatten kein gleiches Stimmrecht – das Gewicht ihrer Stimmen war abhängig von den direkten Staatssteuern, die sie bezahlten. Auch gaben die Wahlberechtigten ihr Votum nicht geheim, sondern in sogenannten Urwahlbezirken öffentlich ab. Sie stimmten dabei für Wahlmänner, die dann ihrerseits öffentlich die Abgeordneten wählten.

Die Urwähler wurden nach der Höhe der von ihnen entrichteten direkten Steuern auf drei Abteilungen oder »Klassen« verteilt. Jede Klasse repräsentierte ein Drittel des lokalen Gesamtsteuerbetrags. Die Stimme eines in der ersten Abteilung Wählenden hatte in den Jahren 1849 bis 1913 etwa das 16- bis 26-fache Gewicht der Stimme eines Wählers der dritten Abteilung, und die Stimme eines in der zweiten Abteilung Wählenden wog das Fünf- bis Achtfache. Entsprechend hoch war die Diskrepanz zwischen abgegebenen Stimmen und errungenen Mandaten. So gewannen die beiden konservativen Parteien 1913 mit 16,8 Prozent der Stimmen 45,6 Prozent der Mandate; die Sozialdemokraten erhielten mit 28,4 Prozent Stimmenanteil nur 2,3 Prozent der Sitze.[19]

Für den Reichstag des Deutschen Reichs seit 1871 galt dagegen, dass die Abgeordneten »aus allgemeinen und direkten Wahlen mit geheimer Abstimmung« hervorgehen sollten.[20] Zwar hatte hier jede Stimme dasselbe Gewicht, aber das Wahlrecht galt nicht für Frauen, und auch für Männer erst ab einem Alter von 25 Jahren.[21] Selbst das ging prominenten Zeitgenossen viel zu weit. Der Historiker Heinrich von Treitschke etwa polemisierte, das allgemeine Wahlrecht belohne die Unbildung und den »Hochmut der Dummheit«; es habe »die phantastische Ueberschätzung der eigenen Macht und des eigenen Werthes in den Massen unermeßlich gefördert«; es sei »die organisirte Zuchtlosigkeit, die anerkannte

Ueberhebung des souveränen Unverstandes«.[22] Ähnliche Formulierungen über »Unvernunft und Unverstand der Massen« finden sich im politischen Diskurs über die parlamentarische Demokratie bis zur Gegenwart. Die Exklusion aller Frauen sowie aller Männer unter 25 Jahren bedeutete, dass bis zum Ende des Kaiserreichs nur etwa jeder fünfte Bewohner wahlberechtigt war.[23]

Der preußische Ministerpräsident und Reichskanzler Otto von Bismarck – bis zu seiner Entlassung 1890 *die* dominierende politische Figur des Kaiserreichs – konnte sich bei Auseinandersetzungen mit dem Repräsentationsorgan Reichstag, der vor allem mit der Budgethoheit ein bedeutendes Machtinstrument besaß, im Zweifel stets auf die herausgehobenen Rechte der Monarchie, die Unabhängigkeit »seiner« Minister vom Parlament und die Letztgewalt des Militärs mit dem Kaiser an der Spitze stützen. Zugleich versuchte Bismarck, durch Verbote (gegen die Sozialdemokratie) und Verlockungen (wie die Sozialgesetzgebung) die Stabilität der konstitutionellen Monarchie und der Vorherrschaft Preußens gegen den zeitgenössischen Drang zur Parlamentarisierung zu sichern.

Bis zu seiner Entlassung gelang ihm dieser Abwehrkampf. Aber die Kosten waren im Rückblick erheblich. Im Zentrum von Bismarcks Politikstil stand stets die Abwägung der Macht. In der Außenpolitik bewahrte sie das frisch gegründete und misstrauisch von den anderen Großmächten beobachtete Reich vor einem existenzgefährdenden Krieg. Zeitgenössische Anhänger Bismarcks ebenso wie zahlreiche Historiker bewunderten deshalb seine Fähigkeit, die Außenpolitik im Gleichgewicht der Mächte so zu gestalten, dass der Frieden hielt.

Die Kritiker betonten dagegen, dass gerade die Verhinderung parlamentarischer Mitbestimmung und der Mangel einer politisierten, real in die Entscheidungen eingebundenen Öffentlichkeit das Reich in eine ungesunde Abhängigkeit führte. Denn Bismarcks Außenpolitik war zuerst und vor allem die Außenpolitik Bismarcks – eine fatale Engführung komplexer Prozesse in einer sich dynamisierenden Welt des Industriezeitalters.

Mit Bismarcks Abschied verschwand der konzeptionelle Motor ebenso wie die über Jahre gesammelte Glaubwürdigkeit, die für die anderen Mächte allein in seiner Person und Erfahrung gründete. Bismarck mochte die Außenpolitik virtuos beherrschen und Kaiser Wilhelm I. ihm willig folgen. Aber es war unverantwortlich, die Stabilität eines Vierzig-Millionen-Staates an den Gesundheitszustand und die Fähigkeiten weniger Menschen zu knüpfen, die keiner laufenden Kontrolle unterlagen und bei gravierenden Fehlern nicht ausgetauscht werden konnten.

Den meisten Zeitgenossen lagen solche Überlegungen fern. Sie waren vertraut mit den Ansprüchen monarchischer Führung und verbanden mit dem Parlamentarismus die Erinnerung an die gescheiterte Revolution von 1848. Für sie hatte Bismarck immerhin die Reichseinheit gebracht. Warum also nicht vertrauen, dass es ähnlich erfolgreich weitergehen könnte?

Wenn wir heute kritisch sehen, dass das Scheitern der Parlamentarisierung die autoritäre preußisch-deutsche monarchische Regierungsform auf Jahrzehnte bewahrte und wichtige Gruppen der Gesellschaft von der aktiven politischen Mitbestimmung fernhielt, dann ist das ein Ergebnis historischen Lernens. Wir können entsprechend nur spekulieren, ob eine vom Parlament bestimmte und vom Parlament abhängige Regierung zwischen 1890 und 1914 eine andere, weniger aggressive Außenpolitik betrieben hätte.

Aber mit Blick auf die Irrationalität dieser Politik drängen sich die Fragen nach demokratischer Legitimität und parlamentarischer Transparenz und Verantwortlichkeit geradezu auf. Welchen Einfluss etwa hätte es auf die Haltung des Außenstaatssekretärs und Reichskanzlers Bernhard von Bülow gehabt, wenn er in den entscheidenden Jahren seines Einflusses zwischen 1897 und 1909 mit seinen Reden und Taten Gefahr gelaufen wäre, vom Reichstag aus seinem Amt entfernt zu werden, statt sich auf Kaiser Wilhelm II. als Machtgarant verlassen zu können und ihm dafür entsprechend opportunistisch zu Willen sein zu müssen? Sicher ist, dass ein Parlament, das volle Verantwortung zu tragen gehabt hätte, die Folgen einer solchen Politik abwägender kalkuliert hätte, als ein sprunghaft-egozentrischer, narzisstisch-naiver Monarch dies konnte.

Die Vorgeschichte des Ersten Weltkriegs beginnt deshalb nicht erst 1908 oder 1912. Wir müssen vielmehr auf die Verantwortungsverhältnisse blicken, in denen das Reich in diesen Jahrzehnten machtpolitisch stand – und warum. Dann zeigt sich, dass die eigentlichen Weichenstellungen und die institutionellen Grundprobleme seiner Ursachen Jahrzehnte früher liegen. In antiquierten Begriffen formuliert: Die Geschicke eines Landes dürfen nicht davon abhängig sein, ob ein Genie wie Bismarck die Politik bestimmt. Und das Vierteljahrhundert nach seiner Entlassung illustrierte diese Erkenntnis auf eine rückblickend fatale Weise.

Erlösungsvisionen – totalitäre Versprechen

Der Untergang des Kaiserreichs im Ersten Weltkrieg beendete nicht nur das preußische Dreiklassenwahlrecht; er erweiterte auch die Beteiligungsrechte auf alle erwachsenen Bürger – und Bürgerinnen! Fortan waren alle deutschen Männer und Frauen wahlberechtigt, die am Tag der Wahl zwanzig Jahre alt waren. Auch Soldaten durften nun, anders als im Kaiserreich, ihre Stimme abgeben.[24]

Mit Blick auf das allgemeine Wahlrecht war damit sozusagen das »Ende der Geschichte« erreicht. Allerdings blieben zentrale Fragen der Machtbeteiligung weiterhin offen: Wie sollten die einzelnen Stimmen in legitime politische Entscheidungen überführt werden? Durch starke präsidiale Führung? Durch regelmäßige Plebiszite? Welche Funktion sollten die Parteien haben? Wie konnten überhaupt angesichts der brutalen Gewalterfahrungen in den Schützengräben Ordnungen – national wie zwischenstaatlich – etabliert werden, die für den Ausgleich von Interessen sorgten – nach Regeln, die für alle gelten. Diese grundsätzlichen Fragen illustrieren, dass das allgemeine Wahlrecht nicht nur eine Zäsur bei der Durchsetzung universeller Menschenrechte markiert, sondern auch neue Ansprüche mit sich bringt: Mit dem Wahlrecht geht zugleich die permanente Aufgabe einher, sich über politische Entscheidungsprozesse zu informieren. Und sich vielleicht sogar zu engagieren.

Großen Teilen der deutschen Nachkriegsgesellschaft war der Wert solcher Übungen für ihre Lebenswirklichkeit nur vage bewusst, geschweige denn ein Herzensanliegen. Vielmehr überwog bei vielen die Überzeugung, dass die Probleme der Gegenwart und die Konsequenzen des Krieges auf äußere Gründe zurückzuführen waren. Und zwischenstaatlich befeuerte der Krieg jene Glaubenskräfte, die im aggressiven Nationalismus die bestmögliche Option für staatliche Ordnungen sahen. Nicht der Parteienstreit um die besten Argumente, nicht die individuelle Kraft staatsbürgerlichen Engagements stand der Mehrheit als Methode und »Lösung« vor Augen, sondern die Erinnerung an eine vermeintlich homogene Vorkriegsvergangenheit mit autoritären Führungsfiguren wie Otto von Bismarck.

Vernünftiger Ausgleich und transnationale Kooperation galt vielen dagegen als idealistischer Traum, »Realismus« musste hart klingen und hart auftreten. Die Folgen waren absehbar konfliktträchtig: eine Sehnsucht nach Revision und Revanche, Gewaltbereitschaft im Innern wie nach außen statt parlamentarischer Zivilität, der Suche nach Kompromissen und dem spröden Alltag pragmatischer Mehrheitsfindung.

Doch die massivste Herausforderung demokratischer Staats- und Machtorganisation stand den Zeitgenossen erst noch bevor. Sie kam als Verlockung in Form der beiden wirkungsmächtigsten Ideologien des 20. Jahrhunderts daher – des marxistisch-leninistischen Bolschewismus, der seit 1917 in der Sowjetunion an der Macht war, und des Nationalsozialismus, der 1933 in Deutschland an die Regierung gelangte.

Der Marxismus-Leninismus wurzelte in philosophischen Konzepten aus dem 19. Jahrhundert, die nun zu einer alles erklärenden, den Menschen im Geschichtsverlauf fest platzierenden politischen Handlungsanleitung konzentriert wurden. Die wesentlichen Argumente des Nationalsozialismus entstammen ebenfalls Weltbildern aus jener Zeit, die sich durch den Weltkrieg radikalisierten. Er entwickelte sich zur dominierenden Form einer Welle nationalistischer Bewegungen, die in vielen Staaten Europas aufkamen und unter dem Sammelwort »Faschismus« zum Epochenbegriff der Jahrzehnte zwischen den Weltkriegen wurde.

Der Nationalsozialismus beanspruchte spiegelbildlich zum Marxismus-Leninismus eine Welterklärung, die jedem Menschen eine präzise Rolle und Aufgabe im Geschichtsverlauf zuwies. Beide Ideologien boten den Zeitgenossen vor hundert Jahren Versprechungen, die so verlockend erschienen, dass sie bereit waren, dafür ihr Leben einzusetzen.

Ähnlich wie die religiösen Glaubenssysteme, die bis zum ausgehenden 18. Jahrhundert die politische Ordnung bestimmt hatten, beanspruchten auch diese neuen Ideologien den ganzen Menschen. Sie behaupteten, das Bewegungsgesetz der Geschichte und die – vorherbestimmte – Rolle des Menschen darin erkannt zu haben. Wer diese Glaubenswelten akzeptierte, musste den Kern des aufgeklärten Weltbildes – die Freiheit sowie die Vernunft- und Selbstbestimmungsfähigkeit jedes Menschen – im Dienst der versprochenen Erlösung aufgeben.

Grundlage des marxistisch-leninistischen Weltbildes sind der Historische und der Dialektische Materialismus (Histomat und Diamat). Ihr Kern ist der Glaube, das Bewegungsgesetz der Geschichte als Abfolge von Klassenkämpfen identifiziert zu haben. Jede Epoche der Weltgeschichte wird als Stufe in einem fortschreitenden Prozess interpretiert. Stets gelten die Produktionsverhältnisse als der Schlüssel zum Verständnis: In der Antike war dies die Sklavenhaltung, im Mittelalter und der frühen Neuzeit die Feudalgesellschaft, seit dem 19. Jahrhundert sind es Industrie und Technik im Zeitalter des Kapitalismus und der bürgerlichen Gesellschaft. Vorangetrieben durch die immerwährenden Klassengegensätze ist die Geschichte auf einem unaufhaltsamen Kurs in Richtung ihrer Erlösung: der klassenlosen Gesellschaft im Kommunismus.

Allen Menschen ist auf diesem Weg eine historisch vorgegebene Rolle zugewiesen, die ihr Bewusstsein prägt. Die Vorstellung, der Mensch sei frei, über sein Handeln und Denken zu entscheiden, beruhe lediglich auf einer Illusion: »Der dialektische Materialismus«, heißt es in der einschlägigen ideologischen Definition, »geht davon aus, dass alle Erscheinungen, Dinge, Prozesse der Welt einschließlich des Bewusstseins als Funktion der höchstentwickelten Materie, des Gehirns, determiniert sind«; entsprechend gilt für den einzelnen Menschen: »Der Wille als Erscheinung des Bewusstseins fällt aus der universellen Determiniertheit nicht heraus.«[25] Der einzelne Mensch hat sich dem Geschichtsprozess einzuordnen und ihn voranzutreiben. Eine Wahl hat er nicht. Und wer nicht mitmachen will, ist ein Hindernis auf dem Weg zur Erlösung.

Über fast das gesamte 20. Jahrhundert fand diese Ideologie in Varianten des Leninismus, Stalinismus, Trotzkismus, Maoismus und einer Reihe weiterer Spielarten ungezählte Anhänger, die an das kommunistische Erlösungsversprechen glaubten. Auch in Deutschland bildeten die gläubigen Kommunisten eine bedeutende Minderheit – in den 1920er und 1930er Jahren als politische Bewegung, vornehmlich in Gestalt der Kommunistischen Partei, nach dem Zweiten Weltkrieg bis 1989 als Staatsdoktrin in der DDR.

Der Nationalsozialismus entwickelte sich ebenfalls seit den 1920er Jahren zu einem dominierenden Glaubenssystem. Das nationalsozialistische Weltbild trägt zwar nicht den Namen seines ideologischen Führers Adolf Hitler, ist also kein Hitlerismus, aber die politische Wirkung dieser Ideologie ist ohne seine Person kaum zu denken. Hitler formte seit den 1920er Jahren aus ideologischen Strömungen wie dem Nationalismus, Antisemitismus, Antikapitalismus und Antikommunismus ein Welterklärungsmodell, das um die Begriffe »Volk« und »Rasse« kreist. Auch er behauptete, darin den Schlüssel zur Geschichte gefunden zu haben.

Der Begriff »Volk«, der sich im Zuge der Nationalbewegung zu einem emphatischen politischen Begriff entwickelt hatte, wurde seit dem Ende des 19. Jahrhunderts zunehmend rassistisch aufgeladen. »Volk« sollte fortan als ethnisch homogene, biologische Einheit verstanden werden, der man sich durch Instinkt und Bewusstsein zugehörig fühle. Der Definition gemäß gehörten andere Menschen ebenfalls »Rassen« an und wurden als Konkurrenten, nicht selten als Feinde wahrgenommen. Dieses völkisch-rassistische Denken ist eine der zentralen Traditionslinien, die in den Nationalsozialismus führten.

Hitler und die Nationalsozialisten luden den Begriff ideologisch zu einem Welterklärungsmodell auf: Alle Geschichte wird verstanden als Geschichte von Rassenkämpfen. Menschen können ihre Rasse nicht wählen, sie ist festgelegt und bestimmt die Natur jedes Einzelnen. Rassen sind nicht nur verschiedenartig, sondern verschiedenwertig und stehen im dauernden Lebenskampf miteinander. Auf der obersten Stufe stehen die »Arier«, von denen die Deutschen den größten zusammenhängenden Siedlungsblock der Erde bilden – Hitler spricht mal von achtzig, mal von über hundert Millionen Menschen im Zentrum Europas.

Diesen »Rassenkern« gilt es zunächst zusammenzufassen, zugleich militärisch und mental aufzurüsten und für den weiteren Kampf zu präparieren. Das deutsche Volk mit Hitler als Messias ist dazu berufen, diesen Rassenkampf in die europäische Politik hineinzutragen und mit allen Mitteln zur Herrschaft zu führen.

Während »menschliche Kultur und Zivilisation«, so Hitler, stets »gebunden« sei »an das Vorhandensein des Ariers«, so personifiziert für ihn gleichzeitig »den gewaltigsten Gegensatz zum Arier (...) der Jude«. Dieses Axiom ist in seinen Augen ein Naturgesetz, das alles weitere Handeln bestimmen muss. »Folge dem Instinkt der Natur«, ließe sich Hitlers entsprechende Maxime zusammenfassen. Sobald die »arischen« Deutschen in ihrem Siedlungsgebiet vereint, »rasserein« und gerüstet sind, sollen sie, diesem Instinkt folgend, die Zukunft der Generationen im Rassenkampf sichern, indem sie neuen »Lebensraum« erobern, ihre

Konkurrenten vernichten und versklaven. Die Dominanz des »Instinkts der Natur« müsse gegen alle ablenkenden Werte und Konzepte, sei es Liberalismus, sei es Sozialismus, sei es Christentum, seien es andere Formen von human-zivilisierter Orientierung menschlichen Zusammenlebens, »geweckt« und durchgesetzt werden. Auch in dieser Ideologie muss der einzelne Mensch einer vorgegebenen Rolle und Funktion folgen oder untergehen. Eine Wahl hat er nicht.

Wenn uns diese Weltbilder und Erlösungsvisionen heute befremdlich erscheinen, liegt das nicht zuletzt daran, dass wir wissen, wie die Geschichte weiterging. Den Zeitgenossen des Jahres 1920 erschienen die Versprechen von kommunistischer oder rassistischer Erlösung nicht selten attraktiv in einer Welt, die noch tief im Schatten des Krieges lag. Sie verbanden ihre kurze Erfahrung mit parlamentarischer Demokratie und konkurrierenden Parteien vor allem mit Niederlage, Revolution und Wirtschaftsnot. Heilsversprechen wirkten für Millionen Menschen weiterhin faszinierender als demokratischer Wettbewerb und anstrengender Meinungsstreit. Was immer die Motive der Einzelnen waren, die Erfahrungen der Konsequenzen lagen noch vor ihnen. Uns dagegen stehen die Folgen vor Augen.

Kein Ende der Geschichte

Wer im Sommer 1945 eine Bilanz der vorangegangenen hundert Jahre zog, blickte auf die Entfaltung und Folgen eines aggressiven Nationalismus, der im Ersten Weltkrieg mündete, und die Konsequenzen ideologischer Heilsversprechen waren für jeden als Ergebnis des Zweiten Weltkriegs sichtbar. Zugleich bot dieser Blick einen Fundus möglichen Lernens, der den Vorfahren unbekannt war – und die Erfahrungen wurden genutzt.

Es war offensichtlich, dass sich politische Partizipation und das Wesen einer demokratischen Gesellschaft nicht allein im Wahlrecht erschöpfen konnten. Das selbstbewusste Individuum musste angesprochen werden, und es galt, Parteien, zivile Institutionen und gesellschaftliche Interessengruppen zu etablieren.

Das Grundgesetz und die politische Ordnung der Bundesrepublik Deutschland seit 1949 sind orientiert an den Lehren und Konsequenzen dieser Erfahrungen der Jahrzehnte zuvor. Unabhängig davon, wer seit Staatsgründung an die Regierung gelangte, hat sich seither das demokratische System des Meinungsstreits und Parteienwettbewerbs verankert und in gelebter Ordnung bewährt. Das zeigte sich nicht zuletzt im weitaus größeren Konfliktgefüge des Kalten Krieges. Antidemokratische Traditionssehnsüchte und autoritäre Lockungen blieben links wie rechts auf eine Randexistenz verwiesen. Weder die KPD bzw. ihre Nachfolgerin DKP auf der Linken noch die Strömungen ehemaliger Nazis und rechtsnationalistischer Parteien auf der Rechten, von der NPD über die Republikaner bis zur DVU, konnten den Konsens der Demokraten unterminieren – auch die seit 2013 immer weiter nach rechts driftende AfD nicht.

Im Kalten Krieg erwies sich die parlamentarische Demokratie als glaubwürdig, widerstands- und lernfähig. Und im Wettbewerb der politischen Systeme seit dessen Ende 1990 haben sich andere Ordnungsmodelle, ob diktatorisch, ideologisch oder religiös, in keiner Weise als überlegen erwiesen, wenn es darum geht, Menschen Freiheit, Sicherheit und Wohlstand zu ermöglichen.

Manches spricht dafür, dass sich in aktuellen Enttäuschungen über die Demokratie vor allem unerfüllte Hoffnungen nach dem Ende des Kalten Krieges spiegeln, die auf einem Mangel an historischem Wissen beruhen. Damals schien für manche *Das Ende der Geschichte* greifbar – so der Titel des Buches von Francis Fukuyama, das 1992 Furore machte. Der Autor beschrieb darin eine Zukunft, in der das demokratisch-liberale und marktwirtschaftliche System, nach Überwindung seines zentralen Widerparts, des Kommunismus, einen globalen Siegeszug antreten könne.

Das war schon damals mehr ein Gedankenentwurf als eine Vorhersage. Denn mit dem großen Gegner – der Sowjetunion und ihrem ideologischen Herrschaftsbereich – waren nicht die vielen anderen Regierungen verschwunden, die ihre Länder gegen demokratische und marktwirtschaftliche Regeln führten. Zudem wirkten die autoritären Traditionen der Sowjetunion nach, viele Gesellschaften in den Nachfolgestaaten waren mit dem raschen Übergang zu neuen Freiheiten und entfesselten Märkten überfordert.

Die Bilanz ist ernüchternd. In Russland, dem größten Nachfolgestaat, regiert seit rund zwanzig Jahren der Ex-Geheimdienstoffizier Wladimir Putin mit einem autokratischen Machtapparat. Er knüpft an imperiale Vorstellungen an, deren Wurzeln bis ins Zarenreich reichen. Im Nachbarstaat Weißrussland ist seit einem Vierteljahrhundert quasidiktatorisch Alexander Lukaschenko an der Macht. Die Volksrepublik China als bevölkerungsreichstes kommunistisches Land aus der Zeit des Kalten Krieges, hat zwar ihre Wirtschaftspolitik geändert, um sich auf eine neue Form des Systemwettbewerbs einzustellen. Aber die Kommunistische Partei mit ihren Kadern hat das Land weiterhin eisern im Griff und organisiert den Staatsumbau im Dienst des eigenen Machterhalts.

Auch im Mittleren Osten brachte das Ende des Kalten Krieges keine grundsätzliche Veränderung. Im Iran regiert nach wie vor ein Regime schiitischer Religionsprediger, in Saudi-Arabien eine sunnitisch-monarchische Herrscherfamilie. Mit dem Ende der Diktaturen im Irak und in Libyen haben sich dort keine demokratischen Ordnungen durchgesetzt, sondern konkurrierende Gewaltgruppen und Warlords. In Syrien bekämpft Diktator Bashar al-Assad seine Gegner mit allen verfügbaren Mitteln, einschließlich geächteter Waffen. Für den Machterhalt zerstört er Zigtausende Wohnungen und vertreibt Millionen Menschen. Die russische Regierung stützt ihn, um Einfluss in der Region zu gewinnen; dasselbe gilt für die Herrscher in Teheran.

In keinem der genannten Staaten finden wir demokratische Strukturen, die den Namen verdienen. Und die jeweiligen Machthaber berufen sich auf ihre Machtprivilegien in derselben Weise, wie es die Ideologien des 20. Jahrhunderts getan haben: Die KP Chinas, die religiösen Staatsführer im Mittleren Osten, der russische Präsident Putin – sie alle halten sich für berechtigt, realen demokratisch-parlamentarischen Einfluss mit Berufung auf ihre besondere Rolle für Staat und Volk zu ignorieren, ja zu unterdrücken. Kurzum: Das Ende des Kalten Krieges veränderte zwar die globalen Parameter, indem es die latente Drohung eines Atomkriegs der Supermächte nahezu beseitigte. Aber die Konkurrenz der sonstigen Ordnungs- und Herrschaftssysteme blieb erhalten.

Diese Bilanz verweist zugleich auf die große historische Perspektive: Um unsere Freiheit erhalten zu können, bedarf das Zusammenleben – von Menschengruppen bis zur Weltbevölkerung als Ganzes – einer Vorstellung von Ordnung, die die gleichen Rechte aller Menschen als Maßstab denkt. Diese Erkenntnis ist das Produkt eines über Jahrtausende entwickelten Prozesses von Erfahrungen, der im Menschenbild der Aufklärung zu seinem Selbstverständnis gelangt ist. Die Macht des Staates dient ihrem Wesen nach der Sicherung dieser individuellen Freiheitsrechte. Die Staatsmacht ist notwendig, aber ihre Praxis muss immer aus den Freiheitsrechten legitimiert und auf die Beteiligung aller bezogen sein.

Wenn wir folglich danach streben, »das größtmögliche Glück der größtmöglichen Zahl« von Menschen zu erreichen, haben sich, wie die verfügbaren Erfahrungen lehren, parlamentarische Demokratien im rechtsstaatlichen Verfassungsrahmen, die auf gleichen Menschenrechten basieren, historisch als diejenigen Modelle erwiesen, in denen der Interessenabgleich unterschiedlichster Individuen und Gruppen mit der geringsten Form von Gewalt möglich ist. Kompromisse und Mehrheitsentscheidungen mit dem Schutz von Minderheitsinteressen entstehen dann aus dem Verständnis aller Gleichberechtigten, dass jede Person in eine Rolle und Position gelangen kann, die mal Teil der Abstimmungsmehrheit, mal der -minderheit ist.

Die Praxis der repräsentativen Demokratie als bewährter Ordnungsentwurf muss dabei immer in ihrem Prozesscharakter und ihrer Offenheit verstanden werden, die gleichberechtigte Lebendigkeit und ausgleichende Stabilität ermöglichen. Wettbewerb und Interessenabgleich, Meinungsstreit und Kompromiss gehören zusammen. »Im Parlamentarismus kann niemand glaubhaft beanspruchen, exklusiv über die alleinig richtigen politischen Rezepte zu verfügen. Daher liegt das Wesen der repräsentativen Demokratie in ihrer Fähigkeit zum Kompromiss« als der historisch erprobten und bewährten Methode, »um die Komplexität und Gegensätze moderner Gesellschaften politisch auszugleichen und zu gestalten«.[26]

Volksabstimmungen liefern dagegen stets Momentaufnahmen. Zudem werden dabei komplexe Fragen regelmäßig auf ein einfaches Ja-oder-Nein reduziert. Die Abstimmung über den Brexit ist ein gutes Beispiel: Die vielfältigen Konsequenzen der Entscheidung wurden aufgehoben in wenigen plakativen, nicht selten irreführenden Slogans (am bekanntesten zweifellos die auf einem roten Reisebus prangende Behauptung, bei einem Austritt würden 350 Millionen Pfund pro Woche frei, die ins nationale Gesundheitssystem fließen könnten). Die Momentaufnahme vom Juni 2016 zeigte vor allem eines: die Spaltung des Landes.[27] So unterminierte das Plebiszit nicht nur den parlamentarischen Prozess, sondern verschärfte auch noch die Konfrontation, die es eigentlich überwinden sollte.

Zumindest unterstrich der Brexit einen historischen Lerneffekt, der keineswegs so selbstverständlich ist, wie es uns heute erscheint: Niemand dachte auch nur im Entferntesten über den Einsatz militärischer Gewalt nach, der bis vor wenigen Jahrzehnten auch in Europa stets als gültige und »realistische« Option galt. Exemplarisch zeigt gerade die Entwicklungsgeschichte der Europäischen Gemeinschaften und der Europäischen Union, dass parlamentarische Demokratien mit entsprechenden Wahl- und Freiheitsrechten innerlich wie nach außen zurückhaltender sind in ihrer Neigung zu gewaltsamen Konflikten als nichtdemokratisch regierte Gesellschaften. Und im Falle von Konflikten sind ihre Bürger motivierter und energischer, weil die sich ihrer demokratischen Rechte und Freiheiten bewussten Menschen um den Preis wissen, diese zu verlieren.

Demokratie fiel nicht vom Himmel. Sie hatte – und hat – einen Blutpreis: Millionen Menschen starben, weil sie nicht demokratisch mitentscheiden konnten, ob sie als Soldaten in einen Krieg geschickt werden sollten. Demokraten können das. Auch können Demokraten entscheiden, welchen Beruf sie wählen, welches Steuersystem sie wünschen und was dergleichen vermeintliche Selbstverständlichkeiten mehr sind. Kurzum: Demokraten bestimmen selbst über ihr Leben, ihre Regeln, die Strukturen ihres Rechtsstaates.

Auch das Murrenkönnen und Sich-seinen-Frust-von-der-Seele-wählen-Dürfen ist eine historische Errungenschaft genau jenes »Systems«, das manche attackieren, weil sie nicht akzeptieren mögen, dass in einer repräsentativen Demokratie jeder andere das Recht hat, seine Meinung nicht zu teilen und andere Angebote zu wählen. Wer diese Freiheit der Wahl und ihre repräsentative Umsetzung in konkurrierenden Parteien und dem Wettbewerb um Mehrheiten nicht als historisch prekäre Errungenschaft versteht, die es zu verteidigen gilt, muss sich nicht wundern, wenn an ihm eines Tages autoritäre Konsequenzen erprobt werden.

Wahlrecht, politische Partizipation, Freiheit, Rechtssicherheit und individuelles Engagement sind untrennbar verbunden. Damit gehen zugleich Rechte und Forderungen einher.

Mit dem allgemeinen Wahl*recht* entstand eine im demokratischen Selbstverständnis angelegte individuelle Beteiligungs*forderung*. Niemand kann sie, ohne diese Rechte zu gefährden, einfach von sich weisen. Deshalb ist jeder aufgerufen, sich im eigenen, persönlichen Freiheitsinteresse zu politischen Parteien, gesellschaftlichen Interessengruppen und politischen Führern zu verhalten, sich selbst zu engagieren und die konstitutiven Elemente seiner politischen Rechte mit Leben zu füllen und zu verteidigen.

Der Blick in unsere Geschichte, aber auch in die Gegenwart zeigt, dass Freiheiten, Rechte und Chancen beileibe nicht allen Menschen verfügbar, geschweige denn in ihrem Alltag umgesetzt sind. Weiterhin stehen Millionen im Zwang von Welt- und Menschenbildern der vergangenen Jahrhunderte, die ihnen diese

Freiheit verweigern: politische Religionen, materialistische Ideologien und autoritärer Nationalismus.

Religionen, bei denen sich dogmatischer Wahrheitsanspruch und politisches Machtstreben verbinden, finden sich heute vor allem im politischen Islam, dem indischen Hinduismus und dem christlichen Evangelikalismus.

Auch materialistische Ideologien aus dem Erbe des Marxismus-Leninismus haben bis zur Gegenwart in vielen Gesellschaften eine millionenfache Anhängerschaft. Bis zum Ende des Kalten Krieges interpretierten sie die Gegenwart im Zeichen des sogenannten staatsmonopolistischen Kapitalismus, der »in den wichtigsten imperialistischen Ländern (USA, BRD, Japan, Frankreich, England) voll ausgebildet« sei. Er vertiefe »den unüberbrückbaren Gegensatz zwischen dem Finanzkapital, das den Staat beherrscht, und dem Volk« und galt als »Ausdruck der Überlebtheit und des fortschreitenden Untergangs der kapitalistischen Produktionsweise«.[28]

Seit dem Ende der Sowjetunion und ihrer weltweiten ideologischen Patronage ist die Zahl der Anhänger dieser Glaubensrichtung rapide gesunken. Selbst die einst dogmatischen marxistischen Regime in Kuba, Venezuela oder Nordkorea sind inzwischen zu Machterhaltungsapparaten mutiert. Die bedeutendste Herausforderung bildet die Kommunistische Partei Chinas. Sie verbindet die autoritären Konzepte des marxistischen Erbes mit dem Anspruch, weiterhin ohne demokratische und parlamentarische Legitimation zur Führung berufen zu sein. Ihre Umgestaltung ist dabei zugleich strategisch auf die direkte Systemkonkurrenz zu parlamentarisch-demokratischen Gesellschaften ausgerichtet.

Ähnlich verhält es sich mit der dritten Gruppe von Gegnern der repräsentativen Demokratie, den Propheten nationalistischer Retrofiktionen. Sie imaginieren Räume kultureller Homogenität, deren historische Vorbilder weithin dem Reich der Phantasie entstammen. Sie fühlen sich durch die offene Gesellschaft, den Wettbewerb, die sozialen Folgen des globalen Kapitalismus herausgefordert. Auch ihre Antwort auf die Komplexität der Moderne ist

Wahlplakat zur Landtagswahl in Brandenburg 2019. Es ist stets ein Zeichen totalitärer Überheblichkeit, wenn einzelne Menschen oder Gruppen behaupten, für »das Volk« zu sprechen. Parteien repräsentieren jenen Prozentsatz an Wählern, die ihnen die Stimme gegeben haben. Nicht weniger, aber auch nicht mehr. Wer sich anmaßt, die Meinung aller zu vertreten, missachtet das Wesen der Demokratie.

der Ruf nach dem autoritären Eingriff. Sie wünschen »Gleichheit« allerdings nicht nach sozialen, sondern nach völkischen Kriterien zu definieren.

Auch in diesem Weltbild schwingt die Behauptung mit, einen überlegenen Ordnungsmechanismus zu besitzen, der eine höhere Legitimität beansprucht. So wird eine Vorstellung »des Volkes« konstruiert, dessen Willen die Anhänger zu repräsentieren behaupten. »Wir sind das Volk«, skandieren etwa Pegida-Demonstranten; real sprechen sie genau für die anwesenden Personen.

Eine beliebte Floskel dieser Geistesrichtung ist die Behauptung ihrer selbst auserwählten Führer, man wisse, wie »das Volk« denkt und was es »eigentlich« wünsche. Sie wird stets von denen vorgebracht, die zwar für ihre Meinung keine Mehrheit finden, aber das In-der-Minderheit-Sein als beleidigend empfinden. Die darin mitschwingende Herablassung gegen den einzelnen Menschen und seine Fähigkeiten ist bezeichnend: Es ist das Wesen von Demokratie, dass niemals eine Partei, ein Mensch legitimiert ist, für »das Volk« in seiner Gesamtheit zu sprechen – weil es dem Wesen des freien Menschen zuwiderläuft, dessen Individualität stets aus persönlichen Interessen gespeist bleibt, die niemals vollständig in denen aller anderen Menschen aufgehen können, sondern im politischen Prozess verhandelt und abgeglichen werden müssen. Demokratische Gesellschaften sind Verhandlungsräume aktiven menschlichen Zusammenlebens über Zeit. Auch die Möglichkeiten und Chancen sozialer Mobilität sind hier sowohl eine Voraussetzung für die partizipative Gesellschaft, die sie zu garantieren hat, wie eine Forderung an das Individuum, nach dieser Mobilität zu streben und sich ihrer Optionen zu bedienen.

Eine Bilanz historischer und aktueller Ordnungsmodelle zeigt: Die Geschichte kennt keinen Determinismus und keinen zwingenden Weg. Der Mensch ist frei, sich eine Ordnung zu schaffen, in der er mit anderen Menschen leben möchte. Zentral bleibt dabei zugleich die Voraussetzung, dass jeder einzelne Mensch Freiheitsrechte besitzt und das Recht hat, diese einzufordern.

Der Mensch ist von Natur kein »Untertan« und kein Geschöpf unsichtbarer Mächte. Partizipation bedeutet zugleich mehr als nur das Recht auf Wahl alle paar Jahre. Sie trägt im Recht stets die Forderung und den Aufruf, die Grundwerte der Gesellschaft zu reflektieren und selbst deren Träger zu sein. Nicht jeder Mensch muss deshalb gleich eine politische Karriere anstreben. Das Spektrum zwischen direktem politischem Engagement und rudimentärem Interesse an zivilgesellschaftlicher Selbstverständigung in einer offenen Gesellschaft ist weit, solange die tragenden Strukturen stabil sind. Aber jeder Mensch bleibt aufgerufen, sich diese Voraussetzungen bewusst zu machen.

Demokratische Partizipation bietet das Verfahren, in dem sich alle Gruppen einer Gesellschaft über diese Werte verständigen und sie gemeinsam, auch über Vermögens-, Einkommens- und Sozialgrenzen hinweg, gestalten können. Als Verfechter des Verfassungsstaates und seiner Werte leben sie in einer historisch hart erkämpften Form der Sicherheit und Freiheit, die auch in der Gegenwart durch Ideologien und Weltanschauungen herausgefordert ist.

Demokratie konstituiert und erhält sich mithin (nur) durch das Engagement und die freiwillige Beteiligung möglichst vieler Menschen in öffentlichen Diskussionen und im Prozess der politischen Willensbildung. Partizipation ist ein dauerhafter Prozess, eine Herausforderung für alle, die in einer Gesellschaft leben. Es liegt im Interesse jedes Menschen, dies zu wollen – und sich dafür einzusetzen.

Friedrich Kersting, »Auf Vorposten«, 1815. Der deutsche Nationalismus präsentierte sich oft als Idyll und versprach Erlösung, aber die Konstruktionen der eigenen Besonderheit mündeten seit dem Ende des 19. Jahrhunderts in Überheblichkeit, Aggressivität und Krieg.

Wir und die anderen: Nationalismus

»Jedes Volk hat die naive Auffassung, Gottes bester Einfall zu sein.«

(Theodor Heuss, 1951)[1]

Mit seinem 1815 entstandenen Gemälde »Theodor Körner, Friedrich Friesen und Heinrich Hartmann auf Vorposten« setzte Georg Friedrich Kersting (1785–1847) drei Freunden ein Erinnerungsdenkmal und schuf zugleich ein ikonisches Bild der deutschen Nationalbewegung. Friesen, rechts im Bild stehend, Theodor Körner, ihm gegenüber mit dem Rücken an eine Eiche gelehnt, sowie Heinrich Hartmann, der Pfeife rauchend den Betrachter ansieht, traten 1813 dem »Lützowschen Freicorps« bei, um gegen die Franzosen zu kämpfen. Auch Kersting zählte zur Truppe, ebenso wie Joseph von Eichendorff und andere Künstler. Kersting hatte Geld und Waffen unter anderem von Caspar David Friedrich erhalten, auch Johann Wolfgang Goethe hatte ihn persönlich unterstützt.

Als Kersting das Bild malte, waren die drei Porträtierten schon tot. Körner (*1791) war am 25. August 1813 bei einem Überfall auf französische Truppen zwischen Gadebusch und Schwerin tödlich verwundet worden; Hartmann (*1794) starb im folgenden Monat bei der Schlacht an der Göhrde; Friesen (*1784) kam am 15. März 1814 im französischen La Lobbe bei Rethel ums Leben.[2] Körner, der die Freunde angeworben hatte, wurde als Autor aufpeitschender Gedichte eine zentrale Propagandafigur deutschen Nationaldenkens lange über seinen Tod hinaus.[3]

Dem Betrachter bieten die drei, in nachdenklicher Aufmerksamkeit im urtypischen deutschen Wald drapiert, das beinahe idyllisch anmutende Muster des kämpferischen Einsatzes für die Nation – der selbst das Leben zu opfern war. Körner verherrlichte dies in zahlreichen Gedichten, die Gewalt und Opfermythos beschwören. So findet sich in »Lützows wilde, verwegene Jagd« von 1813 (später von Carl Maria von Weber vertont) eine Szene vom »finstern Wald«, in der es heißt, man lege sich »in nächtlichen Hinterhalt, / Das Hurra jauchzt, und die Büchse knallt, / Es fallen die fränkischen Schergen«.

Die Vorstellung von Nationen ist eine Konstruktion von gedachter Gemeinschaft, die, ähnlich wie bei Religionen, auf der Imagination und Glaubenswilligkeit ihrer Anhänger gründet. Das Bewusstsein dafür, dass Nationen eine Erfindung sind, hat sich allerdings erst in den vergangenen Jahrzehnten herausgebildet.[4] Die Nationalismusforschung ist ein Beispiel für den Fortschritt in den Geschichtswissenschaften seit den 1970er Jahren. Sie hat die älteren Selbstbilder seither eingehend analysiert und dekonstruiert. Und nichts in den Betrachtungen der Staatengeschichte der Neuzeit ist seither wie zuvor.[5]

Dennoch hören wir bis in die politischen Diskussionen der Gegenwart regelmäßig Begriffe des Nationalismus, wenn etwa vom »Europa der Vaterländer« die Rede ist – als seien Nationen eine historische Selbstverständlichkeit, naturgegebene Einheiten, die schon immer da waren und nur mit Leben gefüllt werden mussten.

Solche Imagination hat der Nationalismus weltweit verbreitet, und sie wurde von Geschichtsbuch zu Geschichtsbuch immer wieder aufgeladen. So heißt es in einer 1950 erschienenen *Geschichte des Nationalismus in Europa*, die Nationen seien »seit der Auflösung der abendländischen Einheit des Mittelalters das eigentliche Strukturprinzip Europas. (…) Diese Nationen hatten den Charakter von Persönlichkeiten gewonnen, mit eigenem Gesicht und eigener Rolle. Man konnte ihre Geschichte schreiben, wie man die Lebensgeschichte eines Menschen schreibt. (…) Die Nation war die Gemeinschaft geworden, in deren Dienst man lebte und wirkte und für die man vor allen anderen Gemeinschaften sein Leben hinzugeben bereit war. Ja, in der Form des Staates setzte sie dieses Opfer als selbstverständlich voraus.« Das werde, so der Autor, »auch in Zukunft so bleiben. Denn der Mensch braucht eine Gemeinschaft höherer Art, für die es sich zu leben und zu sterben lohnt.«[6]

Die Vorstellung, dass die Nation Sinn und Ziel des menschlichen Lebens sei, für die es keiner weiteren Begründung bedürfe, sondern nur »Einsicht« und Glauben, ist rund 250 Jahre alt. Dabei setzen die Nationalisten bestimmte Annahmen menschlichen Lebens als gegeben voraus, die sie in Wirklichkeit selbst erdacht haben. Solche Setzungen sind etwa die Vorstellung, dass »die Nation« eine »quasi-natürliche Einheit in der europäischen Geschichte« sei. Oder dass sie ein »Recht auf ihren eigenen Staat« habe.[7]

Nicht selten werden Nationen wie biologische Körper beschrieben, die sich seit Jahrhunderten historisch herausbilden und in ihrer gedachten Einheit zur Vollendung gelangen. So betrachteten etwa die deutschen Nationalisten die Reichsgründung von 1871 als Bestätigung für einen jahrhundertelangen Selbstfindungsprozess, der literarisch, publizistisch und historiographisch herbeigeschrieben wurde. Die Vorstellung von der Nation verlangt dabei von jeher eine spezifische Deutung der Vergangenheit, die auf diese Vollendung hinführt und die Strukturen und Werte an ihr ausrichtet.[8]

»Nationalismus« ist folglich sowohl ein »Konglomerat politischer Ideen, Gefühle und damit verbundener Symbole, das sich zu einer geschlossenen Ideologie fügen kann (aber nicht muss)«, als auch der Begriff für »die politischen Bewegungen, die diese Ideen tragen«.[9] Christian Jansen und Henning Borggräfe unterscheiden dabei drei »Dogmen des Nationalismus«: »Dem nationalistischen Weltbild zufolge ist die Welt in Nationen unterteilt, die sich hinsichtlich ihres Charakters, der ›Nationalcharakter‹, ›Volksgeist‹ oder ›nationale Identität‹ genannt wird, ihrer Geschichte und ihrer Rolle (›Mission‹ oder ›Bestimmung‹) deutlich unterscheiden.« Diese Einteilung bedeutet wiederum »dass jedes Individuum einer (und nur einer) Nation angehören kann und soll«.[10] Das hat zugleich zur Folge, dass die »Loyalität zur eigenen Nation« alles andere zu überstrahlen und zu dominieren hat. »Im Zweifelsfall hat der Einzelne die Imperative, die sich aus seiner Nationalität ergeben, über alle anderen Interessen, Bindungen und Zugehörigkeitsgefühle zu stellen. Die Zugehörigkeit zu einer Nation wird für die Nationalisten zum höchsten Wert, an dem alles Handeln auszurichten ist.«[11] Diese Forderung mündet in der Überhöhung des Sterbens für »die Nation« als unbedingtem und jederzeit abrufbarem Loyalitätsausweis (von Nationalisten konzentriert in Horaz' Sentenz: *Dulce et decorum est pro patria mori* (»Süß und ruhmvoll ist es, fürs Vaterland zu sterben«).[12]

Der Nationalismus ist damit zugleich ein Versuch, die Komplexität menschlicher Existenz und Vielfalt durch eine »gedachte Ordnung« zu strukturieren, in der jeder seinen Platz findet. Nationalisten schaffen sich Nationen. Die deutschen Nationalisten sind folglich Teil einer Bewegung verwandter Konzeptionen von nationaler Selbstfindung und Nationalstaatlichkeit.

Sie wurde für Europa im 19. Jahrhundert prägend, beispielhaft auch in der »Einigung Italiens«, bestimmte das Erbe des Ersten Weltkriegs, als neue Nationalstaaten wie etwa Polen gebildet wurden, und wirkt global bis zur jüngeren Gegenwart.[13] Dabei standen die Vorstellungswelten des Nationalismus an sich schon im 19. Jahrhundert quer zum gleichzeitig entwickelten Menschenbild der Aufklärung. Aber die politischen Erfahrungen aus diesem Widerspruch lagen noch in der Zukunft. Für uns sind sie verfügbar. Wir können sie beachten. Aber der Reihe nach.

Die vorgestellte Gemeinschaft

»Die Nation« ist ein exklusiver Club – die einen gehören dazu, alle anderen nicht. Wer als »Germane«/»Deutscher«, »Franzose«, »Engländer«, »Russe« und dergleichen gilt, bestimmen die Nationalisten selbst, indem sie Charakteristika der Sprache, Religion, Geographie, Kultur zu einer geschlossenen Imaginationswelt der Zusammengehörigkeit verknüpfen. Dem Eigenen wie den »anderen« werden dabei regelmäßig »übereinstimmende psychische Eigenschaften oder typische Verhaltensweisen attestiert«.[14] So entstehen Bilder von »dem Deutschen«, »dem Russen«, »dem Türken« und anderer mehr.

Im deutschen Sprachraum geht die »grundlegende Neudefinition des Volks- und Nationsbegriffs«[15] vor allem zurück auf Johann Gottfried Herder (1744–1803). Sein zentrales Bestimmungskriterium war die Sprache: »Mittelst der Sprache wird eine Nation erzogen und gebildet.«[16] Daneben ist die Vorstellung der Nation durchweg mit verwandten Begriffen wie dem des »Volkes« verwoben, seit dem ausgehenden 19. Jahrhundert regelmäßig auch mit der Vorstellung von »Rassen« und deren angenommenen Hierarchien. Auch sie galten als »angeboren« und wurden nicht selten mit Metaphern wie dem des »gemeinsamen Blutes« verknüpft.

Dabei war der Begriff des Volkes bis zur Entstehung des Nationalismus vor allem eine Bezeichnung für die Masse der Untertanen.[17] Obwohl die Idee der Nation für sie zunächst ein fernliegendes Thema blieb, konnte seine Erfindung auf sie bald als ein Hoffnungsangebot wirken. Denn mit der Idee, einer Nation anzugehören, verband sich das Versprechen persönlicher Teilhabe statt überkommener Ohnmacht. Die Nation bot ein übergreifendes, umfassendes Glaubensangebot, die »imaginierte Gemeinschaft« (Benedict Anderson) stand potentiell den Angehörigen aller Schichten und Stände offen. Wer zuvor durch Kategorisierungen wie »Adel«, »Priester« oder »Untertanen« getrennt schien, konnte sich nun in der »Nation« als Teil eines größeren Ganzen denken.

Herder gibt seiner Nationsvorstellung einen »Schöpfer« und »Haushalter der Welt« bei, dem »daran gelegen« sei, »dass zur Sicherheit des Ganzen jedes Volk und Geschlecht sein Gepräge, seinen Charakter erhielt«.[18] Er habe die Völker an ihre jeweilige Stelle gesetzt, ihnen einen Ort zugewiesen, sie mit einer Sprache versehen, die ganz ihr inneres Wesen, ihren Geist konstituiere.

Entscheidend ist stets die unhintergehbare Gegebenheit des Wesens »Nation«. Dazu passen die Metaphern der Biologisierung, wie die Rede vom gemeinsamen Blut, dem »Volkskörper« oder die Vorstellung des Volkes oder der Nation als einer Person mit spezifischen Eigenschaften, die dann entsprechend mit anderen »Volkskörpern« im Wettbewerb steht.

Um geistig zünden zu können, benötigte der Nationalismus gesellschaftliche und technische Voraussetzungen bei denen, die ihn tragen sollten: Buchdruck, wachsende Lesefähigkeiten, eine halbwegs einheitliche Sprache, ein passender Grad der Alphabetisierung sowie ausreichende Mittel zur Kommunikation auch über größere geographische Räume hinweg, so dass ein Austausch von Ideen wirken konnte. Erst vor dem Hintergrund dieses Wandels konnte aus elitären Überlegungen einiger Intellektueller ein Orientierungs- und Sehnsuchtsbegriff für eine breitere Öffentlichkeit entstehen.[19]

Der Glaube an das Gegebensein der Nationen hatte persönliche und politische Konsequenzen. Für die Gläubigen sind Nationen eine »quasi-natürliche Einheit in der europäischen Geschichte«[20] und haben ein gegebenes Recht auf einen eigenen Staat. Entsprechend ist für Nationalisten der Nationalstaat der Höhepunkt einer »natürlichen« historischen Entwicklung. Diese Zielgerichtetheit nachzuweisen sehen sie als eine ihrer zentralen Aufgaben. Gerade Historiker haben dabei im 19. Jahrhundert eine herausragende Rolle gespielt.

So beschrieb Heinrich von Treitschke die deutsche Reichsgründung von 1871 als gleichsam natürliche Konsequenz preußischer Berufung und Vollendung historischer deutscher Nationsselbstfindung. In Verbindung mit der Hegel'schen Vorstellung von der Geschichte als Selbstentäußerung des Weltgeistes ließ sich damit eine doppelte Legitimation der deutschen Reichsgründung erzählen.

Treitschke ist nur der bekannteste Exponent jener bis in die jüngere Gegenwart wirkenden »Geschichtsschreibung, die alle Geschichtslinien auf den Nationalstaat ausrichtet«.[21] Aber die Vereinheitlichung der Vergangenheit genügte nicht. Nationalgefühl und Nationalbewusstsein verlangen nach fortlaufender Selbstvergewisserung, die durch Erzählungen einer gemeinsamen Geschichte beständig neu konstruiert und aufgeladen wird.[22] Schulen und öffentlicher Erziehung kommt hier eine Schlüsselrolle zu: Für Nationalisten gilt es, nachwachsende Generationen fest im Glauben an die passenden Welt- und Menschenbilder zu erziehen.

Beispielhaft ikonisch für dergleichen nationalistische Erinnerungserfindungen wurde die Erzählung der sogenannten Varusschlacht mit ihrem »deutschen Helden« Arminius/Hermann. Sein Werdegang zur nationalen Identifikations- und Erinnerungsfigur illustriert, wie Nationalismus sich passende Vergangenheiten erschafft, diese mit Erzählungen und Bildern auflädt und daraus Glaubenssymbole für die Masse seiner Anhänger kreiert.

Bis zum 15. Jahrhundert war Arminius eine Person, die wie Millionen andere längst aus Geschichte und Erinnerung verschwunden war. Erst das Wiederauffinden eines römischen Textes, der ungefähr aus dem Jahr 100 unserer Zeitrechnung stammt, führte überhaupt zu seiner Wahrnehmung. Der Erzähler Tacitus beschreibt darin »die Germanen« in ihrem Kampf gegen römische Eroberer.

Der Text fand seit Anfang des 16. Jahrhunderts weite Verbreitung.[23] Arminius wurde zu einer Referenzfigur bei der Suche nach den »germanischen« Wurzeln der Gegenwart. An seiner Geschichte sollte sich zeigen lassen, warum die von Tacitus beschriebenen Menschen und Gebiete nicht Teil der römischen Zivilisation geworden waren und dass sie deshalb seit jener Zeit eine eigenständige nationale Tradition besaßen.

Unbeachtet blieb, dass Tacitus seinen Text weniger deshalb geschrieben hatte, um »die Germanen« im historischen Bewusstsein zu verankern, sondern als Folie, um seinen römischen Zeitgenossen Eigenschaften und Verhaltensweisen zu präsentieren, die sie selbst verloren hätten und wieder anstreben sollten. Tacitus' Text diente der zeitgenössischen Mahnung, und seine Schilderung »germanischen Lebens« muss im Licht dieses Motivs gelesen werden. Entsprechend ist seine Beschreibung des Arminius zu interpretieren, über den vergleichbare »germanische« Quellen ebenso wenig überliefert sind wie über andere Menschen dieser Region.[24]

Als ein Stammesführer wie viele, der bald selbst dem rohen Überlebenskampf der Menschen seiner Region zum Opfer fiel, verschwand Arminius zeitgenössisch aus der Geschichte. Von ihm wie von den meisten Stammesführern dieser und folgender Jahrhunderte wissen wir so gut wie nichts. Erst die erneuerte Tacitus-Lektüre machte ihn fünfzehn Jahrhunderte später zu einer historischen Figur und lieferte Stoff für Erinnerungsphantasien – eine perfekte Vorlage, um ihn in den Konstruktionen des Nationalismus seit dem Ende des 18. Jahrhunderts zum Idol überlieferter Größe zu erheben. Als Mythos vom »germanischen Hermann« konnte die Tacitus-Erzählung so zu einer Ursprungsgeschichte der »deutschen Nation« hinformuliert werden. Entsprechend findet er sich im gesamten 19. Jahrhundert zunehmend als historische Identifikationsfigur »deutscher« Geschichte präsentiert.

Der Höhepunkt dieser Ikonisierung ist die Errichtung des Hermannsdenkmals bei Detmold. Erste Skizzen dazu hatte Ernst Bandel (*1800) noch als Teenager im Nachklang der Befreiungskriege entworfen. Die weitere Kreation und Durchsetzung dieses exemplarischen nationalen Identifikationssymbols blieb auf Jahrzehnte sein Lebenswerk. Vollendet 1875, vier Jahre nach der Reichsgründung (Bandel starb im Jahr darauf), wurde das Monument auf der Grotenburg im Teutoburger Wald zum nationalistischen Wallfahrtsort für ein Millionenpublikum. Der historisch kaum fassbare Arminius war als nationalistisch aufgeladene Hermannkonstruktion zur deutschen Freiheitsstatue aufgestiegen.

Hermann sollte einen spezifisch deutschen Nationalcharakter repräsentierten, der über zwei Jahrtausende existiert habe, stabil geblieben sei und zu dem es sich zu bekennen galt.[25] Sein erhobenes Schwert symbolisiert dabei das Wesen aller nationalistischen Konstruktionen, in denen politisches und ethnisches Denken zusammenläuft: dass man für sie zu kämpfen habe. Dafür standen in ähnlicher Weise Jeanne d'Arc als Symbolfigur französischer Selbstbehauptung oder Wilhelm Tell als nationale Ikone der

Schweiz. Zum Nationalismus gehört »jene Todfeindschaft unauflöslich hinzu, die nicht nur das Verhältnis zu wechselnden Gegnern dramatisierte, sondern auch die Gewaltanwendung rechtfertigte. Von Anfang an war daher in die Selbstdefinition der Nationen die hasserfüllte Absetzung von ihren Feinden eingelassen.«[26] Körner feuert in seinem Gedicht »Aufruf« (1813) dieses Denken an: »Frisch auf, mein Volk! Die Flammenzeichen rauchen / (...) Du sollst den Stahl in Feindes Herzen tauchen / (...) Das höchste Heil, das letzte liegt im Schwerte! / Drück dir den Speer ins treue Herz hinein, / Der Freiheit eine Gasse! – Wasch' die Erde, / Dein deutsches Land mit deinem Blute rein!«[27]

Dies ist die Konstellation des deutschen Nationalismus, als er auf die politische Bühne tritt und einen Nationalstaat gründen möchte.

Die Spätgeburt einer Nation

Im ausgehenden 18. und beginnenden 19. Jahrhundert verbreitete sich die Vorstellung von der deutschen Nation als intellektuelles »Konstrukt einer literarisch-philosophischen Elite«.[28] Prominente Akademiker wie Ernst Moritz Arndt, Johann Gottlieb Fichte, Friedrich Schleiermacher und Heinrich Luden[29] sowie Autoren wie Körner entwarfen in Gedichten, Gesängen und Schriften eine Nationsvorstellung, in denen die Zugehörigen eine übergeordnete Harmonie finden würden.

Die Konstrukteure der deutschen Sprach- und Kulturnation hatten zunächst damit zu kämpfen, dass insbesondere Frankreich und England seit vielen Jahrhunderten als staatliche Herrschaftseinheiten und europäische Großmächte existierten. Im Unterschied zum deutschsprachigen Mitteleuropa hatte sich in beiden Ländern eine jeweils dominierende Religion durchgesetzt, die eine einheitliche Herrschaftsbildung und Grenzziehung begünstigte und die Etablierung eines »nationalen« Staatswesens beschleunigte.

In beiden Staaten konnte sich die Idee, wonach die vorgestellte Nation einen bestimmten Raum umfasse, geographisch deutlich konturieren und als *mental map* des Nationalismus wirken. Im protestantischen England ist es »this sceptered isle« (Shakespeare, *Richard II*), die alles dominierende Insellage. Im katholischen Frankreich ist es das Hexagon, mit dem sich das nationale Herrschaftsgebiet begrenzt durch Meere (Atlantik, Nordsee und Mittelmeer) und Gebirge (Pyrenäen, Alpen und Vogesen) vorstellen ließ.[30]

Aus Sicht der deutschen Nationalisten war die politische Vereinigung der deutschsprachigen Mitteleuropäer das natürliche Äquivalent. »Deutschland? aber wo liegt es? Ich weiß das Land nicht zu finden. / Wo das gelehrte beginnt, hört das politische auf«, pointierten Goethe und Schiller 1797 in ihren *Xenien*.[31]

Das sogenannte Alte Reich »deutscher Nation« hatte nie eindeutige geographische Konturen entwickelt, die als »natürliches« Vorbild für einen Nationalstaat gelten konnten, von einer einheitlichen Herrschergewalt ganz zu schweigen. Im Gegenteil war sein eigentliches Merkmal die Vielgestaltigkeit der Territorien und Herrschaftsformen, die zahlreichen inneren Grenzen und die religiösen Konfliktlinien. Entsprechend bedrohlich klangen Vorstellungen nationaler Vereinheitlichung für all jene politischen Führer, deren Herrschaftsgebiete im Nationalstaat aufgehen sollten.

Aber als Napoleon Europa mit Krieg überzog, wurde die nationalistische Imagination zu einer überwölbenden Kraft: ein gemeinsamer Gegner, der »das Andere« repräsentierte, ganz so wie es die Ursprungserzählungen der Nationalisten regelmäßig berichten: eine Bedrohung, die »das Volk« zu einer Einheit verbindet. Napoleon wiederum formte mit militärischer Gewalt aus dem Alten Reich mit seinen fast zweitausend Einheiten eine Reihe mittelgroßer Staaten, die ihn unterstützen sollten. Die Zwangsauflösung vieler Herrschaften förderte die Vorstellungen möglicher weiterer Vereinigung. Gegen die französische Herrschaft wirkte das Schlagwort von der »deutschen Nation« gleichermaßen motivierend und harmonisierend.

Die Nationalisten sammelten sich in Freiwilligenverbänden, wie sie auf dem eingangs beschriebenen Bild von Kersting zu sehen sind. Aber hier wirkte keine unbändige Volksbewegung. Bauern und Landarbeiter bildeten zur Zeit der Befreiungskriege etwa drei Viertel der männlichen Bevölkerung. In den Verbänden stellten sie aber nur 18 Prozent. Handwerker waren zu 41 Prozent vertreten, und zwölf Prozent gehörten zum Bildungsbürgertum – in der Gesamtbevölkerung zählte diese Gruppe nur zwei Prozent![32]

So wirkte der Kampf gegen die »Fremdherrschaft« zwar als nationalistische Inkubation und schuf Mythen der Opferbereitschaft und des Heldentodes, die zur Sinnstiftung forterzählt werden konnten. Aber der so beschworene Traum blieb unerfüllt. Das Ende der napoleonischen Herrschaft mündete in eine Art Zwitterlösung: Weder wurden die alten, vielfach gegliederten Herrschaften wiederhergestellt, noch entstand ein einheitlicher Nationalstaat. Der auf dem Wiener Kongress 1815 kreierte Deutsche Bund aus 39 Mitgliedstaaten (35 Fürstenstaaten und vier freie Städte) war geradezu das Gegenteil davon: Er repräsentierte einen Machtkompromiss, in dem die Konflikte um Herrschaftsansprüche sowie die Dynastien und Religionen mit ihren Gegensätzen konserviert blieben.

Die Idee eines einheitlichen Staates war für alle monarchisch und dynastisch regierten Staaten eine Gefahr, keine Verlockung. Entsprechend repressiv reagierten die Führer der Einzelmächte des Deutschen Bundes bis zur Revolution von 1848.

Die Vorstellung von der deutschen Nation blieb auch in den folgenden Jahrzehnten vor allem »ein städtisches Geschöpf, sie war ein Werk von Protestanten, und sie war eine Männergeburt«.[33] Aber in den Jahrzehnten nach 1815 hatte sich durch technischen Wandel, Alphabetisierung und die Verbreitung von Büchern und Zeitschriften die für die Gedankenwelt des Nationalismus ansprechbare Öffentlichkeit erheblich ausgeweitet. »Ein kulturellhistorisches Nationalbewusstsein blühte auf« und entwickelte sich zu einer realen politischen Kraft,[34] die auch nach 1848 mit ihrer Forderung nach einem Nationalstaat weiter wuchs.

Dabei bedeutete es aus nationalistischer Sicht eine bittere Ironie, dass die Revolutionsbewegungen von 1848 im deutschen Territorium nicht zuletzt deshalb gescheitert waren, weil sie keinen zusammenhängenden Nationalstaat als Entfaltungsfläche fanden. Die Vielzahl regionaler Machtzentren ließ die Revolutionsdynamiken territorial verpuffen. Das war der fundamentale Unterschied zur Herrschaftswelt der etablierten Großmächte. Wer Paris beherrschte, dessen Herrschaft strahlte auf ganz Frankreich aus. Wer in London die Macht besaß, konnte Großbritannien weitgehend kontrollieren. Wer aber Berlin eroberte, hatte keinerlei Herrschaft über München, Dresden oder Wien.

Zivilisatorische Mission?

Die Reichseinigung von 1871 erfüllte zwar die Sehnsucht vieler Nationalisten, war aber weniger deren Werk als vielmehr das Ergebnis einer konservativen Abwehrreaktion. Die von Preußen und seinem führenden Politiker Otto von Bismarck betriebene Politik zielte im Kern gegen die antidynastischen Kräfte des Nationalismus. Bismarck ist entsprechend als »weißer Revolutionär« charakterisiert worden, der die Maxime »wenn schon Revolution, dann lieber machen als erleiden« zur Sicherung der Vormachtstellung Preußens nutzte. Mit anderen Worten: Bismarck instrumentalisierte den Nationalismus zur Herrschaftssicherung der preußischen Krone, um diese nicht zum Opfer einer nationalistischen gesamtdeutschen Bewegung werden zu lassen, die die Monarchien bedrohte. Auch nach der Reichseinigung blieben Nationalismus und dynastisches Denken Antipoden.

Für die Mehrzahl seiner Staatsbürger schien mit der Gründung des Reiches von 1871 gleichwohl der Wunschtraum nationaler Einheit erfüllt. Die Deutschen, so meinten sie, holten endlich nach, was Briten, Franzosen und andere längst besaßen. Doch die nüchterne Bilanz war zwiespältig. Im »einig Vaterland« blieben Millionen Menschen, die nach Sprache und Kultur als Deutsche gelten konnten, außen vor, insbesondere die Deutschen im Habsburgerreich, das 1866 durch einen Krieg aus dem Verbund der deutschen Staaten gedrängt worden war. Aus nationalistischer Sicht war das gegen jede Logik, folgte vielmehr den übergeordneten machtpolitischen Regeln preußischer Dominanz. Umgekehrt waren dem Reich mehre Millionen Menschen einverleibt worden, die nach Sprache und Selbstverständnis nicht zur deutschen Nation zählten, sondern sich als Polen (in Schlesien) oder Franzosen (im Elsass) verstanden.

Diesen inneren Belastungen entsprach eine äußere Gefährdung. Das Reich war in einer Situation entstanden, in der die vorherrschenden Großmächte – insbesondere Großbritannien und Russland – ihre außenpolitischen und militärischen Interessen von Mitteleuropa abgewandt hatten und sich, aus europäischer Perspektive, an der Peripherie engagierten. Der markanteste und blutigste Konflikt dieser Art war der Krimkrieg von 1853 bis 1856. Die Entstehung des deutschen Nationalstaates von zunächst vierzig Millionen, später mehr als sechzig Millionen Menschen änderte dies schlagartig. Denn die neue Macht wurde als Bedrohung europäischer Stabilität als eines Gleichgewichts austarierter Kräfte und Interessen interpretiert. Großbritannien, Frankreich und Russland fürchteten die Hegemonie einer preußisch-deutschen Militärmacht. Die Indizien mahnten: Das Reich war aus drei Kriegen entstanden, die nicht nur nationale Kampfbereitschaft, sondern auch ein systematisches Kalkül der politischen Führung zeigten. Warum, fragten sich die Beobachter von außen, sollte die drei Mal erfolgreiche Methode der Kriegsexpansion nicht ein viertes Mal erprobt werden?

Diese inneren und äußeren Spannungen trafen sich im deutschen Nationalismus auf besondere Weise. Für Nationalisten blieb es ein selbstverständliches Ziel, die noch nicht zum Reich gehörenden Deutschen dem neuen Staat beizufügen. Jeder Versuch dazu würde allerdings eine Reaktion der anderen Großmächte provozieren, die den jungen Nationalstaat als Ganzen erschüttern konnte. Die Wiederaufspaltung in einem nächsten Krieg blieb eine reale Drohung. Daher stand die Außenpolitik der Bismarckzeit stets im Zeichen einer ambivalenten Spannung: auf der einen Seite den erreichten Nationalstaat zu sichern, auf der anderen Seite den Zeitgeist eines expansiven Nationalismus zu zähmen.

Selbst der für seine penibel-kühlen Analysen bekannte Max Weber proklamierte in seiner vielzitierten Freiburger Antrittsvorlesung 1895 die Interessen des nationalen Machtstaates, denen das junge Reich folgen müsse: »Wir müssen begreifen, daß die Einigung Deutschlands ein Jugendstreich war, den die Nation auf ihre alten Tage beging und seiner Kostspieligkeit halber besser unterlassen hätte, wenn sie der Abschluß und nicht der Ausgangspunkt einer deutschen Weltmachtpolitik sein sollte.«[35] Das wirkte programmatisch: Der deutsche Nationalismus erhob mit der Verankerung und Prosperität nach innen einen Anspruch auf zivilisatorische Mission nach außen.

Die Spannung zwischen Konsolidierung und Expansion verschärfte sich, als die politische Führung – nach der Entlassung des 75-jährigen Bismarck 1890 durch den 31-jährigen Kaiser Wilhelm II. – eine zunehmend autistisch wirkende Weltpolitik ohne Verständnis für die Rückwirkungen ihres Handelns betrieb. Das gilt insbesondere für die Rüstungspolitik, deren Folgen kaum nüchtern geprüft, geschweige denn kontrovers debattiert wurden. Denn die eigentliche politische Macht lag nicht beim Parlament, sondern bei Krone und Exekutive.

Die Erfolge des Reiches seit 1871 – als expandierende Wirtschaftsmacht, innovativer Wissenschaftsstandort, diplomatische und militärische Großmacht, durch seine rasch wachsende, produktive Bevölkerung[36] – förderten die Ansicht, dass sich darin ein spezifischer deutscher Geist, eine deutsche Besonderheit ausdrücke. Das Wachstum an Wohlstand und Macht schien zu bestätigen, dass die Herrschaftsstruktur mit monarchischer Spitze und beschränkter parlamentarischer Regierungskontrolle nicht nur gerechtfertigt, sondern für die Forderungen der Zeit sogar erfolgversprechender sei. Wilhelm II. und jene, die mit ihm die zentralen politischen Entscheidungen trafen, beanspruchten die Gründe des Erfolgs und meinten, das Reich nach der überkommenen Regel und gemäß ihren Vorstellungen für den Wettbewerb der Mächte im 20. Jahrhundert rüsten zu müssen.

Bernhard von Bülow, als Staatssekretär des Auswärtigen Amtes quasi der Außenminister des Reiches, sprach am 6. Dezember 1897 im Reichstag vom »Mitbewerb anderer Völker«, in dem die Deutschen ihre Stellung zu sichern hätten: »Die Zeiten, wo der Deutsche dem einen seiner Nachbarn die Erde überließ, dem anderen das Meer und sich selbst den Himmel reservierte, wo die reine Doktrin thront – diese Zeiten sind vorüber. (…) wir wollen niemand in den Schatten stellen, aber wir verlangen auch unseren Platz an der Sonne.«[37] Drei Jahre später wurde Bülow vom Staatssekretär zum Reichskanzler befördert und gestaltete die kaiserliche »Weltpolitik« ganz im Sinne dieses globalen Anspruchs.

Im Vierteljahrhundert vor dem Ersten Weltkrieg kamen nicht nur Politiker, sondern auch viele Intellektuelle aufgrund der Leistungen des Reiches zu der Überzeugung, dass eine monarchisch-autoritäre Führung für den »deutschen Charakter« das angemessene politische System sei. Sie beschworen ein besonderes deutsches Wesen, das seine Kreativität auf den Gebieten der Musik und der Philosophie, der Kunst und der Wissenschaften gerade aufgrund der begrenzten politischen Partizipationsrechte habe entfalten können.

In den führenden politischen, gesellschaftlichen und wirtschaftlichen Schichten des Kaiserreichs dominierte das Bewusstsein, dass die deutsche Kultur gegen die westliche Zivilisation stehe, deutsche »Helden« gegen die bloß an Geld und Gewinn orientierten »Händler«, die deutsche Volkseinheitlichkeit gegen den westlichen Individualismus. Einer der seinerzeit prominentesten deutschen Historiker, Friedrich Meinecke, nannte Kulturwerte »ein Geschenk«, Zivilisationswerte dagegen »eine Ware«.[38]

Die Vorstellungen eines »Kulturkriegs«[39] kulminierten nach Kriegsbeginn. Beispielhaft fasste dieses Gefühl Adolf Lasson am 25. September 1914 zusammen: »Deutschland ist das Land der

Mitte, deutsche Kultur nimmt eine zentrale Stellung ein. Die ganze europäische Kultur, die doch die eigentlich allgemein menschliche Kultur ist, sammelt sich wie in einem Brennpunkte auf diesem deutschen Boden und im Herzen des deutschen Volkes. Es wäre töricht, über diesen Punkt sich mit Bescheidenheit und Zurückhaltung äußern zu wollen. Wir Deutschen repräsentieren das Letzte und Höchste, was europäische Kultur überhaupt hervorgebracht hat; darauf beruht die Stärke und Fülle unseres Selbstgefühls.«[40]

Eine Woche zuvor hatte Otto von Gierke in ähnlicher Weise gepredigt: »Die Vorstellung von der ausschließlichen Berechtigung der eigenen Kultur, die Engländern und Franzosen im Blute liegt, ist uns fremd. Aber wir sind uns des unvergleichlichen Wertes der deutschen Kultur bewußt geworden und wollen sie in Zukunft vor Verfälschung durch minderwertige Einfuhr bewahren. Niemandem drängen wir sie auf. Wir glauben aber, daß sie durch ihre innere Größe sich überall die Geltung verschaffen wird, die ihr gebührt. Denn wir sind stolz auf sie und wissen, was sie für die Menschheit bedeutet. Als unser Vaterland zerschmettert am Boden lag, feierte hier in Berlin vor länger als hundert Jahren (1808) Johann Gottlieb Fichte in seinen unvergeßlichen Reden an die deutsche Nation das deutsche Volk als das einzige Volk Europas, das seine ursprüngliche Echtheit und darum die geistige Bildungsfähigkeit gewahrt habe, und fand den Übergang von seiner ehemaligen weltbürgerlichen Gesinnung zur flammenden nationalen Begeisterung in dem Gedanken, daß eben dieses Volk zum Träger der Weltkultur berufen und deshalb der Menschheit gegenüber verpflichtet sei, sich selbst zu erhalten. Und ein halbes Jahrhundert später (1861) inmitten der Dämmerung, die unserer großen Zeit voraufging, schloß Emanuel Geibel sein schönes Gedicht ›Deutschlands Beruf‹ mit den prophetischen Verszeilen: ›Und es mag am deutschen Wesen / Einmal noch die Welt genesen.‹«[41]

Dumm nur, dass weder die anderen Großmächte noch die kleineren Nachbarn oder die Kolonialvölker, deren Gebiete beherrscht werden sollten, diese Perspektive teilten. Sie fragten, was das wohl sei, das »deutsche Wesen«, von dem der Rest der Welt profitieren würde. Die Frage nach der »zivilisatorischen Idee« war keineswegs banal, sondern von geradezu weltpolitischer Bedeutung. Denn zeitgenössisch waren die Vorstellungen des Nationalismus und des globalen Sendungsbewusstseins unmittelbar miteinander verbunden.

Das Ansehen einer Macht leitete sich schließlich aus den Versprechen ab, zumindest einige Werte zu repräsentieren, die auch jenseits der eigenen nationalen Grenzen von universaler Bedeutung und deshalb auch für Menschen jenseits der eigenen Nation attraktiv sein mochten. So wurde Frankreich als internationale Macht mit den Schlagwörtern der Französischen Revolution von Freiheit, Gleichheit und Brüderlichkeit identifiziert. Großbritannien wiederum galt mit der Herrschaft des Parlamentarismus und den bürgerlichen Freiheitsrechten seiner Bewohner als Zivilisationsmacht. Und die Vereinigten Staaten galten als Land religiöser, politischer und individueller Freiheit, die vor allem wirtschaftliche Prosperitätschancen versprach.

Wofür aber stand im Vergleich dazu das Deutsche Reich? Für wen sollte die Idee des preußisch-deutschen Obrigkeitsstaates attraktiv sein? Oder die demonstrativ zur Schau getragenen militärischen Traditionen mit ihren Wirkungen auf das Verhalten bis tief in den Alltag vieler Menschen? Während etwa die Vereinigten Staaten mit ihren Vorstellungen vom Naturrecht des Individuums auf Freiheit und dem Streben nach Glück bis in fernste Erdteile anziehend wirkten und Menschen in Richtung Amerika wanderten, sah die »deutsche Idee der Freiheit« (Ernst Troeltsch) mit ihrer »machtgeschützten Innerlichkeit« den Einzelnen stets eingebunden und untergeordnet in einem angeblich höheren Ganzen.

Die Vorgeschichte des Ersten Weltkriegs beginnt deshalb nicht erst 1912 oder 1913. Wir müssen vielmehr auf Verhältnisse blicken, in denen das Reich in diesen Jahrzehnten machtpolitisch stand – und warum. Dann zeigt sich, dass im Sommer 1914 der Krieg zwar begann, die eigentlichen Weichenstellungen und die institutionellen Grundprobleme seiner Ursachen aber Jahrzehnte früher liegen. Die Großmächtekonfrontation des Ersten Weltkriegs war die Konsequenz einer unreflektierten Selbstisolierung des Reiches in der sogenannten Scharnierzeit, die bereits 1907 in die Form jener Bündnisse fand, die 1914 in den Krieg zogen.[42] Der Weltkrieg entstand nicht aus Schlafwandelei, sondern aus irrationalem Kalkül und wurde zum Konflikt nationalistischer Selbstbilder zwischen – so die zeitgenössischen Begriffe – »Kultur« und »Zivilisation«.

Gerade der Anspruch auf »deutsche Kultur« als der westlichen »Zivilisation« überlegen speiste sich aus der Selbstwahrnehmung des deutschen Nationalismus, für den es weiterhin zu sterben galt. Friedrich Meinecke schrieb zu Kriegsbeginn: »Der Gott, der mit uns ist, will auch, daß wir seine Sache treiben. Für gute, große und heilige Dinge soll Deutschland kämpfen, und in hellem Glanze sollen sie jedem Kämpfer vor Augen stehen. Und wenn ihm das Auge bricht, so soll noch im letzten Augenblick ein himmlisches Leuchten in seine Seele fallen und ihm das Sterben leicht machen.«[43] Streichen wir das Wort Deutschland, könnte die Formulierung auch zum Gottvertrauen eines islamischen Fundamentalisten der Gegenwart passen.

Von der Nation zum Rassenkampf – zwischen den Kriegen

Die Niederlage von 1918 beseitigte nicht etwa dieses Selbstbild, sondern verstärkte es. Die deutsche Kriegsgesellschaft war ein weitgehend geschlossener Kommunikationsraum geblieben, eine Echokammer der Siegeserwartungen – und als im Herbst 1918 die Niederlage kam, waren die meisten Deutschen weder mental darauf vorbereitet noch überhaupt über die Lage informiert, in der sich das Reich befand. Nicht die Analyse der Ursachen stand fortan im Zentrum ihres Verstehenwollens, sondern die Sehnsucht nach vergangener Größe. Man suchte nach äußeren Gründen und fremden Schuldigen.

Diese Selbsttäuschung belastete die Weimarer Republik vom

ersten Tag an: Nicht der Obrigkeitsstaat und dessen Selbsttäuschungen wurden für den Misserfolg verantwortlich gesehen, sondern die neue, maßgeblich durch die Sozialdemokraten und die liberalen Parteien gegründete demokratische Ordnung. Das war zwar objektiv falsch, weil die Niederlage von der quasidiktatorischen Führung – der Dritten Obersten Heeresleitung unter Paul von Hindenburg und Erich Ludendorff – herbeigeführt und intern auch eingestanden worden war. Aber die Militärs dachten gar nicht daran, sich zu ihrer Verantwortung zu bekennen. Sie täuschten, lenkten ab, erfanden Legenden. Allen voran die vom angeblichen Dolchstoß der Heimat in den Rücken des siegesnahen Heeres.

Nach vier Jahren Entbehrung, einem Kampf mit Millionen Toten und Verwundeten, wollten viele Deutsche das nur zu gern glauben. In der Bevölkerung, bei den Eliten und in den bürgerlichen Schichten dominierte eine geradezu verträumte Erinnerung an die Prosperität des Kaiserreichs vor 1914 – und seine autoritäre Führung.

War der Erste Weltkrieg zum Kulturkrieg und Kampf gegensätzlicher Ordnungsmodelle stilisiert worden, so wirkte die Niederlage nun wie ein unverdienter Angriff auf das nationale Selbstbild und Überlegenheitsgefühl. Selbst moderate Nationalisten mochten dies ebenso wenig akzeptieren wie die weiteren Konsequenzen, von Gebietsverlusten bis zu Reparationsforderungen und dem Kriegsschuldvorwurf. Die Ablehnung des »Diktats von Versailles« war vielleicht das Einzige, worauf sich die deutsche Gesellschaft zwischen 1918 und 1933 einigen konnte.

Die wirtschaftlichen Folgen verstärkten den Effekt der Enttäuschung. Die Führung hatte im Krieg nicht gewagt, die horrenden Kosten, etwa durch eine angemessen erhöhte Besteuerung, auf die Bevölkerung umzulegen. Der Sieg, so hoffte man, würde die Rechnung begleichen, so wie die französischen Tributzahlungen nach 1871 die Konjunktur befeuert hatten. Nun traf die Niederlage mit den Forderungen der Sieger nach Reparationen auf eine Bevölkerung, der erst langsam klar wurde, dass der Krieg, den man vier Jahre lang geführt hatte, noch nicht bezahlt war. Als die Inflation bis zum November 1923 vor allem die bürgerliche Mittelschicht um ihre Ersparnisse brachte, verstanden die wenigsten deren Ursachen – den Krieg und dessen Finanzierung –, sondern gaben die Schuld der parlamentarischen Demokratie und jenen Politikern, die den Friedensvertrag unterschrieben hatten.

Es waren nicht zuletzt die Eliten, die sich ablehnend gegenüber der Republik verhielten. Die Militärs, allen voran Hindenburg und Ludendorff, die in der Weimarer Politik bald zu nationalistischen Sehnsuchtsfiguren wurden, mochten ihre Verantwortung ohnehin nicht akzeptieren. Aber auch viele Diplomaten, Beamte, Unternehmer und einflussreiche Gruppen des Bürgertums sahen die Ursache der wirtschaftlichen und gesellschaftlichen Probleme ihrer Gegenwart im neuen politischen System.

Hinzu kam die Furcht vor einer Ausweitung des Bolschewismus. Die Einheit des Reiches stand bei Kriegsende auf dem Spiel.[44] Dass sie, wenn auch territorial beschnitten, bestehen blieb, wies ihm auch eine Funktion als Bollwerk gegen die Ausbreitung des Bolschewismus zu. Denn verbreitet war die Furcht vor einem kommunistischen Umsturz in Deutschland nicht zuletzt deshalb, weil das hoch industrialisierte Land der marxistischen Theorie zufolge eigentlich viel reifer für die Revolution gewesen wäre als das noch weitgehend agrarische Zarenreich.

Die Traumwelten vergangener Größe und die Wut auf die Folgen der Niederlage verbanden sich zum Ressentiment gegen die Weimarer Ordnung und nährten die nationalistischen Gruppen aus Antidemokraten, Antisemiten, Antikommunisten und vielen weiteren Anti-Milieus, für die der Nationalsozialismus ab 1930 zum Sammelbecken wurde – die NSDAP entwickelte sich zur ersten Volkspartei im Sinne eines Angebots an nahezu alle Gruppen der Gesellschaft. Bei den Reichstagswahlen von 1930 konnte sie ihren Stimmenanteil, der 1928 noch bei 2,6 Prozent gelegen hatte, auf 18,3 Prozent steigern und im Juli 1932 noch einmal auf 37,4 Prozent verdoppeln; wenige Monate zuvor, beim Kampf um die Reichspräsidentschaft, hatte ihr Kandidat Adolf Hitler mehr als 13 Millionen Stimmen (36,8 Prozent) erhalten.

Bezeichnend für die Atmosphäre und Mentalität der Zeit war, dass selbst Sozialdemokraten und die bürgerliche Mitte ausgerechnet Hindenburg, der für die militärisch-autoritäre Tradition und den unaufrichtigen Umgang mit historischer Verantwortung stand, als das vermeintlich kleinere Übel unterstützten. Jene Parteien, die die parlamentarische Demokratie ablehnten oder abzuschaffen gedachten, erhielten bereits 1932 eine destruktive Mehrheit. Die nationalsozialistische Herrschaft war also kein Betriebsunfall der deutschen Geschichte, sondern konnte auf viele Traditionen, Denkmuster und Überzeugungen aufbauen.

Die nationalsozialistische Politik zur Formung einer Rassengesellschaft und der Vorbereitung eines Krieges dynamisierte sich unmittelbar mit Hitlers Ernennung zum Reichskanzler im Januar 1933. Dabei entwickelte sich der Nationalsozialismus zwar aus dem deutschen Nationalismus, war aber mehr als »nur« dessen extremer Ausdruck, sondern überformte ihn ideologisch: Insbesondere der für jeden Nationalismus zentrale Begriff des »Volkes« wurde nun, biologistisch verengt, zur Grundlage eines völkisch-rassistischen Denkens, das mit einem entsprechenden Verständnis von Geschichte einherging.

Diese neue Ideologie war für viele Beobachter zunächst noch schwer erkennbar, weil es so viele Überschneidungen mit dem traditionellen Nationalismus gab. Im In- und Ausland herrschte die Erwartung vor, Hitler und seine Anhänger würden vor allem eine Revisionspolitik verfolgen, die nach einiger Zeit in ein ruhigeres Fahrwasser geraten werde.

In London, Paris und Washington interpretierte man die deutsche Außenpolitik als traditionelle europäische Machtpolitik. Man nahm an, Hitler wolle sein Reich als europäische Großmacht wiederherstellen, um sich, wenn das erreicht wäre, für seine Erfolge feiern lassen zu können. Spätestens im Frühjahr 1939 allerdings war nicht mehr zu übersehen, dass Hitler mehr wollte als eine Rückkehr zum Stand vor 1914, und man erkannte die ideologische Dimension seiner Politik.

Hitler selbst sah sich als Vollender eines völkischen Nationalismus von welthistorischer Bedeutung. Er war überzeugt, das zentrale Bewegungsgesetz der Geschichte erkannt zu haben und an einer entscheidenden Stelle des historischen Prozesses gerade noch rechtzeitig in die politische Welt getreten zu sein. Für ihn war die Geschichte ein Produkt von Rassenkämpfen. Er sah es als seine Mission, die nach diesem Weltbild besonders profilierte arische Rasse – die er vor allem mit den Deutschen identifizierte – zur Vorherrschaft in der Welt zu führen.

Alle Wirtschafts- und Außenpolitik, alle militärische Aufrüstung, alle innere Erziehung von den Schulen bis in die Universitäten waren auf dieses Ziel ausgerichtet. Die sechs Jahre des Friedens zwischen 1933 und 1939 waren ein Prozess der politischen, militärischen und ideologischen Kraftansammlung, um die Grundlagen der »arischen Herrschaft« im Sinne des global verstandenen Rassenkampfes für das auf die Ewigkeit angelegte Reich zu schaffen.

Die Folgen sind bekannt: Der Nationalsozialismus strebte nach der Herrschaft in Europa, die selbstverständlich nur kriegerisch zu erreichen war. Wie sonst hätte der sogenannte Lebensraum »erschlossen« werden können? Wie sonst hätte die riesige Ressourcenverschwendung, die sich durch die Aufrüstung bis 1939 zu Lasten ziviler Investitionen und des Konsums aufgestaut hatte, refinanzieren lassen? Hitlers Politik setzte sich selbst unter Zugzwang. Es galt, Beute zu machen – an Land, an Zwangsarbeitern, an Rohstoffen. Der Krieg sollte das Erreichte sichern und den weiteren Kampf fundieren, der wiederum als Kern des Rassenwettbewerbs angenommen wurde.

Für den Nationalsozialismus waren die außenpolitischen Erfolge, die dem Reich bis 1938 eine nie gesehene Ausdehnung bescherten, stets nur Teilschritte einer von dieser Ideologie getriebenen Expansion. »Wir wollen keine Tschechen«, verkündete Hitler am 26. September 1938. Sechs Monate später ließ er deren Land besetzen und keinen Zweifel aufkommen, dass Polen das nächste Opfer sein würde.

Hitler begrüßte, ja suchte den Krieg als Moment der rassischen Bewährung. Der Zweite Weltkrieg war aus dieser Perspektive der Versuch, einen deutschen Hegemonialanspruch, der in kleinerer Münze schon im Ersten Weltkrieg formuliert worden war, mit einem sehr viel weiter gehenden rassischen Neuordnungsanspruch zu verbinden. Die Pläne der Nationalsozialisten für die Neuordnung Europas – von vielen Intellektuellen, Wissenschaftlern und den weiteren Funktionseliten mitformuliert und praktisch vorangetrieben – sahen die Versklavung und Ermordung von vielen Millionen Menschen vor. Diese ethnische Neuordnung sollte als Grundlage eines eurasischen, von Deutschland dominierten Rassenreiches dienen. Die Aggressivität, mit der die Deutschen ihre Herrschaft in ganz Europa durchsetzten und einen Rassen- und Vernichtungskrieg betrieben, der schließlich in einer Alles-oder-nichts-Politik mündete, war geschichtlich in ihrer Radikalität neu.

Wettbewerb der Ideen statt Kampf der Kulturen

Schon während des Krieges hatten Intellektuelle, Wissenschaftler, Journalisten, Diplomaten und Emigranten (nicht nur auf Seiten der Alliierten) nach Erklärungen und historischen Ursachen gesucht. Aus ihrer Sicht erschien die deutsche Aggressivität als Folge einer jahrhundertelangen (Fehl-)Entwicklung.

Die Argumente waren nicht neu, schienen nun aber durch die Erfahrungen bestätigt. Demnach gab es zwei miteinander im Konflikt stehende Wesenszüge »der Deutschen«: auf der einen Seite das friedliche, gemütliche, kreative Kulturvolk mit seinen Spitzenleistungen in Musik, Literatur, Philosophie und vielen weiteren Geistes- und Kunstgebieten. Auf der anderen Seite das obrigkeitshörige, militaristische und aggressive Deutschland. Dieses zweite Deutschland hatte demnach unter preußischer Führung 1871 kriegerisch seinen eigenen Staat geschaffen und dann, getragen vom wirtschaftlichen Erfolg und überzeugt von seiner besonderen Mission, nach der Vorherrschaft in Europa und einer dominierenden Rolle in der Weltpolitik gestrebt – mit zwei Weltkriegen als Folge.

Eine solche Analyse konnte auf ganze Bibliotheken deutscher Selbststilisierung der eigenen Überlegenheit verweisen. Die Gemeinschafsimaginationen der Nationalisten wurden nun gleichsam gegen diese gewendet, ihr »deutsches Wesen« als kollektive Gefahr für den Frieden in Europa und der Welt interpretiert: Der »deutsche Sonderweg« hatte in den Abgrund geführt. Umstritten blieb allenfalls, wann die Entwicklung eingesetzt hatte. Mal sah man den Beginn bei Bismarck oder bei Friedrich dem Großen, mal bei Luther oder gar bei Arminius. Eine Imagination wie einst die Traditionserzählung der Nationalisten, diesmal als Unheilsgeschichte. Der Soziologe Ralf Dahrendorf nannte dergleichen Interpretationen denn auch »Tacitus-Hypothesen«.

Für die Analytiker aus der Zeit des Zweiten Weltkriegs war ein Argument entscheidend: Der deutsche Weg des Nationalismus hatte in die Katastrophen der Gegenwart geführt. Jede Wiederholung musste ein für alle Mal ausgeschlossen werden. Dafür gab es nach ihrer Interpretation durchaus Hoffnung. Denn das »andere Deutschland« existierte ja: die Traditionen der Aufklärung, des politischen Liberalismus, des humanistischen Bürgertums, der Sozialdemokratie, des Rechts- und Verfassungsstaats und der parlamentarischen Demokratie. Mochte es 1848 gescheitert und im Kaiserreich an den Rand gedrängt worden sein, mochte es sich in Weimar nicht auf Dauer gegen das autoritäre, obrigkeitsstaatliche Denken behauptet haben, so sollte es nun endlich seine Chance erhalten. Mit seinen Vertretern und Anhängern ließen sich, wenn nötig unter schützender Aufsicht, die Wurzeln der Gewaltgeschichte kappen.

Die Vorstellung vom »anderen Deutschland« nahmen auch jene für sich in Anspruch, die ihren Nationalismus nicht durch den Nationalsozialismus diskreditiert sehen wollten. In diesem Engagement für einen neuen Nationalstaat nach der NS-Herrschaft mischten sich sonst kaum verbundene politische Akteure von den Sozialdemokraten um Kurt Schumacher auf der Linken bis zu konservativen Nationalisten auf der Rechten, die den Nationalsozialismus nur als Betriebsunfall einer sonst anschlussfähigen deutschen Geschichte sahen.

Zentraler Streitpunkt wurde dabei die Haltung zur Frage einer erneuten »deutschen Einheit«. Die Aufteilung des Landes in vier Besatzungszonen – deren Territorium zusammen deutlich kleiner war als das Reich von 1937, dem letzten Jahr vor den nationalsozialistischen Eroberungen – ersetzte zunächst ganz praktisch den einheitlichen Nationalstaat. Aber es blieb die Frage, welche Form eine mögliche »Wiedervereinigung« annehmen könnte und um welchen Preis sie angestrebt werden sollte. Während die einen betonten, dass die Sicherheit der Bundesrepublik und die Freiheit seiner Menschen jedem vagen Vorschlag nationaler Einheit übergeordnet bleiben müsse, fand die Idee eines vereinigten, dafür neutralen Nationalstaates zwischen den Blöcken noch in den 1950er Jahren Millionen Anhänger.[45] In der Politik der »Westbindung« mit einer klaren Präferenz der »Freiheit vor Einheit« löste sich das nationale Interesse dann vom Nationalismus.

Es waren Nationalisten, die im 19. Jahrhundert den Nationalstaat als Vollendung der individuellen Staatengeschichte beschrieben hatten. Nach dieser Vollendung, predigten sie, standen diese Staaten in anarchischer Konkurrenz; Diplomatie und Waffengewalt sollten sie im Gleichgewicht halten, dabei trieb die Dynamik der nationalistischen Bewegungen sie in Konfrontation und Krieg.

Die Konsequenz dieser historischen Erkenntnis war, den Nationalstaat vom Nationalismus und seinen Weltbildern zu trennen. Hier entstand ein neuer Schlüssel: Die Politik der europäischen Staaten blieb auch nach 1945 weiterhin von »nationalen Interessen« motiviert – aber die Vorstellungen, was diese ausmacht und wie sie erreicht werden sollten, wandelten sich.

Um dies zu verstehen, ist es hilfreich, drei Perspektiven zu unterscheiden: die nationale, europäische und globale. Der Nationalsozialismus hatte jede Idee eines ethnisch homogenisierten

Machtstaates historisch ein für alle Mal diskreditiert. Wer solche Ideologien weiterhin predigte, konnte nicht länger behaupten, dass es doch »nur« um eine völkische Einheitlichkeit gehe. Die mörderische Gewalt dieser Konzepte hatte weite Teile Europas verwüstet und Millionen Menschen das Leben gekostet.

Aus der europäischen Perspektive waren fast alle Staaten, insbesondere aber die Kernländer des Kontinents, durch Krieg und Massenmorde schwer getroffen; für alle stellte sich die Frage nach ihrem zukünftigen Verhältnis zu den Nachfolgern des NS-Staates. Global wiederum wurde die »deutsche Frage« binnen weniger Jahre aufgehoben in der Konfrontation des Kalten Krieges, dessen Kernkonflikt sich im deutsch-deutschen Verhältnis spiegelte.

Entscheidend für die ersten viereinhalb Jahrzehnte bis 1990 wurde diese globale Konstellation des atomaren Patts der Supermächte. Die äußere, militärische Sicherung des Friedens, der mehr ein Waffenstillstand war, setzte mit der Nato und durch die US-amerikanische Sicherheitsgarantie für Westeuropa und die Bundesrepublik den Rahmen. Nur durch ihn war eine freie Entwicklung überhaupt möglich. Aber dieser Rahmen wäre kaum tragfähig geblieben ohne die sich – weit über das militärische hinaus – darin entfaltenden Übungen und wachsenden Erfahrungen in realer, für alle Beteiligten fruchtbarer trans- und supranationaler Zusammenarbeit.[46]

Die Gründung internationaler Organisationen hatte in den Nachkriegsjahren Konjunktur – bis 1960 stieg deren Zahl weltweit auf mehr als 1250.[47] Aber gerade die Vielzahl lässt deutlich werden, was sich bewährte und welche Formen und Institutionen kaum wirkten. Wir können dies als historisches Experiment von »Versuch und Irrtum« interpretieren. Wenn wir sehen, dass es tatsächlich allein in Europa mehrere Dutzend bedeutende internationale Organisationen und Staatenverbindungen gab, vom Europarat über die OECD bis zur EFTA, so zeigt gerade dieser Gesamtblick, dass und wie sich die zwei zentralen Säulen dieser Jahrzehnte – Nato und die Vorgänger der Europäischen Union – zu dominanten Institutionen entwickelten. Wir können ablesen, dass sie die beiden zentralen Aspekte der individuellen, gesellschaftlichen und staatlichen Existenz repräsentierten: militärische Sicherheit und ökonomischen (und daraus folgend: sozialstaatlichen) Abgleich und Fortschritt im transnationalen Verbund. Die Vielfalt internationaler Organisationen seit Kriegsende und deren Entwicklung liefert uns also Indikatoren dafür, was funktionierte und womöglich prosperierte – und wo Versuche steckenblieben.

Die Nato und die transatlantische Partnerschaft waren militärisch-politisch betrachtet der eigentliche Friedensgarant des europäischen Kontinents. Zugleich ließen die führenden Politiker in Deutschland, Frankreich und den Benelux-Ländern die überkommenen Vorstellungen des konträren, gegen »die anderen« gerichteten Nationalismus hinter sich. Die Axiome des Nullsummenspiels (was der eine gewinnt, muss der andere verlieren) und der Billard-Metaphorik (Nationalstaaten bewegen sich wie geschlossene Machtkugeln im Raum und sind damit unweigerlich auf Konflikt angelegt) lösten sich sukzessive in neuen Erfahrungen auf. Der anarchische Machtwettbewerb, in dem ein Krieg als ultimatives Mittel stets präsent gewesen war, wandelte sich zu einer durch Regeln und Institutionen friedensgebundenen Konkurrenz.

Über die Jahre generierte die Praxis des abgestimmten Wirtschaftswettbewerbs Wohlstand und bewahrte Freiheit, weil sich alle auf Regeln verständigten und Kompromisse akzeptierten, statt Vorteile auf Kosten anderer, womöglich gar durch gewaltsame Konflikte zu suchen.

Die Zusammenarbeit förderte ein neues Verständnis von »nationalem Interesse«: Wenn etwa die Mitgliedstaaten der Europäischen Gemeinschaft für Kohle und Stahl ihre wirtschaftlichen Wünsche in diesem Sektor verwoben, brachte dies Vorteile für die Einzelstaaten, die sie gegeneinander kaum hätten erreichen können. »Nationales Interesse« wurde »rationales Interesse« und konnte bedeuten, Privilegien und Souveränitätsrechte aufzugeben, um gemeinsam größere Wettbewerbsfähigkeit zu sichern.

So lag es etwa trotz aller weiterhin bestehenden Wirtschaftskonkurrenz auch im nationalen Interesse Belgiens, Frankreichs und der Niederlande, wenn die Bundesrepublik als Industriemacht wieder leistungsfähig wurde und sich stabilisierte. Frankreich suchte Sicherheit gegen die wiedererstarkende Bundesrepublik; diese war bemüht, zur Souveränität und zu einer Form internationaler »Normalität« im Schatten der nationalsozialistischen Geschichtslast zurückzukehren; die Benelux-Länder zielten auf Mitsprache und Beteiligung auch der kleineren Volkswirtschaften, um bei deutsch-französischen Verbindungen nicht außen vor zu bleiben.

All dies war ein historischer Lernprozess. Denn die dafür notwendige Mentalität war der Welt der Nationalstaaten vor 1945 fremd gewesen. Die Europäische Gemeinschaft für Kohle und Stahl seit 1951, die Europäische Atomgemeinschaft seit 1957, multilaterale Kooperationen wie das von Deutschland, Frankreich, Großbritannien und Spanien gemeinsam betriebene Airbus-Projekt oder Arianespace als Unternehmen zur Entwicklung europäischer Trägerraketen – dergleichen gemeinschaftliche Konzepte lagen in den 1920er und 30er Jahren weit außerhalb der Vorstellungswelt nationalstaatlicher Politik.

Die Bereitschaft für diesen Kulturwandel öffnete sich aus den Erfahrungen des Krieges und dem Verständnis für seine Ursachen. Entscheidend wurde der Modus allgemein anerkannter Regeln und rechtsstaatlicher Strukturen, die zu Vertrauen gerinnende Erfahrung der Herrschaft von Verträgen und der ökonomischen Interdependenz. Wachsende Integration stiftete Frieden durch Austausch, Institutionalisierung, Kennenlernen und das Einüben geregelten Wettbewerbs in der Überwindung des nationalistischen Nullsummendenkens, das sich in der historischen Perspektive als irreführendes, ja gefährliches Axiom erwies.

Ohne diesen europäischen Lern- und Ausgleichsprozess wäre die langfristige Integrationsleistung bis 1989 kaum möglich gewesen. Nur durch deren Erfolge erhielt auch die Nato auf Dauer die innere Glaubwürdigkeit und ökonomische Kraft, um sich im globalen Wettbewerb des Kalten Krieges zu behaupten.

So hat sich in der zweiten Hälfte des 20. Jahrhunderts – zumindest in weiten Teilen Europas – die Idee des Nationalstaates vom Nationalismus gelöst. Der Nationalstaat bietet heute vor allem ein historisch geübtes, vom Nationalismus entflochtenes Ordnungsmodell. Er steht nicht mehr automatisch in Konkurrenz mit anderen, sondern ist anschluss- und entwicklungsfähig für sich weiter entwickelnde Ordnungsmodelle.

Comeback des Nationalismus?

In den zweieinhalb Jahrhunderten seit Erfindung der »Nation« als politischem Glaubenskonzept wurden alle wesentlichen Varianten nationalistischer Gemeinschaftsbildung – sprachlich, kulturell, völkisch, rassistisch – erprobt. Dabei zeigt sich, dass nationalistische Homogenisierungs- und Überlegenheitsvorstellungen den Kern bildeten und regelmäßig zu Selbstüberhöhung und gewaltsamer Eskalation führten – bis hin zu den Weltkriegen des 20. Jahrhunderts.

Warum üben dann in der jüngeren Gegenwart nationalistische Imaginationen eine neue Anziehungskraft auf Menschen aus?

In Ungarn etwa betreibt Ministerpräsident Orbán eine nationalistische Politik, in der Wissenschaftsfreiheit und die freie Öffentlichkeit attackiert werden, während das Land gleichzeitig mehr als drei Prozent seines Bruttoinlandsprodukts den Subventionen der Europäischen Union – und damit dem Erfolg von dessen Prinzipien und Freiheiten – verdankt.

In Polen schraubt die nationalistische PiS-Regierung die Liberalisierung des Landes zurück, die im vergangenen Vierteljahrhundert jenen Wirtschaftsboom generiert hat, der den Machthabern heute überhaupt erst jene Mittel in die Hand gibt, um mit Wahlgeschenken und ausgiebigen Sozialleistungen ihre Wählerklientel zu bedienen und die Grundlagen der Prosperität wieder zu bedrohen. Die Geschenke an die eigene Anhängerschaft, finanziert aus den Dividenden der Vorgängerregierungen, dienen auch dazu, eine Geschichtspolitik zu betreiben, deren nationalistischer Konfrontationscharakter regelmäßig aufscheint.

Zugleich bilden die nationalistischen Bewegungen groteske Allianzen. Etwa wenn der AfD-Vorsitzende Jörg Meuthen vor den Europaparlamentswahlen im April 2019 den damaligen italienischen Innenminister Salvini für dessen Ignoranz gegenüber den Regeln der Europäischen Kommission preist – just jene Regeln der Haushaltsdisziplin und der Budgetkontrolle, die Meuthen selbst für seine Partei zu vertreten vorgibt. Oder die ganz offen zugegebenen Finanzierungshilfen für die nationalistische Bewegung Marine Le Pens in Frankreich durch die Regierung Putin. Welche nationalen französischen Interessen, die Le Pen zu vertreten vorgibt, mag Russland damit verfolgen? Es ist kaum anzunehmen, dass er die Errungenschaften der Französischen Revolution, des liberalen Staates und das demokratische Modell Europas fördern möchte. Die Versprechen des Nationalismus erscheinen durchweg als destruktiver Opportunismus, über dessen Konsequenzen sich jeder beim Blick in die Geschichte zu informieren vermag.

Auch in der deutschen Geschichte seit 1949 gab es über alle Jahrzehnte politische Strömungen, die zu früheren Formen nationalistischer Identitätssuche und den Mechanismen internationaler Anarchie zurückzukehren strebten. Dominierten in den 1950er Jahren zunächst die Nachfolgeparteien des Nationalsozialismus wie die 1953 verbotene Sozialistische Reichspartei, folgte in den 1960er Jahren die NPD, in den 1980er Jahren die sogenannten Republikaner sowie die Deutsche Volksunion.

Nach der Wiedervereinigung 1990 gewann die NPD in den Neuen Bundesländern eine bemerkenswerte Zahl von Kommunal- und Landtagsmandaten, zu denen es in der alten Bundesrepublik kein Äquivalent gab. In den Werbetexten der NPD findet sich die essentialistische Geschichtsauffassung des frühen Nationalismus verbunden mit einem sozialistischen Volksbegriff. Im Kern unterscheidet sich das kaum vom rassistisch-ethnischen Begriff der propagierten Volksgemeinschaft im Nationalsozialismus.

Mit dem Aufstieg der AfD seit 2013 hat sich die Anhängerschaft

Im Mai 2019 führten Nationalisten aus einem Dutzend europäischer Staaten die Schizophrenie ihrer Weltsicht vor. Auf der Mailänder Piazza del Duomo organisierte der damalige italienische Innenminister Salvini eine Woche vor den Europawahlen ein Treffen von Nationalisten aus Belgien, Bulgarien, Dänemark, Deutschland, Estland, Finnland, Frankreich, Italien, den Niederlanden, der Slowakei und Tschechien. Am Rednerpult stand »Prima L'Italia!«, »Italien zuerst!« – so wie alle Nationalisten stets ihr Land »zuerst« sehen wollen. Die sich da trafen, wollten nicht wahrhaben, dass ihre Vorfahren im Zeichen dieses »Zuerst« in die Schützengräben gezogen waren und dass Predigten des Nationalismus gewaltsame Konflikte wieder denkbar machen.

in deren Parteiwelt verlagert. So hat sich die AfD von einer Partei der »Euro-Kritiker« zu einem Sammelbecken für Nationalisten und Anhänger völkischer Phantasien gewandelt. Die Formulierungen führender AfD-Vertreter lassen dabei regelmäßig ein nationalistisches Welt- und Geschichtsbild erkennen, das gegen historische Aufklärung und wissenschaftliche Erkenntnisse immun gehalten wird. Ob es um die Verharmlosung des Nationalsozialismus geht oder die Vorstellung jahrtausendelanger völkischer Homogenität – die Weltbilder entstammen einer Geschichtsvorstellung aus dem 19. Jahrhundert, als ob es das 20. nie gegeben hätte.

Wenn heute noch (oder wieder) Nationalisten behaupten, es bestehe eine gleichsam von Natur gegebene (»primordiale«) Ordnung, die auf einer Zusammengehörigkeit bestimmter Menschen durch Sprache, Kultur und Geschichte beruht, konstruieren sie eine Glaubensgemeinschaft, mit der sie Menschen sortieren und gegeneinandersetzen. Die Vorstellungen einer über Jahrhunderte, gar Jahrtausende hinweg konstanten »nationalen« Einheit waren stets eine historische Fiktion. Sprach- und Kulturräume, in denen sich je eigene Traditionen ausbildeten, sind einem ständigen Wandel ausgesetzt, darin besteht ihre einzige Konstante. Entscheidend sind die Regeln, die diesen Wandel begleiten und der Grad politischer Selbst- und Mitbestimmung aller Beteiligten. In dieser Perspektive haben auch Nationalstaaten weiterhin ihren Wert – als Institutionen und Ordnungssysteme, die der Sicherung individueller Freiheit dienen.[48]

Die Europäische Union hat nicht nur einen Binnenmarkt geschaffen, der den konkurrierenden globalen Großräumen (insbesondere Nordamerika und Fernost) wirtschaftlich wettbewerbsfähiger gegenübersteht, als das die einzelnen Staaten könnten, sondern zugleich einen gemeinsamen Rechtsraum und gemeinsame Institutionen etabliert, durch die der friedliche Interessenausgleich an die Stelle nationalstaatlicher Machtkonkurrenzen getreten ist.

Kriege zwischen Staaten und Bürgerkriege, in die sich die Nachbarländer einmischen, sind weltweit an der Tagesordnung. Dass dies im Europa der Gegenwart kaum mehr denkbar erscheint, ist weder selbstverständlich noch zufällig, sondern ein Ergebnis politischen Lernens und Handelns – von allen anderen Leistungen und Effekten des europäischen Gemeinschaftsraumes (Reisen, Studieren, Investieren, Lebensmittelpunkte frei wählen) ganz zu schweigen.

Wer über die »Kosten Europas« lamentiert, die Entwicklung der europäischen Einigungsmühen mit ihren Verträgen und dem Streben nach Integration attackiert, wer die vermeintlich übergriffigen Regulierungen aus Brüssel beklagt, die Trägheit der Bürokratie und die Zähigkeit der Entscheidungsfindung in einer Gemeinschaft aus (nunmehr) 27 Staaten, kann sich auf den Schlachtfeldern des Ersten Weltkriegs und den Soldatenfriedhöfen des Zweiten ein Bild davon machen, was Europa hinter sich gelassen hat, wohin nationalistische Bewegungen geführt haben – und wohin sie, wenn ihre Glaubensvorstellungen zur politischen Macht gelangen, jederzeit wieder führen können.

Der russische Flugzeugträger »Admiral Kusnezow« auf dem Weg nach Syrien, Oktober 2016.

Ordnung der Macht: Krieg und Frieden

»Nahezu alle heutigen Staaten sind Kriegsgeschöpfe«
(Dieter Langewiesche, 2008)[1]

Im Oktober 2016 ging das Bild des russischen Flugzeugträgers *Admiral Kusnezow* um die Welt, der, meterdicke Rauchschwaden ausstoßend, von seinem Heimathafen Seweromorsk in der Barentsee durch den Ärmelkanal Richtung Mittelmeer schipperte. Das größte Schiff der russischen Flotte war noch zu Sowjetzeiten gebaut worden und seit Anfang der 1990er Jahre in Dienst. Präsident Putin schickte es nun Richtung Syrien. Seit September 2015 unterstützte er Staatschef Baschar al-Assad im Bürgerkrieg.

Der Zeitpunkt für die Verstärkung war geschickt gewählt. Wegen der laufenden Präsidentschaftswahlen in den Vereinigten Staaten würde es von dort, solange keine Amerikaner bedroht wurden, keine aktiven Reaktionen geben. Die Staaten der Europäischen Union waren, obwohl sie durch den von Assad mit Putins Hilfe ausgelösten Flüchtlingsstrom in ihre Länder massiv betroffen waren, zu einem militärischen Einsatz weder willens noch ohne die Vereinigten Staaten fähig.

Der militärische Sinn der Entsendung war gleichwohl fraglich. Russland verfügte bereits über Stützpunkte in Syrien, von denen aus seine Luftwaffe zur Unterstützung von Assads Truppen operieren konnte. So wirkte die Mission der *Admiral Kusnezow* wie eine demonstrative Machtprojektion vergangener Zeiten. Die Welt konnte darin ein Symbol russischer Größe sehen. Und die Welt blickte aufmerksam hin, nicht zuletzt die Nato.

Oder war alles ein Irrtum? Eine Show, die etwas ganz anderes vorführte als beabsichtigt? Viele Medien nutzten den Anlass, um über die Geschichte des Schiffes zu berichten: die Schwierigkeiten beim Bau, die Reparaturanfälligkeit, die hohen Unterhaltskosten. Russlands einziger Flugzeugträger, und dann so was? Ein Kanonenboot, das eher zum Flottenwettlauf der Zarenzeit zu passen schien als ins 21. Jahrhundert?

Was gab es in Syrien zu gewinnen? Warum investierte Russland riesige Mengen Geld, Energie, Ressourcen und nicht zuletzt das Leben seiner Soldaten in einem wirtschaftlich und militärisch so wenig bedeutenden Land? Öl war dort nicht zu haben, das besaß man ohnehin selbst zur Genüge. Andere Rohstoffe ebenso wenig. Warum die Hilfe für einen mittelmäßigen Diktator, dessen Verbrechen damit auch auf das russische Konto gezählt werden konnten? Welchen Nutzen hatten die Menschen in Russland von dem Kriegseinsatz?

Der Einsatz bestätigte zumindest ein Muster: Es sind autokratisch regierte Staaten, die auch heute noch Soldaten ohne parlamentarische Kontrolle in Kriege schicken – weil sie es können. Wer die Unterstützung einer freien Bevölkerung braucht, wird seine Gründe sorgfältig präsentieren müssen. Staatsbürger und Wahlvolk erwarten, im Ernstfall eine entscheidende Stimme in Parlament und Öffentlichkeit zu haben, bevor sie Soldaten in den Krieg schicken.

Politische Führer freier Demokratien müssen also die Konsequenzen ihrer Entscheidungen für die Gesamtgesellschaft im Blick behalten, oder sie gefährden ihre Macht und historische Reputation.[2] Wer dagegen über Krieg und Frieden entscheiden kann, ohne sich mit frei gewählten Repräsentanten seines Staatsvolkes abstimmen zu müssen, handelt oft für die Aufmerksamkeit des Augenblicks und sein eigenes Machtkalkül, selten im Interesse seiner Bevölkerung. Er muss in der Regel enormen Aufwand treiben, um durch Propaganda-Erzählungen und mythische Überhöhung zu bewegen, was aus Überzeugung und Eigeninteresse nicht zu motivieren ist. Er mag seiner Macht sicher sein, verschwendet aber Energie und Wohlstandsmöglichkeiten.

Dergleichen autoritäre Kräfte gibt es nach wie vor. Sie bauen auf Geschichtsvergessenheit, Unmündigkeit sowie die Anziehungskraft einfacher Antworten und Machtdemonstrationen. Doch auch wenn wir uns ihrer heute noch erwehren müssen, sind sie von gestern. Schauen wir uns also an, wie Gesellschaften und Menschen gelernt haben, Wettbewerb zu zivilisieren und zu erkennen, dass es profitabler ist, auf Kriege zu verzichten, als auf Beutegewinn zu spekulieren.

Über Jahrtausende hinweg galt Krieg als selbstverständlicher, natürlicher Teil des Lebens. Der griechische Philosoph Heraklit (544–483) bezeichnete ihn gar als »aller Dinge Vater, aller Dinge König«, denn »alles Leben entsteht durch Streit und Notwendigkeit«.[3] Einen Krieg zu beginnen, das *ius ad bellum*, war ein jahrhundertelang akzeptiertes Herrschervorrecht.

Dieter Langewiesche hat in seinem Buch *Der gewaltsame Lehrer* gezeigt, wie der Krieg als ein Fortschrittsmotor wirkte, ohne den Veränderung und Revolution nicht denkbar schienen. Kaum eine Revolution der Geschichte kam ohne Krieg aus, konnte sich ohne Krieg durchsetzen. Den Krieg in dieser Perspektive zu betrachten, bedeutet zunächst, ihn als Erkenntnisquelle ernst zu nehmen. Denn im Kern geht es um nichts anderes als den Wettbewerb um Ressourcen – und die Frage, wie sich Menschen disziplinieren können, diesen Wettbewerb so zu organisieren, dass er nicht in gegenseitiger Zerstörung mündet.

Aber Krieg als Element menschlicher Existenz gibt es nicht »an sich«. Er ist gebunden an menschliches Denken, Vorstellungen und Weltbilder, technische, wirtschaftliche und gesellschaftliche, vor allem aber politische Herrschaftsparameter, die sich über die Jahrtausende gewandelt haben. Und dabei wird ein Fortschritts- und Lernprozess sichtbar, in dem Menschen zunächst sehr begrenzte Möglichkeiten hatten, sich der historischen Dimension ihrer selbst überhaupt bewusst zu sein. Von den Möglichkeiten und Freiheiten, nach diesem Bewusstsein zu handeln, ganz zu schweigen.

Anders formuliert und in die Perspektive gesetzt: Für die

Menschen Mitteleuropas, auf die wir uns hier sinnvollerweise konzentrieren, bedeutete Krieg etwas jeweils anderes, ob sie ihn im Jahre 1645, 1745, 1845 oder 1945 erlebten – und für uns heute hat sich diese Vorstellung noch einmal grundlegend gewandelt. Das mag banal klingen, ist es aber nicht, sobald wir diese historischen Dimensionen beachten und nicht so tun, als ob Krieg etwas Überzeitliches sei, das aufgrund der (im Wesen des Menschen liegenden) Aggressivität grundsätzlich unvermeidlich sei. Die Entwicklung menschlicher Zivilisation zeigt, dass Aggressivität gebändigt, geregelt, kanalisiert, sublimiert und instrumentalisiert werden kann. Der Mensch ist in der Lage, sie zu beeinflussen und bis zu einem gewissen Grade zu kontrollieren. Die europäische Geschichte der vergangenen sieben Jahrzehnte hat deutlich gemacht, was möglich ist.

Perspektiven: 1645 – 1745 – 1845 – 1945

Ob Söldnertruppe oder stehendes Heer, stets bedurfte die Organisation von Kriegstruppen logistischer Anstrengungen, großer Mengen an Geld und vielfältiger sonstiger Ressourcen – Nahrung, Kleidung, Waffen – sowie nicht zuletzt einer effektiven militärischen und politischen Führung. Als Konsequenz dieser Anforderungen hat sich seit der frühen Neuzeit die Staatsgewalt als erfolgreichste Organisationsform herausgebildet. Die Mehrheit der Menschen jedoch kämpfte nicht, sondern war von der Kriegsorganisation und ihren Wirkungen betroffen.

Im Jahr 1645 erlebte Mitteleuropa bereits seit 27 Jahren einen verheerenden militärischen Konflikt. Die Motive waren in erster Linie religiös-politischer Natur. Schon zeitgenössisch wurden die Gewalttaten verzeichnet und in den Jahrzehnten darauf bilanziert – die Zerstörung ungezählter Städte, Dörfer und Siedlungen. Plündernde Truppen, die durchs Land zogen, Ernten vernichteten und Menschen ermordeten, prägten das Bild, die Menschen starben zuhauf, Orte verfielen.

Beispielhaft verzeichnet eine Dokumentation zur schlesischen Stadt Haynau die jahrelang wiederkehrenden Beutezüge und Zwangsabgaben: »Im J[ahr] 1633 zählte man 500 Bürger; (…) im J[ahr] 1645 waren nur noch die [sieben] Rathsmitglieder und (…) 56 Bürger vorhanden«; die Quellen berichten über »die allgemeine Not und das überall herrschende Elend, die Misshandlungen und das Morden der hier hausenden Kriegsvölker«. Viele Häuser wurden niedergebrannt, und die Menschen krepierten, zumal mit dem Krieg noch die Pest wütete. »Vor dem Kriege zählte die Stadt innerhalb ihrer Mauern 230 bewohnte Häuser; im Jahr 1642 nicht mehr als 120, von welchen aber nur ein Theil bewohnt« war. »Übrigens müssen wir uns wundern, dass noch so viele Häuser vorhanden waren, da die Feinde zehnmal Feuer anlegten. Die Vorstädte, früher in beträchtlicher Ausdehnung, waren größtenteils abgebrannt und standen wüst«.[4]

Für die zu dieser Zeit schon »gänzlich verwüstete und ausgeplünderte Stadt« verzeichnet der Chronist die »Verhinderung des Ackerbaus«, einen geregelten Alltag zu führen war unmöglich. »Alle Gewerke lagen gänzlich darnieder«, und der Nachwuchs fehlte: Während am Anfang des Krieges »in hiesiger Kirche circa 200 Kinder jährlich getauft wurden, weist das Kirchenbuch von dem Jahr 1645 nur 45 Taufen nach«, wobei zahlreiche aus den Nachbarstädten kamen. »So darf uns nicht Wunder nehmen«, hielt der Chronist fest, »wenn mit der furchtbaren Zerrüttung des öffentlichen Wohlstandes, mit der Auflösung so vieler Familienbande, mit der Gewöhnung an Mord-, Raub- und Plünderungsszenen auch eine Sittenverderbnis in alle Stände eingerissen war, die ihre nachteiligen Folgen noch Jahrzehnte hindurch zeigte.«[5]

Mochten die Initiatoren und Haupttreiber des Krieges sich im Dienste einer höheren Mission sehen, so erlebten ihn die meisten Betroffenen als einen Alltag voller Gewalt, Tod und Verwüstung. So endete der Krieg denn auch nicht aus Einsicht, sondern aus Erschöpfung.

Einhundert Jahre später war Haynau im Zuge der Schlesischen Kriege von österreichischem in preußischen Besitz übergegangen. Im Dezember 1740 hatte der frisch auf den Thron gekommene Friedrich von Preußen mit 20.000 Soldaten das benachbarte Schlesien überfallen. Das im Vergleich mit den eigenen Herrschaftsgebieten gut entwickelte Land gehörte zwar zum Hause Habsburg, aber das war gleichgültig. Ihn interessierte die »geopolitische und strategische Schlüsselstellung«,[6] vor allem aber das »Rendezvous mit dem Ruhm« und die »Genugtuung, meinen Namen in den Zeitungen und später in der Geschichte zu sehen«.[7] Friedrichs Vater hatte 1740 von rund sieben Millionen Talern des Staatsetats mehr als fünf Millionen für die Armee ausgegeben und einen Staatsschatz von weiteren acht Millionen angesammelt.[8] Der Sohn »investierte« alles in einen Eroberungskrieg, der, in drei Phasen, für die kommenden Jahrzehnte das Leben von Millionen Menschen in Europa prägen sollte.

Ein Bewohner der Ortschaft Pilgrimshain, in deren Nähe Anfang Juni 1745 die Schlacht von Hohenfriedeberg ausgetragen wurde, schilderte das »Donnern der Kanonen, Mörser, Haubitzen, Kartätschen«, das gegenseitige Niedermetzeln der Kavallerie und wie die Verletzten sich verzweifelt zu retten suchten, »welches einigen geglückt, andere aber noch in der Flucht erreicht massacriret wurden«, während die Schwerverletzten sich auf dem Schlachtfeld »unter Jammer und Winseln und wehklagen, andere auch unter Murren und Lästern sich erbarmungswürdig herumwälzten«.[9]

Mit dem preußischen Sieg am Ende des Zweiten Schlesischen Krieges im Dezember 1745 behielt Friedrich II. Schlesien unter seiner Kontrolle. Aber der Grundkonflikt blieb bestehen, Österreich hoffte weiterhin auf die Rückgewinnung des Landes. Der elf Jahre später begonnene, bis 1763 dauernde (und deshalb als Siebenjähriger Krieg bekannte) dritte Kampf um Schlesien wird wegen seiner weltweiten Auswirkungen – England und Frankreich, die Verbündeten Preußens bzw. Österreichs, trugen den Konflikt auch in ihren Kolonien, insbesondere in Nordamerika und Indien, aus –

und seiner geschätzt einer Million Opfer bisweilen als erster »Weltkrieg« und »Labor der Moderne« interpretiert.[10]

Der in preußischen Diensten kämpfende Schweizer Ulrich Bräker beschrieb seine Erlebnisse bei der Schlacht von Lobositz vom 1. Oktober 1756: »Wie sausten da die Eisenbrocken ob unsern Köpfen hinweg, fuhren bald vor, bald hinter uns in die Erde, bald mitten ein und spickten uns die Leute weg, als wenn's Strohhalme wären, da mussten wir über Hügel von Toten und Verwundeten hinstolpern. Preußen und Panduren lagen überall durcheinander; und wo sich einer von diesen letzten noch regte, wurde er mit dem Kolbe vor den Kopf geschlagen oder ihm ein Bajonett durch den Leib gestoßen.«[11]

Über die Schlacht bei Bergen vom 13. April 1759 berichtet der aus der Region Holzminden stammende Johann Heinrich Ludewig Grotehen: »Wir haben so viele denn Arm und bein abgeschoßen, und theils noch an leben sind und was hat Manniger in seines Cammeraden blut gestanden oder ist damit und deßen eingeweide besprützet, denn es flogen köpfe und halbe Menschen in die luft, in vergleich wie eine ganß, wir haben allein von unserer Compag[nie] 6. Mann die gleich auf der stelle todt, ohne die tödl[ich] Blessirt sind, Ein Mann Nahmens Steinhoff, Ein einziger Sohn seiner Eltern, (...) wurden mit einer Canonenkugel beide beyne abgeschoßen, Wovon er also bald todt war, dem ansehen und gehör nach, sollte mann geglaubt haben, es würde, und könte keiner von uns überbleiben, der gühtige gott hat mich gnädig bewahrt.«[12]

Gut hundert Jahre nach der Schlacht von Hohenfriedeberg errichteten die Nachkommen ein Denkmal mit Aussichtsturm, um Besuchern einen Blick in die imaginäre Welt vergangener Siege zu erleichtern.[13] Zwar hatten die Menschen 1840 ein Vierteljahrhundert ohne kriegerischen Konflikt erlebt, aber die alltäglichen Sorgen der Mehrheit hatten sich kaum verändert. Vielen Menschen fehlte es am Nötigsten: Nahrung, Kleidung und Wohnung, für sie ging es ums schiere Überleben. Als im Juni 1844 die Weber in Schlesien gegen ihre elenden Lebensumstände rebellierten, schaffte das Militär »Abhülfe«.

Ein zeitgenössischer Bericht schildert, wie die Soldaten beim Haus des Fabrikanten Dierig in Langenbielau auf die Weber schossen: »In Folge dreier Gewehrsalven blieben sofort elf Menschen tot. Blut und Gehirn spritzte weit hin. Einem Manne trat das Gehirn über dem Auge heraus. Eine Frau, die 200 Schritte entfernt an der Türe ihres Hauses stand, sank regungslos nieder. Einem Manne war die eine Seite des Kopfes hinweggerissen. Die blutige Hirnschale lag entfernt von ihm. Eine Mutter von sechs Kindern starb denselben Abend an mehreren Schusswunden. Ein Mädchen, das in die Strickstunde ging, sank von Kugeln getroffen zu Boden. Eine Frau, die ihren Mann stürzen sah, ging auf den Boden und erhängte sich. Ein Knabe von acht Jahren wurde durchs Knie geschossen.«[14]

Mochte auch kein Krieg herrschen, so half das einem Großteil der Bevölkerung wenig. Nun durchstreiften zwar keine marodierenden Söldnertruppen oder fremden Heere die Dörfer und Städte, aber »Scharen von Bettlern, hungernde Greise, Frauen und Kinder zogen im Lande umher und flehten mit jammervoller Stimmung ein Stück Brot, um die Abfälle der Küchen, selbst um rohe Kartoffelschalen, die sie gierig verschlangen«.[15]

Wiederum einhundert Jahre darauf, in der Schlussphase des Zweiten Weltkriegs, wurde die Region erneut zum Schauplatz erbitterter Kämpfe. Anfang 1945 hatte das NS-Regime die Bevölkerung von Haynau evakuiert, am 10. Februar marschierte die Rote Armee ein; sechzig Prozent der Bausubstanz waren zerstört.[16] Seit Jahresanfang waren sowjetische Truppen auf direktem Weg Richtung Berlin und hatten im Januar das rund 270 Kilometer entfernte Auschwitz befreit. Der Breslauer Pfarrer Paul Peikert berichtete am 22. Januar über die Flüchtenden, die in Kolonnen durch die Stadt kamen: »Kinder erfrieren und werden von ihren Angehörigen an den Straßenrand gelegt. (...) Meine Bedienungsfrau berichtete heute, dass sie selbst auf ihrer Strecke (...) 8 Kinderleichen und die Leiche eines alten Mannes im Straßengraben gesehen hat. (...) Derartige Not hat Schlesien seit dem 30-jährigen Kriege nicht mehr erlebt, und damals war diese Not bezüglich ihrer Ausmaße klein zu nennen.«[17]

Am 11. März 1945 sollte Breslau immer noch mit aller Gewalt verteidigt werden, der Festungskommandant Niehoff versprach sogar die Befreiung. Peikert notierte: »Solche Hoffnungen wurden bisher immer unseren Truppen gemacht, wenn sie unrettbar, hoffnungslos eingeschlossen waren, von Stalingrad an bis Posen, Graudans und jetzt Breslau. Wir haben nicht mehr das Vertrauen und den Mut, das zu glauben und was würde es der Stadt nützen, wenn sie entsetzt würde. Der Zerstörung würde sie dadurch nicht entgehen. Je eher die Russen kommen, desto eher kann dem Zerstörungswerk, das vor allem von unserer Führung ausgeht, ein Ende bereitet werden. Denn all die Brandstiftungen, alle die Verheerungen an Gebäuden und Wohnungseinrichtungen die gehen von unserer Führung selbst aus. Das ist das bedrückende, und sie opfert wiederum eine ganze Stadt mit all ihrer Schönheit, ihrer Kunst und ihrer großen Tradition und ihrem Wohlstand, ohne dem ganzen Kriegsgeschehen irgend eine Wendung zu geben«.[18]

Ähnliche Beispiele ließen sich über die Jahrhunderte für unzählige Orte in Europa anführen. Hier brachte das Kriegsende 1945 einen Besatzungsfrieden, der ebenfalls exemplarisch steht für die Kriegsfolgen: Haynau, Hohenfriedeberg und Langenbielau wurden wie viele andere Orte zum Ausgangspunkt und Ziel gewaltsamer Bevölkerungsverschiebungen. Seit 1948 heißen die Ort Chojnów, Dobromierz bzw. Bielawa und sind zur Heimat derer geworden, die im Zuge der »Westverschiebung« Polens nach dem Zweiten Weltkrieg aus ihren angestammten Regionen vertrieben wurden, so wie die Deutschen aus Schlesien infolge des Krieges ihre Heimat verlassen mussten.

Krieg als Instrument der Politik

Die knappe Skizze illustriert, dass die Aufklärung mit ihrem veränderten Menschenbild den Krieg als Instrument menschlicher Organisation keineswegs obsolet werden ließ. Denn die Grundprinzipien, warum Kriege geführt und weiterhin von vielen Menschen als natürlich angesehen wurden, waren mit der Erweiterung des Denkhorizonts nicht aus der Welt. Zwar formulierte etwa Immanuel Kant in seiner Denkschrift *Zum ewigen Frieden* (1795), »kein Staat« solle »sich in die Verfassung und Regierung eines andern Staats gewalttätig einmischen«.[19] Aber das war nur einer von zahlreichen an der Vernunft orientierten Gedanken, die für die praktische Politik der Staatenbeziehungen seiner Zeit als utopisch galten. Kant hatte die ganze Schrift entsprechend salvatorisch als »süßen Traum« eingeführt. Er war sich im Klaren, dass seine Betrachtungen unzeitgemäß erscheinen mussten, deklinierte aber die Möglichkeiten des vernunftbegabten Menschen durch.

Wer sich seinerzeit in der Welt umsah und auf die Geschichte blickte, konnte meinen, dass Kriege zu führen zu allen Zeiten gleichsam zur Grundausstattung menschlichen Handelns gehörte. Der Krieg galt als »ein wahres politisches Instrument«, als »Fortsetzung des politischen Verkehrs, eine Durchführung desselben mit anderen Mitteln«, wie Carl von Clausewitz (1780–1831) in seiner einflussreichen Schrift *Vom Kriege* erklärte[20] – wenn nicht gar als Grundlage der menschlichen Freiheit und Existenz selbst.

Carl von Rotteck (1775–1840), ein liberaler Nationalist, formulierte in seinem Artikel »Krieg« für das *Staats-Lexikon* von 1840: »Die Erfüllung des Wunsches nach einem allgemeinen und ewigen Frieden ist (…) kaum zu erwarten, und wenn sie ja Statt fände, so würde es wahrscheinlich auf Unkosten noch höherer Güter geschehen, als diejenigen sind, deren Verlust der Krieg uns aussetzt. Der Preis dafür oder das Mittel seiner Herstellung möchte nämlich die Errichtung eines *Weltreiches* (…) sein, folglich der Untergang *aller Freiheit* der Völker wie der Einzelnen (…). Schon dadurch, daß er solches äußerste Unheil verhütet, erscheint der Krieg als unermeßlich wohlthätig. Er setzt nämlich voraus und erhält die Selbstständigkeit der einzelnen Nationen, und nährt in ihnen die Kraft und den Muth, die sie solcher Selbstständigkeit werth macht. Und trotz aller Leiden und Schrecknisse, trotz aller Grausamkeiten, Rechtsverachtung, Verwüstungen und Verwilderung, die er nach sich zieht, ist gleichwohl der Krieg die Quelle manches Guten und Heilsamen. (…) Der Krieg ruft alle menschlichen Kräfte zur Thätigkeit auf, setzt alle Leidenschaften in Bewegung und eröffnet allen Tugenden wie allen Talenten die weiteste Sphäre der Ausübung. Ohne Krieg, d. h. eingewiegt in allzu langen Frieden, würden die Völker erlahmen, in Feigheit, Knechtssinn und schnöden Sinnengenuß versinken, so wie das stehende Wasser faul wird (…). Jedenfalls ist der *Kriegsmuth* die unentbehrlichste Schutzwehr für Freiheit und Recht, und die *Kriegskunst* das Product wie das Bollwerk der Civilisation.«[21]

Im Wesen des Krieges werden hier alle Aspekte des Nationalismus, der vorgestellten Gemeinschaft, sichtbar, die dem Menschenbild der Aufklärung und der Anerkennung des Naturrechts widersprechen. Die bestechende Unwilligkeit (oder Unfähigkeit), sich der Zusammenhänge bewusst zu werden und die Konsequenzen daraus zu Ende zu denken, ist ein Zeichen politischer Kontroversen bis zur Gegenwart geblieben.

Als Phänomen der internationalen Beziehungen in der Neuzeit betrachtet, waren Kriege in Europa vor allem Konflikte zwischen Staaten oder Dynastien. Letztlich wurden sie um Ressourcen geführt, die Macht sichern und als Grundlage für weitere Macht dienen konnten – ob Land, Menschen, Geld oder Ruhm. »Frieden« war in dieser Perspektive der Zustand eines vorübergehend stabilisierten Machtausgleichs, der jederzeit in eine neue Runde gewaltsamer Auseinandersetzung umschlagen konnte.

Wenn wir Europa bis zum Ende des 18. Jahrhunderts betrachten, müssen wir stets die Interessen der »Großmächte«, insbesondere Frankreichs, Großbritanniens und Russlands, mit bedenken. Jede Staatsführung hatte die geographischen Verhältnisse im

Blick und kalkulierte die mit der Lage und dem Besitz des Landes verbundenen Ressourcen. Für Großbritannien, das als Seemacht weltweite Interessen verfolgte, galt es vor allem zu verhindern, dass einer der Staaten auf dem Kontinent die Vorherrschaft erlangte. Russland war stets zugleich an Machteinfluss in Europa und an der Expansion in asiatische Gebiete interessiert. Frankreich versuchte wiederholt, sich als Hegemonialmacht auf dem Kontinent zu etablieren, und traf auf die Gegeninteressen Großbritanniens sowie der größeren Mächte im deutschsprachigen Territorium. Dort wiederum konkurrierten seit Mitte des 18. Jahrhunderts vor allem Preußen und Österreich um die Vormacht, aber auch die kleineren Staaten waren als wichtige Verbündete in wechselnde Allianzen eingebunden.

Mit seinen Eroberungskriegen war es Napoleon zu Beginn des 19. Jahrhunderts vorübergehend gelungen, die Hegemonie in Europa zu erringen. Nach dem Zusammenbruch seiner Herrschaft galt es, die Machtverhältnisse neu zu tarieren. Die Regelungen des Wiener Kongresses von 1815 wurden in der Geschichtsschreibung lange dafür gepriesen, dass sie ein Gleichgewicht geschaffen hätten, das bis zum Beginn des Ersten Weltkriegs 1914 eine fast hundertjährige Friedensperiode zur Folge gehabt habe. Dies ist ein eurozentrischer Blick, den wir in die weitere Perspektive setzen müssen. Denn die Liste der Kriege und Konflikte des 19. Jahrhunderts ist lang, und schon eine kurze Ereignisgeschichte der Hintergründe würde Bände füllen.

Dass es in Europa während dieser Jahrzehnte nur wenige kriegerische Auseinandersetzungen gab, lag daran, dass die europäischen Staaten ihre Konflikte in anderen Regionen der Welt – vor allem bei deren Eroberung und Unterwerfung – austrugen. Jürgen Osterhammel hat für das 19. Jahrhundert von der »Zentralität Europas« gesprochen, das »Macht, wirtschaftliche Leistungsfähigkeit und kulturelle[n] Innovationsgeist« in die gesamte Welt ausstrahlte.[22]

Die Ablenkung der Großmächte Russland und Großbritannien vom europäischen Zentrum spielte für die deutsche Reichseini-

Kriege im 19. Jahrhundert

1801 Orangen-Krieg
1801–1805 Amerikanisch-Tripolitanischer Krieg (Erster Barbareskenkrieg)
1803–1805 Zweiter Marathenkrieg
1804–1813 Russisch-Persischer Krieg
1806–1812 Sechster Russischer Türkenkrieg
1806–1807 Vierter Koalitionskrieg
1808–1809 Russisch-Schwedischer Krieg
1808–1809 Dänisch-Schwedischer Krieg
1808–1814 Spanischer Unabhängigkeitskrieg
1810–1811 Britisch-Niederländischer Krieg um Java
1810–1825 Südamerikanische Unabhängigkeitskriege
1810–1816 Expeditionen zur Befreiung Oberperus
1810–1818 Argentinischer Unabhängigkeitskrieg
1810–1818 Chilenischer Unabhängigkeitskrieg
1810–1823 Unabhängigkeitskriege in Venezuela
1812–1821 Peruanischer Unabhängigkeitskrieg
1820–1822 Expedition zur Befreiung Perus
1822–1825 Brasilianischer Unabhängigkeitskrieg
1810–1821 Mexikanischer Unabhängigkeitskrieg
1812–1814 Britisch-Amerikanischer Krieg
1813–1815 Befreiungskriege gegen die napoleonische Fremdherrschaft
1813–1814 Creek-Krieg
1814–1816 Gurkha-Krieg
1815 Österreichisch-Neapolitanischer Krieg
1815 Zweiter Barbareskenkrieg
1817–1818 Erster Seminolenkrieg
1817–1818 Dritter Marathenkrieg
1820–1847 Revolutionsversuche in Italien
1821–1832 Griechischer Unabhängigkeitskrieg
1823 Französische Invasion in Spanien
1823–1826 Erster Britisch-Birmanischer Krieg
1825–1830 Java-Krieg
1826–1828 Argentinisch-Brasilianischer Krieg
1826–1828 Russisch-Persischer Krieg
1826–1829 Siamesisch-Laotischer Krieg (Vientiane)
1828–1829 Russisch-Osmanischer Krieg
1829–1835 Musketenkriege
1830–1833 Belgischer Unabhängigkeitskrieg
1831–1834 Siamesisch-Kambodschanischer Krieg
1832 Black-Hawk-Krieg
1832–1834 Miguelistenkrieg
1834–1839 Erster Karlistenkrieg
1835–1842 Zweiter Seminolenkrieg
1835–1845 Unabhängigkeitskonflikt in Brasilien
1835–1836 Texanischer Unabhängigkeitskrieg
1836–1839 Peruanisch-Bolivianischer Konföderationskrieg
1838–1839 Französisch-Mexikanischer Krieg
1839–1841 Orientkrise
1839–1842 Erster Anglo-Afghanischer Krieg
1839–1842 Erster Opiumkrieg
1841 Peruanisch-Bolivianischer Krieg
1841–1845 Vietnamesisch-Siamesischer Krieg
1845–1872 Neuseelandkriege

1843–1851 Uruguayischer Krieg
1845–1846 Erster Sikh-Krieg
1846–1848 Mexikanisch-Amerikanischer Krieg
1847–1901 Kastenkrieg der Maya in Yucatan
1847 Sonderbundskrieg in der Schweiz
1847–1849 Zweiter Karlistenkrieg
1848–1849 Sardinisch-Österreichischer Krieg
1848–1849 Zweiter Sikh-Krieg
1848–1851 Schleswig-Holsteinischer Krieg
1848–1849 Revolution im Kaisertum Österreich
1850–1864 Taiping-Aufstand
1852–1853 Zweiter Britisch-Birmanischer Krieg
1853 Montenegrinischer Krieg
1853–1856 Krimkrieg
1853–1868 Nian-Aufstand
1855–1856 Haiti-Santo-Domingo-Krieg
1855–1858 Dritter Seminolenkrieg
1856–1860 Zweiter Opiumkrieg
1857 Sepoy-Aufstand in Indien
1857–1861 Bürgerkrieg in Mexiko
1859 Sardinischer Krieg
1859–1860 Spanisch-Marokkanischer Krieg
1860–1912 Rebellion in Portugiesisch-Timor
1861–1867 Französische Intervention in Mexiko
1861–1865 Amerikanischer Bürgerkrieg
1863 Zentralamerikanischer Krieg
1863 Ecuadorianisch-Kolumbianischer Krieg
1864 Deutsch-Dänischer Krieg
1864–1871 Spanisch-Südamerikanischer Krieg
1865–1870 Krieg der dreifachen Allianz Paraguay gegen Brasilien, Argentinien und Uruguay
1866 Deutscher Krieg (Preußisch-Österreichischer Krieg)
1866–1869 Kretischer Aufstand
1868 Britische Äthiopienexpedition von 1868
1868–1869 Boshin-Krieg
1868–1878 Zehnjähriger Krieg
1870–1871 Deutsch-Französischer Krieg
1872–1876 Dritter Karlistenkrieg
1876–1878 Serbisch-Osmanischer Krieg
1877 Nez-Percé-Krieg
1877 Satsuma-Rebellion
1877–1878 Russisch-Osmanischer Krieg
1878–1880 Zweiter Anglo-Afghanischer Krieg
1878–1888 Nauruischer Stammeskrieg
1879 Zulukrieg
1879–1880 Guerra Chiquita
1879–1884 Salpeterkrieg
1880–1881 Erster Burenkrieg
1882 Urabi-Bewegung
1883–1899 Mahdi-Aufstand
1884–1885 Chinesisch-Französischer Krieg
1885–1886 Serbisch-Bulgarischer Krieg
1885–1886 Dritter Britisch-Birmanischer Krieg
1885 Guatemala-Krieg
1888–1890 Aufstand der ostafrikanischen Küstenbevölkerung
1893 Französisch-Siamesischer Krieg
1893 Erster Rifkrieg
1894–1895 Erster Japanisch-Chinesischer Krieg
1895–1898 Kubanischer Unabhängigkeitskrieg
1896 Britisch-Sansibarischer Krieg
1896–1898 Philippinische Revolution
1897 Türkisch-Griechischer Krieg
1898 Spanisch-Amerikanischer Krieg
1899 Konflikt um Samoa
1899–1900 Boxeraufstand
1899–1902 Philippinisch-Amerikanischer Krieg
1899–1902 Zweiter Burenkrieg oder Südafrikanischer Krieg
1899–1920 Aufstand der Derwisch-Bewegung in Somaliland

gung eine bedeutende Rolle. Im Krimkrieg von 1853 bis 1856 lieferten sich Briten und Franzosen mit kleineren Verbündeten gegen Russland einen blutigen Konflikt mit 165.000 Toten, der vor allem das Ziel hatte zu verhindern, dass Russland die Kontrolle über den Bosporus erlangte und seinen Machtbereich Richtung Mittelmeer und darüber hinaus erweiterte.

Nach Kriegsende leckten die Großmächte ihre Wunden, konzentrierten sich darauf, ihre Interessen und Machtbereiche in den Kolonialgebieten auszubauen, und vermieden eine direkte Konfrontation wie auf der Krim. Russland orientierte sich in den folgenden Jahren verstärkt Richtung Sibirien und Mittelasien, Großbritannien expandierte vor allem Richtung Indien (Disraeli machte Königin Victoria 1876 zur »Kaiserin von Indien«). Namentlich in Afghanistan kam es weiter zu Konflikten zwischen beiden Mächten, aber dergleichen Konfrontationen in Asien blieben »peripher«, weil sie keine unmittelbaren Auswirkungen auf das Mächtegleichgewicht in Europa hatten.

Bei den deutschen Einigungskriegen agierten Russland und Großbritannien entsprechend vorsichtiger und zurückhaltender, als es ohne die Kosten und Erfahrungen des Krimkriegs vielleicht der Fall gewesen wäre. Denn die Vorstellung, es gelte das gewünschte »Gleichgewicht der Mächte« notfalls durch Krieg neu zu tarieren, blieb bestimmend. Und dieses Gleichgewicht schien durch die Gründung des deutschen Kaiserreichs bedroht, das aus drei Kriegen hervorgegangen war – zunächst 1864 dem gemeinsamen Vorgehen Preußens und Österreichs gegen Dänemark, dann 1866 dem sogenannten innerdeutschen Krieg zwischen Preußen und Österreich sowie schließlich 1870/71 dem Krieg der deutschen Staaten gegen Frankreich.

Aus britischer wie aus russischer Sicht konnte diese gewaltvolle Bildung des deutschen Nationalstaates unter preußischer Führung mit entschiedener Schwächung Frankreichs durchaus als schrittweises Streben nach einer deutschen Hegemonie in Europa wahrgenommen werden. Im britischen Unterhaus sprach Oppositionsführer Benjamin Disraeli am 9. Februar 1871 – wenige Tage zuvor hatte Paris nach monatelanger Belagerung durch deutsche Truppen kapituliert – von einer »Deutschen Revolution, ein größeres politisches Ereignis als die Französische Revolution des vergangenen Jahrhunderts«; es gebe »nicht eine diplomatische Tradition, die nicht fortgespült« worden sei, »eine neue Welt mit neuen Einflüssen« sei entstanden, mit »neuen und unbekannten Objekten und Gefahren, die es zu bewältigen gilt (...). Das Gleichgewicht der Macht ist vollkommen zerstört.«[23]

Doch so kriegerisch Bismarcks Außenpolitik vor 1871 erschien, so programmatisch konzentrierte er sie danach auf den Erhalt des Friedens:[24] Das Deutsche Reich sei nunmehr »saturiert«, erklärte er, jede weitere Expansion würde die anderen Großmächte provozieren und das Einigungswerk wieder gefährden. An dieser Maxime richtete Bismarck seine Außen- und Bündnispolitik aus. Die anderen Großmächte akzeptierten sie als glaubwürdig, weil seine Diplomatie den Proklamationen folgte.

Die in Bismarcks Augen unabdingbare Notwendigkeit, den äußeren Frieden zu sichern, kollidierte im Laufe der Jahre zunehmend mit der inneren Dynamik des Deutschen Reichs als *der* wachsenden Wirtschafts-, Technologie- und Militärmacht des europäischen Kontinents. Aus nationalistischer deutscher Sicht war das Reich gleichsam eingezwängt in seine »halbhegemoniale« Stellung:[25] Während Frankreich, Großbritannien oder Russland weitere Gebiete und damit Ressourcen erwarben und ihr Machtpotential ausdehnten, drohten jegliche Gewinne des Reiches das europäische Gleichgewicht zu sprengen und entsprechend Reaktionen seiner Nachbarn zu provozieren. Wenn es aber nicht wuchs, so die Logik der Zeitgenossen, verlor es über kurz oder lang relativ an Gewicht und damit auch an Existenzsicherheit und Zukunftschancen.

Das Axiom der zwischenstaatlichen Anarchie besagte: Wer seine Chance verpasst, einen möglichen Vorteil zu erzielen, darf sich nicht wundern, seiner Ressourcen beraubt zu werden. Dieses Denken (zu dem das jedem Staat ganz selbstverständlich zustehende »Recht auf Kriegführung« gehörte) lag dem Wettbewerb der

Großmächte um Territorien und Ressourcen, aber auch um Zukunftsfähigkeit und Prestige zugrunde und war dann auch die Hauptursache für den Ersten Weltkrieg.

Zugleich wuchs in dieser Zeit das Bewusstsein dafür, dass die wirtschaftliche, industrielle, technische und demographische Potenz eines jeden Staates die Grundlage seiner Fähigkeit zur Machtprojektion und zur Ausübung militärischer Gewalt bildete. Die Bedeutung dieser Grundlagen für die weltpolitische Position des eigenen Landes (und damit zur aussichtsreichen Teilnahme am globalen Wettbewerb) wurde von den Zeitgenossen intensiv diskutiert. Die wirtschaftliche Leistungsfähigkeit wurde nun als zentrale Kategorie machtpolitischer Zukunftsfähigkeit erkannt.[26]

Der in Deutschland vielgelesene schwedische Staatsrechtler Rudolf Kjellén, der auch als »Erfinder« des Konzepts »Geopolitik« gilt und über die »Ideen von 1914« schrieb, verglich am Vorabend des Ersten Weltkriegs die »Großmächte der Gegenwart« und benannte als »die Grundbedingung einer modernen Großmachtstellung« vor allem »die ökonomische Solidität«.[27] Es war mithin durchaus eine »Leistung« der politischen und militärischen »Elite« des Reiches, sukzessive jene Allianz zwischen Großbritannien, Frankreich und Russland (mit Japan als entferntem Verbündeten) zu provozieren und deren Selbstverständnis, Motive und politische Signale mit geradezu frivoler Hartnäckigkeit auszublenden.

Die Selbstgewissheit, mit der die »deutsche Sendung« in den zwei Vorkriegsjahrzehnte propagiert wurde, und die Ignoranz gegenüber den absehbaren strategischen Folgen sind verblüffend. Wer das heute als Schlafwandelei abtun möchte, sollte das zeitgenössische Denken der deutschen Führung seit den 1890er Jahren studieren. Das bedeutet zugleich: Wer den Ausbruch des Ersten Weltkriegs vornehmlich aus den diplomatischen und militärischen Aktionen der unmittelbaren Vorkriegsmonate zu verstehen sucht, übersieht die Entwicklung der internationalen Staatenwelt und der globalen Machtkonstellationen spätestens seit 1895.

Der Erste Weltkrieg und die Folgen

Der Erste Weltkrieg begann in der Wahrnehmung der Zeitgenossen als eine vermeintlich normale Auseinandersetzung zwischen Großmächten, die ihre gewandelte Machtkonstellation neu auszutarieren hatten. Bald zeigte sich jedoch, dass die moderne Kriegführung einen totalen Krieg schuf, der nicht nur die Fronten und Schlachtfelder einbezog, sondern die Völker und Ökonomien in ihrer Gesamtheit.

Im August 1914 zog man mit der Erwartung in den Krieg, durch einige rasche, effiziente Duelle würde auf dem Schlachtfeld bald ein Sieg zu erringen sein. Auf deutscher Seite erinnerte man sich an die Einigungskriege, die mit den Namen zentraler Entscheidungsschlachten verbunden waren: 1864 an den Düppeler Schanzen, 1866 bei Königgrätz, 1870 bei Sedan. Eine solche Entscheidung, wenn nicht in einer Schlacht, so doch in einem raschen Feldzug, schwebte vielen vor, die im August meinten, sie würden an Weihnachten wieder – siegreich – zu Hause sein.

Dabei folgte die Logik des Krieges einem ebenso einfachen wie zynischen Kalkül: dem Gegner so viel Schaden zuzufügen, dass seine Verluste die eigenen übertraf; der Einsatz eines Soldatenlebens auf der eigenen Seite musste mehr als ein Leben auf der Gegenseite erbringen, dann würde sich mit der Zeit die Überlegenheit schon einstellen. Die Dauer des Krieges und die auf beiden Seiten anhaltende Hoffnung auf Erschöpfung des Gegners führten bei den zahlreichen Offensiven, die endlich eine Entscheidung erzwingen sollten, zu gigantischen Opferzahlen. Schon in den ersten beiden Monaten kamen allein auf französischer Seite rund 313.000 Soldaten ums Leben. An der Somme fielen vom 1. Juli bis 31. Oktober 1916 rund 114.000 französische und vom 1. Juli bis 31. August rund 47.000 britische Soldaten (203.000 wurden verwundet).[28] Im Verlauf der am 21. März 1918 begonnenen deutschen Frühjahrsoffensive (»Operation Michael«), die am 5. April vorläufig endete, kamen innerhalb von 16 Tage 177.739 britische, 77.000 französische und 239.800 deutsche Soldaten ums Leben.[29]

Vom 4. August 1914 bis zum 11. November 1918 zählte der Krieg 1560 Kampftage. An jedem davon starben im Durchschnitt 1025 Deutsche, 888 Franzosen und 577 Briten.[30] Die Gesamtzahl der Kriegstoten wird auf rund zehn Millionen geschätzt, davon rund zwei Millionen für das Deutsche Reich, 1,8 Millionen für Russland, 1,4 Millionen für Frankreich, 1,45 Millionen für Österreich-Ungarn, 760.000 für Großbritannien und weitere 950.000 für das britische Empire.[31] Gleichwohl zog man aus den ernüchternden, ja schockierenden Erfahrungen der Gewalt und ihrer Folgen, die alle Beteiligten ärmer an Menschenleben und Wohlstand zurückließen, kaum grundsätzliche Konsequenzen; die Prinzipien und Prämissen der Zeit vor Kriegsbeginn blieben dominierend: Die Beziehungen zwischen den Hauptmächten folgten weiterhin vor allem der Vorstellung vom Nullsummenspiel.

Mit Blick auf die Geographie hatte dies eine gewisse Evidenz, schließlich konnte ein Territorium nur zu *einem* Staat gehören – was einer gewann, musste der andere abtreten. In der Konsequenz des Krieges bedeutete das konkret: Elsass-Lothringen fiel vom Deutschen Reich zurück an Frankreich, in Ostmitteleuropa entstand ein polnischer Nationalstaat, zu dem Gebiete Westpreußens, der Provinz Posen und Teilen Pommerns gegeben wurden. Das Deutsche Reich verlor mehr als 70.000 Quadratkilometer mit etwa sechseinhalb Millionen Einwohnern. Ostpreußen war fortan ohne direkte Landverbindung mit dem Rest des Reiches, getrennt durch den sogenannten polnischen Korridor.

Auch die rational-psychologischen Lerneffekte des Krieges waren begrenzt: Alle Verlierer, vor allem aber das Deutsche Reich, mochten weder die Ursachen des Krieges noch die eigene Verantwortung zur Kenntnis nehmen und schon gar nicht die für das nationale Selbstbild kritischen Schlussfolgerungen ziehen: dass die deutsche Außenpolitik in den Jahrzehnten vor 1914 in ganz erheblichem Maß für die Konfrontation verantwortlich war, die sich dann blutig entlud; dass die kaiserliche und militärische Führung während des Krieges bis zum Herbst 1918 lieber Durchhalteparolen ausgegeben und Sündenböcke gesucht hatte, statt die eigenen Möglichkeiten und Kräfte einzugestehen und transparent zu machen; dass die »Ideen von 1914« und die »deutsche Idee der Freiheit« (d.h. konkret: der preußisch-deutsche Obrigkeitsstaat), welche die deutschen Intellektuellen beschworen, für den Rest der Welt keineswegs attraktiv war, sondern vor allem Ablehnung und Gegnerschaft motivierte; dass die Ambitionen der deutschen Unternehmer auf eine Wirtschaftshegemonie in Europa für die kleinen Staaten durchaus nicht als Verlockung wirkten, sondern Furcht und Abwehr erzeugten – all das wurde weder rational analysiert noch auf mögliche Konsequenzen hin befragt.

So blieben die Repräsentanten des deutschen Nationalismus überzeugt, dass sie gegebenenfalls wieder in den Krieg ziehen mussten, um die Schmach der Niederlage rückgängig zu machen. Und die politisch und militärisch Verantwortlichen hatten wenig Interesse, die Ursachen des Krieges transparent werden zu lassen. Die beiden Hauptverantwortlichen Paul von Hindenburg und Erich Ludendorff wussten, dass sie mit der Dolchstoßlegende eine Lüge verbreiteten. Statt sich zu ihrer Verantwortung zu bekennen, schoben sie die Schuld an der Niederlage jenen demokratischen Politikern zu, deren Wirken sie zuvor bekämpft hatten. Damit setzten sie jene Unwilligkeit und Unfähigkeit zur Selbstanalyse fort, die schon das Signum der wilhelminischen Regierungszeit gewesen war.

Das zeigte sich auch in der deutschen Reaktion auf das Vierzehn-Punkte-Programm, das der amerikanische Präsident Woodrow Wilson am 8. Januar 1918 vor den beiden Häusern des amerikanischen Kongresses präsentiert hatte. Wilsons Vorstellungen waren »als ein idealistisches und universelles Gerechtigkeitsversprechen« konzipiert, das aber »ohne genauere Absprachen mit den Bündnispartnern formuliert« war.[32]

Die Regierungen Frankreichs, Großbritanniens und Italiens waren denn auch nicht bereit, die eigenen Interessen dafür aufzugeben. Die deutsche Seite wiederum unterschätzte lange die Ressourcen, mit denen die Vereinigten Staaten nicht nur durch Soldaten und Waffen, sondern eben auch durch die moralische

Überhöhung ihres demokratischen Selbstverständnisses auf die internationale Öffentlichkeit zu wirken vermochten.[33]

Wie grundsätzlich sich die internationale Welt geändert hatte, wurde für die Verlierer besonders deutlich beim Vergleich mit früheren Friedensregelungen. Nach der Niederlage Napoleons 1815 waren die Verhandlungen des Wiener Kongresses wie selbstverständlich mit französischer Beteiligung geführt worden; damals waren sich die führenden Akteure einig, dass die Ideen der Staatsräson und des Gleichgewichts der Mächte leitend sein müssten für die Konstruktion der Nachkriegsordnung: Abwägung aller Interessen, auch der Verlierer, lautete die Formel.

1919 gab es weder eine Gruppe ähnlich gesinnter Politiker noch überhaupt ein allgemeines Verständnis für vergleichbare Formen des Ausgleichs. Das Interesse an einer aus der jüngsten Gegenwart konzipierten Form von Sicherheit – vor Deutschland, vor dem Bolschewismus, vor den zivilen und wirtschaftlichen Folgekosten des Krieges – überwog die Suche nach einem für *alle* akzeptablen und deshalb mit schmerzhaften Kompromissen behafteten Frieden. Statt als Partner bei der Suche nach einer neuen gemeinsamen Sicherheitsstruktur bzw. einem angepassten Gleichgewicht wurden die Verlierer wie diplomatisch Aussätzige behandelt, die es eng zu kontrollieren und zu bestrafen galt.

Frankreich suchte als Status-quo-Macht nach Sicherheitspfändern gegen eine erneute deutsche Bedrohung. Großbritannien wollte eine französische oder deutsche Hegemonie ebenso verhindern wie eine bolschewistische Expansion über die Sowjetunion hinaus. Da man ein Übergreifen der bolschewistischen Revolution fürchtete, wurde Deutschland nicht, was denkbar gewesen wäre, aufgeteilt in jene Einzelländer, aus denen es bis 1871 bestanden hatte; es blieb als einheitlicher Staat erhalten, war aber wirtschaftlich und territorial beschnitten, durch Niederlage, Schuldvorwürfe und Friedensbedingungen schockiert.

Als amputierte Macht war es geradezu prädestiniert, gegen den neu geschaffenen Status quo zu kämpfen, und genau dies erschien vielen Deutschen von links bis rechts als zentrale Aufgabe. Wilson wiederum, der den Status quo hätte stabilisieren können, fand für ein langfristiges Engagement und die Beteiligung am Völkerbund keine parlamentarische Mehrheit. Die Vereinigten Staaten waren sich (noch) selbst genug.

Die Erkenntnis, dass Prosperität nicht nur auf Kosten, sondern auch und gerade in Kooperation *mit* anderen Wirtschaftseinheiten möglich ist und nationalistische Abgrenzungen früher oder später zu einer fortschreitenden Dynamik der Konfrontation führen, lag noch weit in der Zukunft. Die Weltpolitik der 1920er Jahre ebenso wie die europäische Politik der Großmächte blieb geprägt vom Instrumentenkasten der Staatenbeziehungen, die vor 1914 dominierend gewesen waren: dem Axiom, die internationalen Beziehungen seien im Kern als anarchische Mächtekonkurrenz zu denken; der Suche nach Sicherheit durch militärische Rüstung und diplomatischen Wettbewerb; der Überzeugung, dass Bündnisse ganz opportunistisch allein dem Prinzip des nationalen Egoismus zu dienen hätten.

Diese Grundparameter der Machtkonkurrenz standen allen bedeutenden Akteuren als vermeintlich ewige Wahrheiten der internationalen Politik vor Augen. Hinzu kamen zwei weltpolitische Herausforderungen, die vor 1914 so nicht existiert hatten und die Mächtekonkurrenz zusätzlich verkomplizierten: neben dem sowjetischen Kommunismus mit seinem Anspruch, durch die Beförderung der Weltrevolution einem Gesetz der Geschichte folgend das Ende aller Kriege herbeizuführen, nun auch der Nationalsozialismus, für den der »Rassenkrieg« das Wesensmerkmal aller Geschichte bildete.

Die »völkische Weltanschauung«, so Hitler in *Mein Kampf*, erkenne »die Bedeutung der Menschheit in deren rassischen Urelementen. Sie sieht im Staat prinzipiell nur ein Mittel zum Zweck und faßt als seinen Zweck die Erhaltung des rassischen Daseins der Menschen auf«. Entsprechend sei die Politik »verpflichtet, gemäß dem ewigen Wollen, das dieses Universum beherrscht, den Sieg des Besseren, Stärkeren zu fördern, die Unterordnung des Schlechteren und Schwächeren zu verlangen«.[34] Die völkische

Weltanschauung entspreche »dem innersten Wollen der Natur, da sie jenes freie Spiel der Kräfte wieder herstellt, das zu einer dauernden gegenseitigen Höherzüchtung führen muß, bis endlich dem besten Menschentum, durch den erworbenen Besitz dieser Erde, freie Bahn gegeben wird«.[35]

Der Nationalsozialismus war die erste politische Ideologie, die Krieg als Wesenselement der eigenen Fortexistenz betrachtete: Religiöse Glaubenslehren strebten nach Erlösung, dem Paradies, jedenfalls auf einen Zustand des abschließenden Friedens; Krieg war Mittel zum Zweck, um den utopischen Traum zu erreichen. Auch die kommunistischen Glaubenslehren prophezeiten die klassenlose Gesellschaft als friedliche Vollendung der Geschichte; Kriege mochten als Mittel des Klassenkampfes unvermeidlich sein, aber eines Tages würden sie obsolet werden. Für die nationalsozialistische Rassenlehre dagegen war Krieg essentiell.

Für die Millionen Betroffenen, die bis 1945 den Kämpfen und Gewaltorgien zum Opfer fielen, machte es keinen Unterschied, ob Kriege »nur« als vorübergehendes Übel zum Erreichen künftiger Erlösung und klassenloser Gesellschaft geführt wurden oder mit dem Ziel, der angeblichen rassischen Überlegenheit Geltung zu verschaffen. Die Leiden, der Schmerz, die Toten waren stets in der Gegenwart. Die Lehre aus diesen historischen Erfahrungen konnte nur sein, diese Gegenwart nach anderen, menschlicheren Prinzipien zu gestalten.

»Overkill« und Gleichgewicht – das atomare Patt

Das Ende des Zweiten Weltkriegs 1945 markierte im Vergleich zum Ende des Krieges von 1918 eine noch einschneidendere Zäsur. Demographisch lag die Zahl der Opfer noch einmal um ein vielfaches höher. Geographisch war das Kriegsgeschehen in Europa nicht wie bis 1918 auf wenige tausend Quadratkilometer konzentriert, sondern hatte den ganzen Kontinent und weite Gebiete in anderen Erdteilen erfasst. Technisch waren Panzer und Luftwaffe die bedeutendsten Instrumente der Kriegführung und allein durch die Atombomben im August 1945 überwölbt worden. Militärisch war die Auseinandersetzung zu einem Vernichtungskrieg mutiert, in dem nicht politische Ziele, sondern ideologische Motive dominierten.

Psychologisch wurde die Niederlage im Mai 1945 für alle Deutschen zum unmittelbaren Lebensalltag, der sich grundsätzlich von den Erfahrungen 27 Jahre zuvor unterschied. Das lag an der bedingungslosen Kapitulation, die von den Alliierten aufgrund der Erfahrungen nach 1918 eingefordert worden war; an der vollständigen Besetzung des Landes durch die Siegermächte, die den einst selbsternannten Herrenmenschen die Machtumkehr täglich vor Augen führte; es lag an der Zerstörung ganzer Städte, deren Ruinen zugleich an die deutsche Kriegführung in weiten Regionen Europas gemahnten; und es lag schließlich an der moralischen Bürde, die durch das Bekanntwerden von Kriegsverbrechen und Völkermord tief in die Nachkriegszeit wirkte.

Ökonomisch war die Niederlage so offensichtlich, dass sich jede Illusion über den Staatsbankrott verbat. Ideologisch waren Nationalsozialismus und Faschismus als Zukunftsentwürfe aufs Grausamste diskreditiert. Global schließlich beschleunigte sich mit dem Krieg ein Prozess, der schon 1918 begonnen hatte: das Abrücken Europas aus seiner weltweiten Zentralstellung.

Immerhin: Diesmal zeitigte diese Zäsur deutliche Lerneffekte. Weiterhin besaß militärische Macht und die Fähigkeit zur Kriegführung eine zentrale Funktion in den Staatenbeziehungen. Aber der Zweite Weltkrieg hatte hier eine globale Dichotomie geschaffen. Bis zu seinem Ende im August 1945 äußerte sie sich in der Konfrontation der Alliierten auf der einen Seite sowie Deutschlands und seiner Verbündeten auf der anderen Seite. Nachdem dieser gemeinsame Gegner überwunden war, trat der ideologische Konflikt zwischen den Alliierten offen zutage. Denn liberale parlamentarische Demokratie mit freien Wahlen und freier Presse, wie sie die Westalliierten repräsentierten, widersprachen diametral den sowjetischen Erlösungsversprechen der zukünftigen klassenlosen Gesellschaft.

Aus dieser Bruchlinie entwickelte sich in den Nachkriegsjahren rasch eine klare Frontstellung: Geographisch durch die Teilung Deutschlands und Europas am »Eisernen Vorhang«. Politisch durch die grundsätzliche Systemfrage, mit der beide Seiten Überlegenheit für sich beanspruchten. Militärisch hielten sich das amerikanische Atommonopol und die sowjetische Truppendominanz auf dem europäischen Kontinent zunächst die Waage, bis sich beide Staaten als Atommächte gegenüberstanden und schließlich auf jenes Gebiet verwiesen sahen, das – aufgrund der Unmöglichkeit, einen »heißen« Krieg ohne Selbstzerstörung zu führen – zum eigentlichen Schlachtfeld des Kalten Krieges wurde: die Wirtschaft.

Auf sowjetischer Seite war die Erwartung klar definiert: Der Geschichtsprozess würde gesetzmäßig voranschreiten, der westliche Kapitalismus in absehbarer Zeit kollabieren. Dann würde sich das sozialistische System, das schon in den osteuropäischen Staaten etabliert worden war, auch auf dem weiteren Kontinent durchsetzen. Aus »westlicher« Perspektive ergab sich daraus die Notwendigkeit, den freien Teil Europas so zu stabilisieren – und somit auch das besetzte Westdeutschland mit seinen sechzig Millionen Menschen nicht im Chaos versinken zu lassen –, dass die Überlegenheit und Legitimität von parlamentarischer Demokratie, Rechtsstaatlichkeit und Marktwirtschaft die Grundlage bilden konnte, mit der man sich auf Dauer den Erwartungen der Gegenseite stellen konnte.

So bewirkte die Blockkonfrontation des Kalten Krieges, dass wenige Jahre nach Kriegsende über einen möglichen »Wehrbeitrag« der Bundesrepublik diskutiert wurde – diskutiert werden musste. Den meisten Europäern war das Besatzungsregime, die Ausbeutung und der Vernichtungskrieg, mit dem Deutschland Europa überzogen hatte, in lebendiger Erinnerung. Aus französischer Sicht hatten die Deutschen das Land 1870, 1914 und 1940 mit Krieg überzogen, aus belgischer Perspektive zeugte der Überfall von 1914 und die Eroberung 1940 von der gefährlichen Gewaltbereitschaft der Deutschen. Ihnen wieder Waffen und Militärmacht zu geben erschien als bedrohliche Naivität. Doch auch für viele Deutsche, denen die Kriegserlebnisse, die Toten und die moralische Katastrophe vor Augen standen, war die Wiederbewaffnung eine kaum vorstellbare Option.

Der reale Machtkonflikt zwischen »Ost« und »West« zeigte jedoch seine eigenen Gesetze. Macht und Gegenmacht leiteten sich mehr denn je aus der militärischen und ökonomischen Leistungsfähigkeit beider Lager ab. Und hier konnte man das Potential der Bundesrepublik an Menschen, Rohstoffen und Wissen nicht außen vor lassen. Ein militärischer Konflikt an der »Peripherie« – der Koreakrieg, der mit dem Überfall nordkoreanischer Truppen am 25. Juni 1950 begann und drei Jahre später, am 27. Juli 1953, mit einem Waffenstillstand endete – beschleunigte auch in der westdeutschen Bevölkerung das Bewusstsein dafür, dass die Konfrontation der Blöcke jederzeit in militärische Gewalt umschlagen konnte, wenn man keine Vorkehrungen traf, um das zu verhindern.

Die Frage der Wiederbewaffnung hatte mehrere Dimensionen, außenpolitische, militärische, historische, ökonomische und psychologische Faktoren waren eng verknüpft. Bundeskanzler Konrad Adenauer als entscheidender politischer Kopf der deutschen Politik von 1949 bis 1963 verfolgte eine Strategie, die diese Aspekte zu kombinieren suchte. Außenpolitisch war das Ziel die Wiedergewinnung der deutschen staatlichen Souveränität. Wenn die Bundesrepublik einen Beitrag zur Verteidigung im Kalten Krieg leisten sollte, dann mussten die Alliierten im Gegenzug ihre Besatzungsrechte sukzessive abgeben.

Militärisch hatte die Aufnahme der Bundesrepublik in die Nato eine doppelte Wirkung: Viele Offiziere, die schon in der Wehrmacht gedient hatten, wurden in die Bundeswehr übernommen. Aber die neuen Streitkräfte waren eng eingebunden in die transatlantischen Strukturen der westlichen Demokratien. Das bedeutete mit Blick auf die mentalen und militärischen Prägungen: Was immer der Einzelne aus seinem Denken vor 1945 mitbringen mochte, wer nun Karriere machen und sich neue Anerkennung verschaffen wollte, musste dies im Gefüge des neuen Wertesystems anstreben.

Ökonomisch schließlich verbanden sich politische, militärische und psychologische Ziele: Die entscheidenden Ressourcen für militärische Macht waren weiterhin die Schwerindustrie, allen voran Kohle und Stahl. Mit der deutschen Bereitschaft, sich auf die französischen Vorschläge einer Europäischen Gemeinschaft für diese Industriebereiche sowie weitere europäische Gemeinschaftsprojekte einzulassen, signalisierte Adenauer, dass die Bundesrepublik zu einem Kontrollverzicht bereit war, um insgesamt politische Souveränität über die Wiederbewaffnung und die Nato-Mitgliedschaft gewinnen zu können.

Für Adenauer war die eigene Streitmacht ein Ausdruck nationaler Souveränität und die Westbindung überhaupt der zentrale Faktor zur Zivilisierung nationalistischer Neutralitäts- und Großmachtträume. Er war überzeugt, dass ein neutrales Deutschland »zwischen Ost und West« unmöglich existieren konnte. Entweder man bekannte sich zum Westen und leistete seinen Beitrag zur Verteidigung. Oder man geriet in den Orbit der Sowjetunion und wurde ein abhängiger Vasall wie die DDR.

Historisch erwiesen sich Adenauers Prämissen und Ziele als realistische Methode zur langfristigen Stabilisierung: Außenpolitisch zeigte sich die Bundesrepublik über die Jahrzehnte als verlässlicher Bündnispartner im Verteidigungsgefüge der Nato. Innenpolitisch bewirkte die neue, international verflochtene Rolle der Bundeswehr eine historische Neukonzeption der Vorstellung vom deutschen Militär. Verkürzt gesprochen, wurde aus dem Untertanen-Soldaten, der sich als Kanonenfutter für nationalistische oder dynastische Ziele bereitzuhalten hatte, ein Staatsbürger in Uniform. Das Offizierskorps konnte sich nicht länger als Staat im Staate konstituieren, sondern blieb eingebunden in die demokratisch-zivile Entwicklung der Gesamtgesellschaft. So entwickelte sich die relative Freiheit der Bundesrepublik aus der Akzeptanz des Weges nach Westen.[36]

Dieser Weg der Westbindung in Freiheit bei in Kauf genommener Teilung statt der Hoffnung auf eine rasche Einheit war keineswegs unumstritten. Die SPD unter Kurt Schumacher bekämpfte die Westorientierung ebenso wie Teile der Liberalen und Konservativen, weil sie darin einen »Verrat« an ihrer Imagination eines vereinten deutschen Staates erblickten.[37] Adenauer dagegen verfolgte seinen Westkurs aus einer Kombination machtpragmatischer Gründe: Erstens waren die westlichen Besatzungsmächte entschlossen, die Fehler von 1918/19 nicht zu wiederholen. Jedem Deutschen sollte die Tatsächlichkeit der Niederlage eindringlich bewusst bleiben. Angesichts der unmittelbaren Erfahrung alltäglicher Folgen des sechsjährigen Krieges war das nicht weiter schwierig. Zweitens wollten die Alliierten die ihrer Meinung nach entscheidenden Ursachen für das deutsche Verhalten vor 1945, besonders die preußisch-obrigkeitliche Militärtradition, ein für alle Mal beseitigen.

Die Auflösung Preußens per Dekret drückte diesen Willen symbolisch aus. Zudem verloren die in Preußen politisch so fatal einflussreichen ostelbischen Junker, ohnehin diskreditiert durch ihre vielfältige Unterstützung der antidemokratischen Strömungen deutscher Politik vor 1945, ihre Güter und damit die materiellen Grundlagen ihrer Macht. Drittens sollten (und konnten) die westlichen Demokratien als Orientierung dienen, um die Deutschen an Individualität, persönliche Freiheitsorientierung und eine offene Gesellschaft mit Meinungsstreit und Interessenausgleich zu gewöhnen. Diese Übungen in Freiheit, Wettbewerb und Kompromiss sollten die Gefahr bannen, dass Millionen Menschen erneut blind ideologischen Dogmen und den Heilsversprechen eines missionarischen Führers folgen würden.

Adenauers Westpolitik resultierte dabei aus einer eigenen tiefen Skepsis gegenüber dem, was man pointiert als seine Wahrnehmung des »deutschen Charakters« interpretieren könnte. Er fürchtete, verkürzt gesagt, dass ein um der nationalen Einheit Willen neutrales Deutschland erneut ein mitteleuropäischer Krisenherd zwischen den Blöcken des Kalten Krieges sein würde, der über kurz oder lang in eine Abhängigkeit von der Sowjetunion zu fallen drohte. Die Alliierten wiederum kamen Adenauer auf seinem Weg nicht nur als Besatzungsmacht, sondern auch aus Eigeninteresse gern entgegen, weil sie die deutschen Wirtschafts- und Militärressourcen in der Ost-West-Konfrontation dringend benötigten.

Die globale Blockkonfrontation schuf dabei eine merkwürdige Form nationaler Freiheit. Krieg konnte nicht mehr als Instrument der Politik oder als Fortführung der Diplomatie mit anderen Mitteln betrachtet werden, sondern war nurmehr legitim zur Verteidigung der eigenen Freiheit und Existenz. Die Sicherheit der Bundesrepublik und der westeuropäischen Staaten hing im Kern ab von der Glaubwürdigkeit und Einsatzwilligkeit der amerikanischen Nuklearmacht. Solange die Vereinigten Staaten sich als globale Vormacht der freien Welt verstanden und ihre eigene Militärmacht dafür einzusetzen bereit waren, konnten die westeuropäischen Staaten, vor allem aber die Bundesrepublik, ihre Verteidigungskräfte vergleichsweise kostengünstig finanzieren.

Gewiss, Großbritannien und Frankreich waren ebenfalls Atommächte. Aber ihre Waffen waren bei weitem nicht ausreichend, um das sowjetische Atomarsenal im Gewicht seines Drohpotentials auszugleichen. Für das nationale Selbstbewusstsein in Paris und London mochten diese Atomwaffen nützlich sein, aber ökonomisch war es für die Bundesrepublik durchaus ein Vorteil, wenn sie keine eigene atomare Abschreckung entwickeln und unterhalten musste.

Ganz abgesehen von den allgemeinen Vorbehalten der Alliierten und innerhalb der deutschen Gesellschaft gegen eine eigenständige deutsche Atommacht waren die Vereinigten Staaten auf die Stationierung ihrer Waffen in der Bundesrepublik angewiesen. Die Grenzlinien des Eisernen Vorhangs beschrieben zugleich das Hauptschlachtfeld eines möglichen dritten Weltkriegs.

Dies hatte eine doppelte Wirkung: Für die Bundesrepublik war es die größte denkbare Existenz- und Sicherheitsgarantie. Denn wenn es einen Krieg geben würde, war angesichts der Waffenfülle die Eskalation zur gegenseitigen atomaren Zerstörung nahezu unvermeidlich. Weil das beiden Seiten bewusst war, setzten sie alles daran, eine solche Eskalation zu vermeiden. Im Schatten dieser sowjetisch-amerikanischen Drohkulisse musste die Bundesrepublik ihren konventionellen Verteidigungsbeitrag leisten. Aber dessen Kosten waren deutlich geringer, als es eine eigene Atommacht mit allen Weiterungen erfordert hätte.

Die zweite Wirkung war die realpolitische Klarheit: Beide Supermächte akzeptierten die Interessensphäre der anderen und übten militärische Zurückhaltung gegenüber den inneren Entwicklungen im jeweils anderen Block. Diese unausgesprochene Übereinkunft wurde sichtbar beim Aufstand in der DDR 1953, in Ungarn 1956 und bei der sowjetischen Intervention in der Tschechoslowakei 1968 zur Niederschlagung des sogenannten Prager Frühlings.[38]

Die gegenseitige Akzeptanz der Einflusszonen in Europa hatte zwei weitere Dimensionen. Zum einen verlagerte sich der Systemkonflikt erneut an die »Peripherie«. So wie die Konflikte der europäischen Großmächte im 19. Jahrhundert viele Jahrzehnte statt auf dem Kontinent selbst in den Kolonialkämpfen ausgetragen wurden, so kollidierten die Supermächte nun in ähnlicher Weise etwa in Kambodscha oder Angola. Ob durch direkte Intervention, wie die Vereinigten Staaten in Vietnam, oder auch durch indirekte Unterstützung von politisch-militärischen Verbündeten vor Ort, hier hatte der Kalte Krieg seine heißen Konfliktzonen. Der europäische Kontinent allerdings gewann aufgrund der atomaren Todesdrohungen, merkwürdig genug, Stabilität und eigene Optionen: Weil ein Krieg hier den Selbstmord beider Seiten bedeutet hätte, konnte die Diplomatie Freiräume erhandeln.

Beginnend 1966 mit der Großen Koalition unter CDU-Bundeskanzler Kiesinger und SPD-Außenminister Willy Brandt suchte die bundesdeutsche Außenpolitik nach Wegen, die Spannungen zwischen den beiden deutschen Staaten abzubauen. Programmatisch gestaltete seit 1969 die SPD-FDP-Regierung mit Willy Brandt als Kanzler und Walter Scheel als Außenminister diesen Entspannungs- und Öffnungskurs unter dem Schlagwort »Wandel durch Annäherung«.

Aus nationalistischer Sicht erschien dieses Entgegenkommen gegenüber dem sogenannten Ostblock wie weiches Nachgeben. Der Vorwurf lautete, es würden unverrückbare Positionen wie die Forderung nach Rückgabe ehemals deutscher Gebiete jenseits von Oder und Neiße aufgegeben. Realpolitisch basierte diese Kritik auf einer Illusion. Denn die Territorien waren ohne einen weiteren Krieg nicht zurückzugewinnen. Und einen solchen Konflikt anzustreben war nicht nur selbstmörderisch, eine gewaltsame Revision der Ostgrenzen war auch – im Unterschied zu den 1920er Jahren – ein politisches und moralisches Tabu.

Die Akzeptanz des Faktischen bedeutete: Ein deutscher Nationalstaat in Grenzen aus der Zeit vor 1945 – hier wurde in der Regel 1937 genannt als das letzte Jahr vor der nationalsozialistischen Expansion Richtung Österreich, Sudetenland und dem Überfall auf Polen – war weder mit Krieg noch ohne zu haben.

Mochte sich der Kalte Krieg an seiner Peripherie in heißen, bisweilen brennenden Regional- und Stellvertreterkonflikten in Asien und Afrika entladen, reale Gefechte im europäischen Zentrum wurden undenkbar, zu unberechenbar war schon der kleinste militärische Einsatz. Dazu trug nicht zuletzt bei, dass die Szenarien eines möglichen Nuklearkriegs bis in den Alltag präsent waren. Von Übungen zum Verhalten im Fall einer Atombombenexplosion über den Bau von Bunkeranlagen in Schulen und öffentlichen Gebäuden bis zu Hollywoodfilmen wie *The Day After* (1983) verbreitete sich eine Ahnung von dem an sich Unvorstellbaren.

Die politischen Führungen »des Westens« und die überwiegende Mehrheit der Bevölkerungen gingen zugleich davon aus, dass ein militärisches Gleichgewicht gegenüber der Sowjetunion und ihren Verbündeten notwendig war, um diplomatisch auf

Augenhöhe sprechen zu können. Das bedeutete: Auch wenn die eigenen Atomwaffen bereits ausreichten, um den Gegner drei-, vier- oder gar zwanzigfach zu vernichten (»Overkill-Kapazität«), musste man ihm stets etwas Gleichwertiges entgegensetzen, sobald er weiter aufrüstete. Es war die Logik diplomatischer Psychologie, in der sich beide Seiten beobachteten, um zu sehen, ob der Gegner willens und fähig blieb zur Reaktion. Jedes Nichtreagieren, ob aus Geldmangel, aufgrund innenpolitischer Widerstände oder aus moralischem Idealismus (»keine weiteren Waffen«), konnte als politische Schwäche und strategische Unfähigkeit interpretiert werden.

Den Atomkrieg auch mit zwanzigfacher Overkill-Kapazität weiter vorzubereiten und gegebenenfalls weiterzurüsten war aus dieser Perspektive der notwendige und logische Weg, ihn zu verhindern. Diese Logik lag dem zentralen rüstungspolitischen Konflikt zugrunde, der seit der zweiten Hälfte der 1970er Jahre bis zum Ende des Kalten Krieges die transatlantischen Beziehungen, die Mächteverhältnisse in Europa und die öffentlichen Debatten in fast allen westlichen Ländern bestimmte: der sogenannte Nato-Doppelbeschluss.

Konzipiert vom deutschen Bundeskanzler Helmut Schmidt und in der Nato gegen die Bedenken des amerikanischen Präsidenten Jimmy Carter durchgesetzt, folgte der Beschluss der skizzierten Regel: Weil die Sowjetunion neue Waffensysteme in Stellung gebracht hatte – Mittelstreckenraketen mit dem Typnamen SS 20 –, wollte die Nato mit Waffen eines dazu passenden Levels antworten.[39] In Europa sollten dazu Raketen vom Typ Pershing 2 sowie sogenannte Marschflugkörper (»Cruise Missiles«) stationiert werden, um das Gleichgewicht der gegenseitigen Bedrohung wiederherzustellen. Zum »Doppelbeschluss« wurde diese Entscheidung, weil man der Sowjetunion als Alternative zur Nachrüstung anbot zu verhandeln, um die SS 20 wieder zu entfernen.

Die Debatte um den Nato-Doppelbeschluss politisierte die Gesellschaften in weiten Teilen Europas, vor allem in der Bundesrepublik. Die sogenannte Friedensbewegung mobilisierte für

Demonstrationen Hunderttausende Menschen. Als politisch-parlamentarische Entsprechung etablierten sich neue Parteien, namentlich die Grünen. In diesen politischen Bewegungen zeigte sich, dass eine gewichtige Minderheit der deutschen Bevölkerung ein grundsätzliches Misstrauen gegenüber den militärischen Instrumenten von Diplomatie und Außenpolitik besaß.

Teile der bundesdeutschen Gesellschaft zogen aus der Tradition des Militarismus, der die deutsche Gesellschaft bis 1945 vielfach geprägt hatte, für sich die Konsequenz, nun strategisches Nachdenken über das Wesen von Kriegen als politisches Element internationaler Beziehungen grundsätzlich abzulehnen. Das zeugte zwar von einem ehrenwerten Idealismus, war aber realpolitisch oft naiv. Denn die Möglichkeiten, Kriege zu führen, waren nicht nur weiterhin gegeben und real – es war auch zwingend notwendig, sich auf diese Optionen vorzubereiten.

Die offenen demokratisch-parlamentarischen Staaten blieben darauf angewiesen, ihre Macht auch militärisch in jede Richtung zu projizieren, die ihre Freiheiten bedrohte. Das bedeutete damals wie heute: Jede Friedfertigkeit, die von den realen Bedrohungen durch ideologische Gegner idealistisch abstrahiert, statt deren Willen zur Macht ernst zu nehmen, rührt an die Grundfesten der eigenen außenpolitischen Sicherheit und inneren Freiheit.

Aus realpolitischer Perspektive war die damalige Lage recht eindeutig: Die Gegenseite verstand Signale des Zweifelns und des Protests als Zeichen des historischen Auflösungsprozesses der kapitalistisch-bürgerlichen Gesellschaft, deren Zusammenbruch es abzuwarten galt. Und die eigene Macht musste selbstverständlich weiterhin gerüstet bleiben für den Fall eines möglichen letzten Aufbäumens der dem Untergang geweihten westlichen Gesellschaften.

Bekanntlich kam es anders. Der Kalte Krieg war stets auch ein Wettbewerb der Wohlstandssysteme. Das produktivere, technisch innovativere, sozial fortschrittlichere Modell zu repräsentieren behaupteten beide Seiten. Die Realität musste erweisen, wer in der

Lage war, gleichzeitig militärische Sicherheit, politische Freiheit, gesellschaftliche Kreativität, soziale Versorgung und privaten Konsum zu generieren und »seinen« Menschen zumindest eine offene Welt von Optionen für ein friedlich-erfülltes Leben zu bieten.

In den 1980er Jahren zeigte sich nach gut vier Jahrzehnten intensiven Wettbewerbs, dass die Sowjetunion und die mit ihr verbundenen Regionen der Planwirtschaft allenfalls auf dem Gebiet der Militärtechnik und Rüstung eine vergleichbare Produktivität und Innovationskraft entwickelten wie die Länder der kapitalistischen Marktwirtschaften.

In allen anderen Bereichen – politische Partizipation, individuelle Entwicklungsfreiheit, soziale Mobilität und Versorgung, Angebote des Warenkonsums und überhaupt der persönlichen Wahlfreiheit – waren die offenen Gesellschaften des Westens für die große Mehrheit der Menschen die weitaus attraktivere Organisationsform. Das historische Urteil nach sieben Jahrzehnten marxistisch-bolschewistischer Gesellschaftsgestaltung war eindeutig: Die Weltgeschichte folgte keinem vorgegebenen Gesetz, eine Weltrevolution stand nicht bevor, die Planwirtschaft widersprach jedem historisch-realistischen Menschenbild und zeigte sich im Vergleich der Systeme entsprechend unattraktiv.

Auch hier lieferte die deutsche Geschichte die anschaulichen Beispiele: Die Bundesrepublik und die DDR zeigten seit 1949 im alltäglichen Vergleich, welche Organisationsformen in Wirtschaft, Gesellschaft, Politik und Rechtsstaatlichkeit den Bewohnern des jeweiligen Landes ein befriedigenderes, selbstbestimmteres Leben ermöglichten. Die Wanderungswünsche und Sehnsüchte richteten sich stets ganz überwältigend Richtung Westen. Und es ist kein Klischee, sondern das Ergebnis des realistischen historischen Vergleichs, dass die DDR nach 40 Jahren in ihrer ökonomischen Substanz heruntergewirtschaftet und kaum mehr zur Befriedigung gängiger Konsumwünsche in der Lage war. Von den persönlichen und politischen Freiheiten ganz zu schweigen. Die DDR lebte, weil die Sowjetunion dies wollte. Als die Sowjetunion diesen Willen aufgab, war auch die DDR am Ende.

Das allerdings war bislang in der Weltgeschichte ohne Beispiel: Eine Hegemonialmacht gab freiwillig und ohne Krieg ihr Imperium auf. Denn nichts anderes tat die Sowjetunion unter Führung von Michail Gorbatschow und Eduard Schewardnadse, als sie 1989 und 1990 die Soldaten in den Kasernen und die Panzer in den Depots ließ.

Zu jeder Zeit hätte die sowjetische Militärmacht auf dem Gebiet der DDR die vollständige Kontrolle herstellen und viele weitere Jahrzehnte behalten können. Unabhängig von allen ökonomischen Kosten hätte die Sowjetunion ihren Herrschaftsbereich ganz auf die Sicherung ihrer militärischen Macht konzentrieren können. Niemand hätte interveniert, so wenig wie 1953 in der DDR, 1956 in Ungarn, 1968 in der Tschechoslowakei oder auch zu Beginn der 1980er Jahre in Polen, das sich unter General Jaruzelski mit dem Kriegsrecht ganz auf der Linie Moskaus hielt.

Für die beiden deutschen Staaten wurde die Option der Vereinigung ohne jeden militärischen Konflikt ein unerwartetes Geschenk. Für Großbritannien und Frankreich war diese überraschende Entwicklung eher unwillkommen. Während die Vereinigten Staaten unter Präsident George Bush und Außenminister James Baker den Einigungskurs der Regierung Kohl/Genscher unterstützten, zeigten der französische Staatspräsident François Mitterrand und die britische Premierministerin Margaret Thatcher sich skeptisch gegenüber der Option eines deutschen Einheitsstaates.

Am 24. März 1990 lud Thatcher sechs Deutschlandkenner auf ihren Landsitz Chequers ein, um den erwarteten Zusammenschluss von Bundesrepublik und DDR historisch zu analysieren.[40] Ihr Sekretär Charles Powell schrieb ein deutlich auf Thatchers persönliche Wertungen und Erwartungen fokussiertes Protokoll der vorgebrachten Argumente.

Für Thatcher war die deutsche Gegenwart auch Jahrzehnte nach 1945 noch in hohem Maße geprägt durch ihre persönlichen Kriegserfahrungen. Sie fragte, ob die Deutschen sich verändert hätten. Laut Protokoll lautete die – nicht ironisch gemeinte –

Empfehlung der Experten »unmissverständlich: Wir sollten nett sein zu den Deutschen.« Doch »selbst die Optimisten zeigten ein leichtes Unbehagen, nicht für die Gegenwart und die unmittelbare Zukunft, aber hinsichtlich dessen, was möglicherweise auf dem noch uneinsehbaren zukünftigen Weg liegen könne«.[41]

Die britischen Möglichkeiten, die Entwicklung aufzuhalten, blieben allerdings begrenzt, zumal sich Thatcher kaum jener Forderung nach Überwindung der Teilung entgegenstellen konnte, die ihr Land seit Jahrzehnten offiziell mitformuliert hatte. Das wäre um so grotesker erschienen, als in den Verhandlungen zwischen den zwei deutschen Staaten und den vier Siegermächten nun selbst die Sowjetunion der Vereinigung zustimmte und sogar akzeptierte, was bislang unvorstellbar erschien: die Mitgliedschaft eines vereinigten Deutschland in der Nato.[42]

Die Möglichkeit zur Vereinigung 1990 – gegen alle Wahrscheinlichkeit – ist im Wesentlichen dem historisch nicht erwartbaren Hegemonie- und Gewaltverzicht der sowjetischen Führung unter Michail Gorbatschow zu verdanken. Um zu ermessen, welche Bedeutung die Persönlichkeit und menschliche Haltung der Staatsführer in solchen weltpolitisch entscheidenden Momenten hat, reicht es, sich vorzustellen, was es für die deutsche Politik bedeutet hätte, wenn seinerzeit etwa Wladimir Putin statt Michail Gorbatschow und Donald J. Trump statt Präsident George Bush an der Macht gewesen wären.

Nach dem Ende des Kalten Krieges

Der Kalte Krieg hatte für viele Jahrzehnte eine ungewöhnliche Klarheit der Herrschaftsbereiche geschaffen, die Westeuropas innere Entwicklung enorm beförderte. Jenseits des zivilen Wettbewerbs, der zwischen den westlichen Staaten erhalten blieb, stand stets überragend die sowjetische Drohung. Sie förderte die Bereitschaft zum Kompromiss nach innen und zur gemeinschaftlichen Verteidigung nach außen.

Im Schatten der Block-Konfrontation übten die Staaten auf diese Weise eine historisch neue Form der internationalen Beziehungen: zwischenstaatliche Konkurrenz und ökonomischen Wettbewerb im Rahmen gemeinsamer, akzeptierter Regeln für den Machtausgleich im Konfliktfall – statt der jahrhundertelang für selbstverständlich gehaltenen Ultima Ratio des Krieges. Und die Jahrzehnte der europäischen Politik bis 1990 zeigten: Es war nicht nur möglich, es generierte sogar neue Potentiale der wettbewerblichen Wohlstandsmehrung, die weit über das hinausreichten, was je durch Kriegsgewinne erreicht werden konnte; von deren Opfern und Folgen ganz zu schweigen. Ohne Absicht war der Kalte Krieg in Europa zum Laboratorium des Lernens internationaler Regeln geworden. Das Schlagwort vom »Ende der Geschichte«, das in dieser Zeit aufkam, schrieb diese Erfahrung in einer Weise fort, die schon seinerzeit wenig realistisch erschien und rückblickend naiv anmutet.

Im Kern jedoch war die Analyse berechtigt: Staatensysteme und Gesellschaften, die es verstanden, ihre nationalen Energien und ihre Machtbedürfnisse in akzeptierten juristischen, ökonomischen und politischen Regeln zu halten, ihren Wettbewerbsehrgeiz zu zivilisieren und sich militärisch auf die Verteidigung dieser eigenen Lebensweise zu beschränken, profitierten im globalen Systemwettbewerb. Der allerdings blieb auch nach dem Ende des Kalten Krieges erhalten. Mochte mit der Sowjetunion eine globale ideologische Hauptmacht beiseitegetreten sein – in weiten Teilen der Welt waren weiterhin Regierungen an der Macht, die ebenfalls ideologische oder religiöse Ordnungssysteme mit politischem Wahrheitsanspruch repräsentierten. Abgesagt war nur die Weltrevolution, nicht die weitere Auseinandersetzung.

Gleichwohl bedeutete das Ende des Kalten Krieges militärisch, finanziell und psychologisch zunächst eine enorme Erleichterung. Die Armeen konnten verkleinert, die Rüstungsausgaben reduziert werden, und ein Nuklearkonflikt mitten in Europa wurde deutlich unwahrscheinlicher. Die Bundesrepublik verpflichtete sich, die Bundeswehr auf 370.000 Soldaten zu reduzieren, und die

Sowjetunion zog gegen einen Beitrag von 12 Milliarden D-Mark ihre Truppen aus Deutschland ab.

Um die Zäsur am Ende des Kalten Krieges voll ermessen zu können, müssen wir uns die ganz grundsätzliche Umkehr in der Haltung der Akteure bewusst machen: Vor 1990 war die Sowjetunion eine Status-quo-Macht und Deutschland eine Revisionsmacht. Die Sowjetunion beherrschte ihr Hegemonialreich und vertraute auf die »Gesetze« des historischen Materialismus. Sie folgte dem Motiv: das Erreichte sichern und den Zusammenbruch der kapitalistischen Welt abwarten. Die Bundesrepublik dagegen strebte nach Veränderung: Die Teilung Deutschlands sollte beendet, das Recht auf Selbstbestimmung der von der Sowjetunion beherrschten Staaten ermöglicht werden. Das bedeutete sowohl eine Revision von Grenzen wie von politischen Systemen. Mit der Vereinigung erreichte Deutschland – erstmals in seiner Geschichte! – die Position anerkannter Grenzen zu allen Nachbarn. Keiner der neun Nachbarstaaten machte Gebietsansprüche gegen Deutschland geltend. Und im Land selbst gab es keine seriöse politische Strömung, die eine Grenze mit den Nachbarn in Frage stellte. Das gilt bis heute.

Russland als zentraler Nachfolgestaat der Sowjetunion hat den gegenteiligen Weg beschritten und sich unter der Herrschaft von Wladimir Putin zur Revisionsmacht entwickelt. Anders als die Bundesrepublik vor 1990, die stets auf Diplomatie und Verträge setzte, verfolgte das heutige Russland die Grenzänderungen auch militärisch. Die Besetzung der Krim und die Interventionen in der Ostukraine sind nur zwei jüngere Beispiele.

Die Rückkehr des Krieges als realer Option der Außenpolitik forderte das wiedervereinigte Deutschland bereits im Herbst 1990 heraus. Die Invasion Kuwaits durch den irakischen Diktator Saddam Hussein im August diesen Jahres erzwang eine militärische Intervention, die im Februar 1991 zur Rückeroberung des Landes und zur Wiedereinsetzung der kuwaitischen Regierung führte. Die Bundesrepublik war weder politisch noch militärisch vorbereitet, sich daran mit eigenen Truppen zu beteiligen, und beschränkte sich auf einen finanziellen Beitrag von 17,9 Milliarden D-Mark.[43]

Allerdings verzichtete die Streitmacht unter Führung der Vereinigten Staaten darauf, im Irak als Konsequenz der Aggression einen Regimewechsel einzuleiten. Saddam Hussein blieb an der Macht. Das mochte moralisch fragwürdig erscheinen, realpolitisch war es folgerichtig. Die alliierten Streitkräfte hatten gezeigt, dass sie seinen Expansionswillen kontrollieren konnten. Zugleich wirkte seine Herrschaft, analytisch neutral gesprochen, als Faktor der Stabilität. Dasselbe galt im Übrigen für Libyen unter Muammar al-Gaddafi und Syrien unter Hafiz al-Assad (und viele weitere diktatorische Regime, nicht nur in der arabischen Welt).

Wer nicht in kolonialistischer Manier mit Militärintervention und Besatzungsherrschaft die Macht in anderen Staaten übernehmen mochte – was ausgeschlossen blieb, sofern man nicht selbst bedroht wurde –, hatte nur die Wahl zwischen zwei offensichtlichen Übeln: einerseits die Akzeptanz eines Diktators, der für innere Stabilität sorgte und dabei ein despotisches Regime errichtete, das in keiner Weise den Interessen der Bevölkerung als Ganzes diente. Oder die Beseitigung eines solchen Machthabers, was angesichts der gesellschaftlichen und kulturellen Konflikte in dieser Region regelmäßig in blutige Kriege führt. Die Geschichte des Irak lieferte 2003 den Beleg.

Die Frage eines militärischen Engagements der Bundesrepublik stellte sich erneut, als sich das ehemalige Jugoslawien in nationalistischen Herrschaftskonflikten kriegerisch auflöste. Viele Menschen waren vor dem Regionalkrieg nach Deutschland geflohen. Die Kriegführung der serbischen Regierung verstärkte den moralischen Druck. Dabei war es eine merkwürdige Volte der Geschichte, dass es am 27. September 1998 die – nach sechzehn Jahren der Regierung unter Helmut Kohl an die Macht gekommene – Koalition aus SPD und Grünen unter Führung von Gerhard Schröder und Joschka Fischer war, die erstmals nach dem

Zweiten Weltkrieg deutsche Soldaten in einen Krieg schickte. Zumal dieser gegen Serbien geführt wurde, gegen das vor 1945 auch die Wehrmacht ins Feld gezogen war.

Nun flogen deutsche Kampfflugzeuge rund fünfhundert Einsätze, nicht zur direkten Landesverteidigung, sondern um politische Ziele einer internationalen Allianz durchzusetzen, deren Konzeption deutsche Interessen einschloss. Diese Beteiligung demonstrierte eine neue außenpolitische Mündigkeit und Souveränität, mit der die deutsche Gesellschaft in großen Teilen noch fremdelte. Der Prozess der Selbstvergewisserung über den Kriegseinsatz, insbesondere bei den Regierungsparteien – auf einem Sonderparteitag am 13. Mai 1999 traf ein Farbbeutel Außenminister Fischer, der für den Kriegseinsatz plädierte –, zeugt von dem über die Jahrzehnte vollzogenen Wandel der Haltung gegenüber allem Militärischen als Mittel der Außenpolitik.

Aus demselben Reifeprozess rationaler Abwägungen, der hier für den Einsatz entschied, lehnte die Regierung Schröder-Fischer 2003 die deutsche Beteiligung an einem weiteren Krieg gegen den Irak ab, der von der Regierung des amerikanischen Präsidenten George W. Bush mit missionarischem Eifer propagiert wurde. Der Mehrzahl außenpolitischer Analysten inner- und außerhalb der Vereinigten Staaten fiel schon seinerzeit auf, wie außerordentlich konstruiert und gewollt die Begründung dieses Krieges gegen Saddam Hussein wirkte.

Bis zum Schluss hoffte man in Europa, hoffte man vor allem in Deutschland, dass die Vereinigten Staaten zwar drohen, am Ende aber keinen Krieg führen würden. Denn es war allgemein bekannt – und dieses Wissen war in den Think-Tanks der Welt und in den Vereinigten Staaten abrufbar –, dass unterhalb der Diktatur von Saddam Hussein keine tragfähigen Strukturen existierten, die die auseinanderstrebenden ethnischen und religiösen Gruppen des Irak zusammenhalten konnten. Es wirkte, als sei nach den Angriffen des 11. September das Bedürfnis nationalistischer Symbolpolitik für die Vereinigten Staaten wichtiger als die Abwägung der strategischen Konsequenzen.

Dies war eine neue, beunruhigende Erfahrung. Denn eine direkte Verbindung zwischen dem Regime Saddam Husseins und den Drahtziehern der Anschläge des 11. September war nicht erkennbar. Auch die Behauptung, Saddam Hussein verfüge über Massenvernichtungswaffen, war angesichts der Tatsache, dass der Irak seit zehn Jahren unter intensivster internationaler Beobachtung – insbesondere amerikanischer Satellitenüberwachung – stand, wenig plausibel und stellte sich dann als entsprechend unzutreffend heraus. Die Distanz vieler europäischer politischer Führer zur US-amerikanischen Symbolpolitik des unbedingten Willens zum Krieg markierte eine Zäsur, die das Grundvertrauen in die Rationalität amerikanischer Außenpolitik beschädigte.

Diese Entwicklung setzte sich unter Präsident Obama fort. Der begann zwar keinen Krieg wie sein Vorgänger, leitete die strategischen Interessen der USA aber stärker in Richtung Pazifik, so dass Europa in dieser US-zentrierten Konstellation an Bedeutung verlor. Vor diesem Hintergrund ist die in der Nato spätestens seit 2002 geführte Debatte über die Erhöhung der nationalen Verteidigungsanteile zu sehen. Seither wird über die Marke »zwei Prozent des Bruttoinlandsprodukts für die Verteidigung« diskutiert. 2006 tauchte sie erstmals in einem Nato-Dokument auf, und Obamas Verteidigungsminister Robert Gates mahnte sie im Juni 2011 bei einem Nato-Treffen in Brüssel an. Seit dem Nato-Gipfel 2014 in Wales ist die Marke als Ziel auch auf höchster Ebene offiziell verzeichnet.[44]

Wenn diese Verpflichtungen erst durch die schroffe, undiplomatische Tonalität der Regierung Trump in der deutschen Öffentlichkeit bewusst diskutiert werden, spiegelt das ein allgemeines Phänomen europäischer Gesellschaften dreißig Jahre nach Ende des Kalten Krieges. Offensichtlich schwindet das historische Bewusstsein dafür, welche existentielle Funktion die Sicherheitspartnerschaft der Nato in Kombination mit dem europäischen Einigungsprozess hatte.

Im Jahr 1990 war der enorme Lern- und Wohlstandseffekt evident, der bei allen Klagen über europäische Bürokratie oder vermeintlich hohe Kosten im Vergleich zur globalen Konkurrenz deutlich hervortritt; heute ist dieses Bewusstsein geschwunden und weicht einer unsicheren Beliebigkeit, die aus Geschichtsferne und Unwissenheit über die historischen Erfahrungen herrührt. Diese Geschichtsvergessenheit birgt reale Gefahren für die Friedenssicherung der europäischen Staaten in der Zukunft. Sobald die erprobten Regeln wie Rechtsstaatlichkeit, Marktwirtschaft und Kompromisswilligkeit nicht mehr von allen Beteiligten akzeptiert, sondern durch nationalistische Egoismen ausgehebelt werden, ist die weitere Eskalation zwischenstaatlicher Konflikte angelegt. Denn jeder nationalistischen Politik wohnt eine sich selbst verstärkende Dynamik zur eigenen Legitimierung inne.

Über die bekannte Geschichte Europas hinweg zählten Krieg und Gewalt zwischen Staaten und Herrschaftsgruppen zum Alltag. Ganz gleich aus welchen Motiven die Konflikte ausgetragen wurden – religiöser Eifer, Machtstreben, Habgier, Ruhmsucht –, stets gingen alle Beteiligten davon aus, dass man so handeln müsse, um sein eigenes Schicksal und die Zukunft seiner Gruppe, seiner Dynastie oder seines Staates zu sichern. Eine Verbesserung der eigenen Situation schien nur möglich durch die Erweiterung der eigenen Ressourcen auf Kosten anderer. Diese Annahme herrschte bis weit ins 20. Jahrhundert hinein und war ein treibendes Motiv beider Weltkriege.

Die vielen Millionen Opfer dieser Kriege und ihre gigantischen Zerstörungen, aber auch die Erfahrung, dass friedliche Staatenbeziehungen weniger Ressourcen verbrauchen, als sich mit Gewalt auf Dauer gewinnen lässt, haben nach 1945 das Experiment befördert, die vermeintlich ehernen Regeln von der ewigen Anarchie zwischen den Staaten beiseitezulassen. Und siehe da: Das Axiom vom Nullsummenspiel erwies sich als falsch, der Wohlstand stieg auf allen Seiten. Stets blieb jedoch Wettbewerb als historische Konstante lebendig und das Elixier des Fortschritts, der technischen, wissenschaftlichen, auch der sozialpolitischen Entwicklung. Und es wuchs die Einsicht, dass dieser Wettbewerb dann am produktivsten wirkt, wenn er in verlässlichen Rechtsformen und nach friedlichen Regeln vorangeht.

Militärisch gerüstet zu sein bleibt eine staatliche Lebensnotwendigkeit. Aber die Intensität folgt einem neuen Kalkül: Mochte es in der Vergangenheit zwingend erscheinen, bewaffnet zu sein, um damit Ressourcen zu gewinnen oder potentiellen Gegnern die Ressourcen zu beschneiden, um ein eigenes Übergewicht zu sichern, geht heute der Wettbewerb dahin, so viel Energie und Kreativität wie möglich in zivile Prozesse der Wohlstandsmehrung zu lenken und so wenig wie nötig in militärische Investitionen. Die Abstimmung hierüber ist ein dauernder Prozess. Er ist abhängig von der Mündigkeit der Bevölkerung und der Friedfertigkeit seiner Nachbarn. Autoritäre Staaten verwenden deshalb einen deutlich höheren Teil ihres Bruttoinlandsprodukts für Militärausgaben.

Sie folgen damit einer Logik, die sich im Vergleich als selbstbeschneidend zeigt. Effizienter ist es, die wirtschaftliche Entwicklung möglichst frei zu fördern und militärische Produkte aus diesem Kreativitäts- und Wohlstandsprozess abzuleiten in dem Maße, wie das für die Sicherung des Staates und das Sicherheitsgefühl der Bevölkerung notwendig ist. »Nationales Interesse« definiert sich heute als »rationales Interesse«. Europa ist das historische Beispiel für einen solchen Erkenntnisprozess: Das Feld, auf dem sich dieser Wettbewerb auslebt, bilden Technik, Wirtschaft und Gesellschaft. Und wenn, was nie auszuschließen ist, der politische Konflikt zwischen Staaten und ihren Gesellschaftssystemen doch in Gewalt zu eskalieren droht, mag sich zeigen, wo die smarte Hochtechnologie für das Vorbereitetsein effizienter verfügbar ist.

Das ist im Übrigen auch der Grund, warum die europäischen Staaten keine Flugzeugträger auf Schaufahrt senden. Die Ressourcen setzen die Europäer lieber zu Hause ein, um die Lebensverhältnisse ihrer Bevölkerungen zu verbessern.

Wohlstand muss erarbeitet werden. Aber jeder Mensch muss auch das Recht und die Chance dazu erhalten. Wirtschaftliche Teilhabe und faire Vermögensverteilung sind entscheidende Faktoren im globalen Systemwettbewerb zwischen freien und autokratischen Gesellschaften. Inflationsgewinne sind keine Leistung, sondern zerstören soziale Mobilität, Kreativität und Leistungswillen. Freie Gesellschaften müssen immer neu darauf achten, dass sich alle Menschen fair an Wohlstandsgewinnen und Vermögen beteiligen können – dann werden sie sich im Wettbewerb behaupten.

Das Ringen um den fairen Markt: Wirtschaft und Gesellschaft

> »There's class warfare, all right, but it's my class, the rich class, that's making war, and we're winning.«
>
> *(Warren Buffett)*[1]

Am 24. April 2019 schrieb Abigail Disney, die Großnichte des Mickymaus-Erfinders Walt Disney, einen Beitrag für die *Washington Post* über die Einkommensverhältnisse im Konzern, der ihren Familiennamen trägt.[2] Sie kritisierte, dass Konzernchef Bob Iger mit einem Gehalt von 65 Millionen US-Dollar für das Jahr 2018 rund 1424-mal so viel Einkünfte habe wie ein durchschnittlicher Mitarbeiter – in ihren Augen eine »nackte Unanständigkeit«.[3] Der Hinweis des Unternehmens, man zahle ja den Mindestlohn von 7,25 Dollar pro Stunde, sei nicht der Rede wert, wenn sich gleichzeitig die Topmanager Millionengehälter genehmigten und Aktienrückkäufe in Milliardenhöhe stattfänden. Abigail Disney erklärte, dass jeder, der zum Erfolg beitrage, vor allem auch die rund zweihunderttausend Disney-Mitarbeiter, einen fairen Anteil an den erzielten Profiten verdiene.

Abigail Disneys prominenter Einwurf berührt eine entscheidende Herausforderung für die offene, demokratische Gesellschaft: Wirtschaftliche Teilhabe ist für die Legitimation und den Fortbestand einer politischen Ordnung im 21. Jahrhundert ebenso wichtig geworden, wie es das allgemeine Wahlrecht in den vergangenen zwei Jahrhunderten war.

Alle Gesellschaften sind Ordnungsmodelle auf Bewährung, die den Menschen bestmöglich dienen sollen: Stets geht es um das optimale Gleichgewicht von politischer Organisation, gesellschaftlicher Freiheit und wirtschaftlicher Prosperität. Und im Mittelpunkt steht die Frage, welche Form wirtschaftlicher Ordnung am besten dafür sorgt, dass möglichst alle Bürger am Wohlstand teilhaben und halbwegs gleiche Chancen besitzen, um individuelle Freiheit und soziale Sicherheit mit dem Streben nach Einkommen, Eigentum und Vermögen zu verbinden.

Von jeher stehen unterschiedliche gesellschaftliche Ordnungsmodelle in einem Systemwettbewerb, aber im Gegensatz zum Grundkonflikt des Kalten Krieges geht es heute nicht um die Drohung, den Gegner militärisch zu vernichten, sondern darum, welche Organisation von Wirtschaft und Gesellschaft den Bedürfnissen der Menschen besser entspricht.

Dabei können wir nicht nur auf historische Erfahrungen mit unterschiedlichsten Wirtschaftsmodellen zurückgreifen. Wir können uns auch über Folgen diverser Wirtschaftsordnungen und die aktuellen Lebensumstände der Menschen rund um die Welt kundig machen und sie bewerten.[4]

In den dreißig Jahren seit dem Ende des Kalten Krieges ist eine globale Systemkonkurrenz in gewandelter Form entstanden: Bis 1990 standen sich das demokratisch-marktwirtschaftliche und das sozialistisch-planwirtschaftliche Modell gegenüber. Mit der Auflösung der Sowjetunion setzte sich die Marktwirtschaft weithin als Prinzip durch. Aus der ideologischen Rivalität, die unter den Schlagworten »Ost gegen West« bis 1990 das »kurze 20. Jahrhundert« prägte, entwickelte sich eine neue Konkurrenz von Lebensmodellen und politischen Ordnungen, die wiederum neue Konflikte erzeugt haben.

Auch die Mehrzahl der religiös und autoritär regierten Staaten hat sich dem Prinzip des Wettbewerbs und der Marktwirtschaft und damit dem internationalen Wirtschaftsleben geöffnet. Entsprechende Freiheiten in politischer Hinsicht lehnen sie allerdings fast durchweg ab. Vor allem die Volksrepublik China ist in den vergangenen drei Jahrzehnten zu einer globalen Wirtschaftsmacht gewachsen, die eigene ideologische Ambitionen verfolgt und ein autoritäres, von einer Monopolpartei geführtes politisches System propagiert. Global betrachtet – wir werden das später mit Zahlen illustrieren –, ist spätestens seit der Jahrtausendwende der Wettbewerb der demokratischen Staaten mit dem chinesischen Modell der Marktwirtschaft an die Stelle der Systemkonkurrenz der Jahrzehnte vor 1989 getreten.

Die Fähigkeit, im ökonomischen Wettbewerb zu bestehen, hängt auch davon ab, ob es einer Gesellschaft gelingt, die Kreativität und Innovationskraft ihrer Bürger zu wecken. Wie sehr sich diese Kräfte entfalten können, ist wiederum aufs Engste verwoben mit den Chancen und Lebensaussichten des einzelnen Menschen. Politische Freiheit, soziale Sicherheit und ökonomische Teilhabe sind dabei ausschlaggebend – und eine Vermögensverteilung, die Partizipation als Bestandteil der Wettbewerbsfähigkeit erkennt. Dies alles: das Zusammenspiel von Vermögensverteilung, Einkommenshierarchien, Steuergerechtigkeit, politischer Mitbestimmung und gesellschaftlicher Partizipation ist zentral für die Überlebensfähigkeit und die zukünftige Rolle offener Gesellschaften im globalen Wettbewerb.

Über viele Jahrtausende hinweg hatte der überwiegende Teil der Menschheit gerade mal das Nötigste zum Leben. Man betrieb Subsistenzwirtschaft, die der Selbstversorgung diente. Die meisten arbeiteten in der Landwirtschaft, um sich und ihre Nächsten zu ernähren. Sie produzierten in der Regel nicht für einen Markt, und auch nicht, um einen Gewinn zu erzielen, den sie wiederum hätten in die Zukunft investieren können. Sie schufteten für ihr Überleben. Manche Menschen besaßen nicht einmal sich selbst; sie waren als Sklaven nach dem Verständnis ihrer Zeit das Eigentum eines anderen.

Wie in vielen anderen Bereichen der Geschichte, die wir in diesem Buch betrachtet haben, ist auch hier die für uns heute so selbstverständliche Vorstellung vom Menschen als eines frei handelnden Wirtschaftsindividuums recht jung. Diese Erkenntnis ist ebenfalls ein Produkt der Aufklärung. In seinem Buch *Der Wohl-*

stand der Nationen beschrieb Adam Smith 1776 die »natürliche Neigung des Menschen, zu handeln und Dinge gegeneinander auszutauschen«.[5] Er verwies zugleich auf die »Vielfalt der Talente«, die beim Menschen von Natur aus erkennbar seien. Wenn nun alle Menschen nach ihren Talenten handeln und die Ergebnisse auf dem Markt austauschen, fördere dies den allgemeinen Nutzen, weil sich »die Erträge jeglicher Begabung gleichsam zu einem gemeinsamen Fonds« vereinen.[6] So wie Immanuel Kant mit seinem Text »Was ist Aufklärung?« die philosophisch-politische Zäsur markiert, James Watt mit der Erfindung der Dampfmaschine den Übergang vom Holozän zum Anthropozän[7] symbolisiert, so steht Smith für die Erkenntnis ökonomischer Selbstbestimmung.

Das Recht auf selbstständiges ökonomisches Handeln, Freiheit und Eigentum ist folglich das hart erkämpfte Ergebnis einer über Jahrhunderte sich langsam wandelnden Vorstellung vom Menschen. Märkte und Wettbewerb, Handel und Preisbildung sind historisch erprobte Mechanismen zwischenmenschlicher Beziehungen.

Aber Menschen sind eben nicht nur ökonomische, sondern auch soziale und politische Wesen, die von Instinkten, Gefühlen und den Grenzen ihres Wissens beeinflusst werden. Sie können weder stets perfekt produzieren noch sich dauerhaft vollständig rational auf dem Markt bewegen. Das ist die eigentliche Herausforderung für die Organisation von Wirtschaft und Gesellschaft: ebenjene Strukturen zu bilden und zu sichern, die eine umfassende Entfaltung der Talente für jede Generation neu ermöglichen.

Eine zweite Herausforderung folgt auf dem Fuß: Wenn alle Menschen ihre Talente ausleben – wie lässt sich der gemeinsame Fonds menschlicher Produkte so aufteilen, dass alle ihren fairen Anteil am Ertrag ihrer Arbeit erhalten, einschließlich der Möglichkeit, Reichtum anzuhäufen und damit wirtschaftliche Macht zu gewinnen, während das Grundprinzip der freien Talententfaltung auf Dauer garantiert bleibt?

Einen Zustand der Chancengerechtigkeit zu sichern schafft idealerweise jene Offenheit für den Fortschritt im Wettbewerb, aus der das Gemeinwohl als Summe des Erfolgs bei der Durchsetzung individueller Freiheitsrechte entstehen kann.

Dabei zeigen sich historische und kulturelle Unterschiede bei der Frage, was eine Gesellschaft als »gerecht« und »angemessen« beurteilt. Soll es eine staatlich oder gesellschaftlich organisierte Krankenversicherung geben? Wer soll sie bezahlen? Die Mitglieder aus Beiträgen? Die Steuerzahler? Wie sollen die Steuerlasten verteilt werden? Pro Kopf? Nach Leistungsfähigkeit? Nach Vermögen? Wer ist verantwortlich für die Altersvorsorge? Soll sich jeder Mensch selbst und in erster Linie allein darum kümmern? Wird eine Gesellschaft als Solidargemeinschaft verstanden oder als Konglomerat weithin unverbundener Individuen, Familien oder Clans? Wie weit sollen staatliche Vorgaben jeden Bürger notwendig binden? Wie weit sollen Steuern für soziale Zahlungen genutzt werden?

Der Katalog dieser Fragen lässt sich für moderne Gesellschaften beliebig erweitern. Sie werden heute überall auf der Welt ganz unterschiedlich beantwortet. Die Antworten wiederum haben historische Vorbilder und spiegeln gewachsene kulturelle und mentale Einstellungen. Ein freier Markt allein etwa schafft aus sich selbst heraus weder eine Gesundheitsversorgung noch ein Sozial- oder Rentensystem. Verschiedene Gesellschaften suchen deshalb permanent nach Formen einer imaginierten Gerechtigkeit, die immer neu verhandelt werden muss. Wer zum Beispiel die Bundesrepublik und die Vereinigten Staaten vergleicht, wird trotz eines sehr ähnlichen Wirtschaftssystems unterschiedliche Antworten auf diese Fragen erkennen.[8] Sie sind historisch entstanden, wir können sie in Erinnerung rufen und daraus Erkenntnisse für die Gegenwart gewinnen.

Der Staat und seine Bürger: ein Blick zurück

Bis weit in das 19. Jahrhundert beschränkte sich obrigkeitlich-staatliche Hilfe für den einzelnen Menschen, sofern sie überhaupt existierte, meist auf freiwillige Maßnahmen der Fürsorge. Die erste vom Staat gestützte Sozialversicherung war die gesetzliche Krankenversicherung, die in Deutschland Reichskanzler Otto von Bismarck 1883 einführte. Im Jahr darauf folgte eine Unfallversicherung und 1889 eine Rentenversicherung.

Obwohl die Leistungen nach heutigen Maßstäben sehr begrenzt waren, erschien der Schritt damals nahezu revolutionär. Ein Hauptmotiv dabei war freilich der Versuch, die Popularität der jungen Sozialdemokratie zu schwächen. Zugleich zeigte sich in der Organisation »von oben« ein Paternalismus, den viele »Untertanen« in den deutschsprachigen Regionen seit langem gewohnt waren (und nicht selten erwarteten). Die Religionskonflikte im 16. und 17. Jahrhundert hatten die schon erwähnte Folge, dass die Landesherren die Religionszugehörigkeit ihrer Bevölkerung bestimmten und als Garanten gegen die tödlichen Konsequenzen weiterer Konfessionskriege wirken sollten. Das Signal lautete: Der Staat und die Obrigkeit kümmern sich um eure Sicherheit, im Gegenzug muss sich der Einzelne den Regeln der Autorität fügen. Der Wunsch nach Entfaltung der persönlichen Bedürfnisse war dabei ebenso wenig willkommen wie der Anspruch auf politische Teilhabe. Obrigkeitliche Autorität und behütende Versorgung wurden zu wesentlichen Elementen jener »deutschen Idee der Freiheit«, in deren Tradition auch die Sozialversicherungen des Kaiserreichs stehen.

Die gesetzliche Krankenversicherung zählte 1885 rund 4,7 Millionen Mitglieder, was zehn Prozent der Bevölkerung entsprach. Am Vorabend des Ersten Weltkriegs waren es mit 23 Millionen Versicherten bereits mehr als ein Drittel und 1925 schon die Hälfte der Bürger des Deutschen Reichs. Seit 1990 liegt der Anteil der Versicherten an der Bevölkerung bei rund 85 Prozent. Für die Renten- und Unfallversicherung lassen sich ähnliche Entwicklungen nachzeichnen, ebenso für die Arbeitslosenversicherung, die 1927 eingeführt wurde.

Hier spiegelt sich ein spezifisches Bild von Staat und Gesellschaft: Letztere erscheint als eine mit Hilfe des Staates organisierte

Solidargemeinschaft, zu der (fast) die gesamte Bevölkerung ihren Beitrag zu leisten hat. Dahinter verbirgt sich die bereits angesprochene Auffassung vom Staatsbürger: Er wird zugleich beschützt und in die Pflicht genommen.

In den angelsächsischen Ländern, vor allem in den Vereinigten Staaten, herrscht ein grundsätzlich anderes Verständnis. Dort dominiert die Vorstellung vom Individuum, das für sein Schicksal weitgehend selbst verantwortlich und darauf angewiesen ist, im Wettbewerb mit anderen für sein Einkommen zu sorgen und eventuelle Krankheitskosten ebenso wie die Altersvorsorge zu organisieren. Diese Kultur des Individualismus folgt der Überzeugung, dass niemand für die Arztrechnung des rauchenden Arbeitskollegen oder die OP-Kosten des draufgängerischen Jugendlichen von nebenan aufkommen muss – sollen die sich doch um ihre Risiken selbst kümmern! Das Prinzip der Eigenverantwortung hat Vorrang gegenüber der Idee der Solidarität.

Der Glaube an den höheren Wert des Individuums kann dabei fast religiöse Züge tragen. Ihn propagieren besonders jene, die finanziell erfolgreich genug sind, um sich selbst unabhängig absichern zu können. Die Ablehnung der Gesellschaft als menschlicher Solidargemeinschaft wird gern ideologisch überhöht: So etwas wie »die Gesellschaft« gebe es doch gar nicht, lautet die vielzitierte Grundauffassung dieses Menschenbildes. Wir kommen darauf zurück.

Das Solidaritätsprinzip der Sozialversicherungen konnte vor allem in solchen Ländern Wurzeln schlagen, die traditionell von krassen Vermögensunterschieden geprägt waren. Für die meisten Bürger des Deutschen Reichs etwa waren die Sozialversicherungen in den 1880er Jahren eine enorme Erleichterung ihres Lebensschicksals.

In den Vereinigten Staaten hingegen war die Vorstellung einer staatlichen Struktur, die die Vielzahl der Einwanderer in das riesige, noch in der Erschließung befindliche Land sozial einbindet, geradezu wesensfremd. Das Versprechen des Aufstiegs durch Arbeit und des Erfolgs durch Freiheit erschien für Millionen

Einwanderer als eine reale Verheißung, weil sich das Land mit seinen enormen Ressourcen wirtschaftlich überhaupt erst noch entwickelte und Jahrzehnte der Expansion ermöglichte.

Für die Staaten des europäischen Kontinents kommt ein anderes Motiv hinzu: Die Großmächte waren auch deshalb auf einen gewissen Grad der Berechenbarkeit angewiesen, um im Kriegsfall kampffähige Soldaten mobilisieren zu können. Wer seine Bevölkerung zur Wehrpflicht zwang, hatte ein Interesse daran, dass diese Männer halbwegs einsatzfähig sein würden. Soziale Leistungen konnten diese Bindung an den Staat nur verstärken. In den Vereinigten Staaten spielte dies keine Rolle. Auch Großbritannien kannte kein stehendes Heer; seine Vorbereitungen zur Schaffung eines größeren Expeditionskorps für den Einsatz auf dem europäischen Kontinent begannen erst wenige Jahre vor dem Ersten Weltkrieg; sie sind schon eine direkte Konsequenz der Systemkonkurrenz vor allem zum Deutschen Reich, das mit seiner kriegserprobten Militärtradition, der neuen Flotte sowie seiner Wirtschafts- und Wissenschaftsorganisation als Hauptbedrohung empfunden wurde.

Eine große Bedeutung für das Verhältnis von Staatsautorität und Bevölkerung hat auch die Frage der Kriegsfinanzierung. Denn je stärker die Bürger in den politischen Prozess eingebunden sind, desto glaubwürdiger können sie auch durch den Staat finanziell herangezogen werden. Je autoritärer und auf den eigenen Vorteil bedacht die Führung, desto geringer deren Möglichkeit zur direkten Belastung der Bevölkerung. Ihre größte Furcht ist die Delegitimation: Immerhin basiert ihr Anspruch auf Autorität auf der Behauptung, eine starke Führung werde alles richten, ohne größere Belastungen auf die Gemeinschaft umlegen zu müssen. Der Zwang zur Mitfinanzierung könnte wiederum den Drang nach Mitbestimmung nähren.

Hier gibt es eine verblüffende Parallele zwischen den amerikanischen Südstaaten im Bürgerkrieg der 1860er Jahre und dem Deutschen Reich im Ersten Weltkrieg. Beide versuchten, demokratische Mitbestimmungsrechte so lange wie möglich fernzuhalten, indem sie glaubten, die Kosten des Krieges auf eine spätere, bessere, siegreiche Zeit vertagen und dann anderen aufbürden zu können.[9] Die Südstaaten-Oligarchen verteidigten ihre Sklavenhaltergesellschaft, die politische Führung des deutschen Kaiserreichs die monarchische Macht. Die eigene Bevölkerung sollte Geld zur Verfügung stellen, aber nicht als Steuern (die einen gefährlichen Anspruch auf Mitbestimmung in sich trugen), sondern als vermeintlich sichere, verzinste Anlage. Das Geld würde nach dem Sieg mit Gewinn zurückfließen. Und die Führung dafür sorgen, dass die Belastungen in der Gegenwart gering blieben und mit dem Sieg zudem noch ein gutes Geschäft zu machen war. Kriegführung durch Verschuldung statt durch Steuern war im deutschen Fall die Maxime, der langsame Ruin vieler Anleger durch die Inflation nach der Niederlage die Folge.

Anders im Amerikanischen Bürgerkrieg: Die Nordstaaten finanzierten sich durch Steuern, so dass alle Beteiligten ein Bewusstsein von den Kosten des Konfliktes hatten. Mit dem Revenue Act von 1864 wurde der Einkommensteuersatz festgelegt – die Einkommensteuer betrug fünf Prozent ab einem Einkommen von 600 Dollar, was heute ungefähr 180.000 Dollar entspräche. (Ab umgerechnet 1,5 Millionen Dollar waren 7,5 Prozent zu zahlen, ab rund drei Millionen Dollar zehn Prozent.[10]) Die Finanzierung des Konfliktes verlangte und förderte damit die Beteiligung möglichst vieler Bürger, die dadurch ein noch größeres Interesse hatten zu siegen, damit ihr Steuerinvestment nicht vergeblich eingesetzt war und sie womöglich noch Kontributionen an einen fremden Sieger zahlen mussten. Die finanzielle Teilhabe sicherte und bewahrte die Legitimität.

Ähnlich in Großbritannien vor und während des Ersten Weltkriegs: Der Rüstungswettlauf, der seit der Jahrhundertwende besonders durch den Flottenbau des Deutschen Reiches vorangetrieben wurde, verlangte nach einem deutlich größeren Staatshaushalt. Um die im 19. Jahrhundert etablierte Weltmachtposition zu verteidigen, musste die Flotte – das war das Selbstverständnis der gesamten politischen Führung – so modernisiert werden, dass sie jedem Gegner gewachsen sein würde. Das kostete sehr viel mehr, als die bisherigen Steuermittel hergaben. Mit dem sogenannten Volksbudget (»People's Budget«) versuchte Finanzminister David Lloyd George 1909, diese Kosten für die Rüstung sowie für einige vorsichtige Sozialausgeben auf eine sehr viel größere Gruppe der Gesellschaft – vor allem inklusive der reichen Aristokratie – auszuweiten.[11] Die Regierung setzte sich in den folgenden zwei Jahren im Sinne der Mehrheitsbevölkerung gegen bisherige Privilegien der aristokratischen Minderheit durch. Der Staat erhob seinen Anspruch auf einen Anteil an unverdienten Inflationsgewinnen, insbesondere bei Immobilienverkäufen, bei Erbschaften und bei exorbitant hohen Einkommen. Die Vertreter der landbesitzenden Klassen wehrten sich vehement gegen diesen Druck zur Beteiligung. Sie verloren den Machtkampf und büßten in der Folge nicht nur politisch, sondern auch finanziell einen Teil ihres bisherigen ökonomischen und gesellschaftlichen Gewichts ein.

Der Erste Weltkrieg wurde auf diese Weise für viele landbesitzende Familien zu einer Wasserscheide für Finanzkraft und Machtstatus,[12] sicherte aber letztlich das Überleben des Herrschafts- und Gesellschaftsmodells als Ganzes.

Während die britische Aristokratie ihren Kampf um den Erhalt der Privilegien verlor und sich als gesellschaftliche Gruppe von den Folgen des Krieges kaum erholte, gelang der amerikanischen Geldaristokratie gegen Ende des 19. Jahrhunderts der eigentliche Durchbruch als politischer Machtfaktor. In den 1870er Jahren wurde die Einkommensteuer wieder abgeschafft. Durch Zuwanderung, Industrialisierung und Wirtschaftswachstum wuchs das Nationalvermögen zugleich enorm. Die Strukturen des Marktes begünstigten dabei die Kartellbildung und beförderten die Ungleichheit. Eine Analyse des Statistikers George K. Holmes schätzte für das Jahr 1890, »dass die reichsten 10 Prozent der Haushalte mehr als 71 Prozent des Vermögens besaßen«.[13]

Der Vergleich mit dem Deutschen Reich ist kompliziert, weil ein klar definiertes Territorium erst ab 1871 existiert. In den Vorläuferstaaten wurden Einkommensteuern zu unterschiedlichen Zeitpunkten eingeführt: In Preußen für die Landbevölkerung seit 1851 (seit 1874 für alle Einwohner ab einem bestimmten Einkommen), in Bremen 1864, im Großherzogtum Hessen 1869, in Sachsen 1874, in Hamburg 1881, in Baden 1884, in Württemberg 1905, in Bayern 1912.[14] Unter die Einkommensteuerpflicht fielen bis ins »Dritte Reich« die »Spitzenverdiener«, so dass nur für sie Daten überliefert sind. Für die Zeit nach dem Zweiten Weltkrieg sind dann auch Daten für die »unteren 50 Prozent« verfügbar.[15]

Durch die Hyperinflation von 1923 wurden große Kapitalvermögen vernichtet, die bis dahin zu Zinseinkünften geführt hatten, von denen vor allem die oberen Einkommensschichten profitierten.[16] Auch die Unternehmen warfen im Vergleich zur Vorkriegszeit weniger Gewinne aus. Nach jüngeren Berechnungen »fiel der Einkommensanteil des Top-Ein-Prozents von 20 Prozent im Jahr 1918 auf elf Prozent 1925 und blieb auf diesem Niveau bis 1933«.[17] Während des Nationalsozialismus zeigte sich dann ein fulminanter Anstieg der reichsten ein Prozent. Diese höchste Einkommensgruppe vergrößerte ihren Anteil von elf Prozent im Jahr 1933 auf 17 Prozent im Jahr 1938.[18]

Daraus lässt sich ablesen, in welch hohem Maße Hitlers Herrschaft dazu beitrug, dass vor allem der ohnehin reichste Teil der Bevölkerung von der NS-Diktatur profitierte. Das lag nicht zuletzt in der Aufrüstung begründet, die seit 1933 einen zunehmend wachsenden Anteil am Bruttoinlandsprodukt ausmachte. Bis zum Kriegsbeginn 1939 gaben die Nationalsozialisten etwa 60 bis 65 Milliarden Reichsmark für die Rüstung aus. Zum Vergleich: Die Summe aller Steuereinkünfte zwischen dem 1. April 1934 und dem 31. März 1939 lag bei 62,4 Milliarden Reichsmark. An den gigantischen Summen verdienten überproportional jene, die für die Vorbereitung des Krieges produzierten oder dem Regime ohnehin nahestanden. Die »einfachen Volksgenossen« waren trotz Vollbeschäftigung zum Konsumverzicht gezwungen, um so viele Finanzmittel wie möglich für die Rüstungsinvestitionen nutzen zu können.

Es ist bekannt, dass Hitlers Regime ökonomische Rationalität den ideologischen Zielen opferte und besonders auf Unternehmen setzte, die hierfür dienstbar waren. Geld spielte keine Rolle, und die Profite konnten (entgegen der offiziellen Propaganda) entsprechend hoch ausfallen.[19] Die Rechnung basierte auf einem ideologischen Motiv: Die Kosten sollten die besiegten Völker bezahlen – schon während des Krieges, erst recht aber danach. Folglich zielte die deutsche Politik auf die »maximale Inanspruchnahme der fremden Volkswirtschaften«[20] zum eigenen Nutzen. Deshalb war die Maschinerie der Ausbeutung und Vernichtung, mit der die Deutschen vom September 1939 bis zum Frühjahr 1945 auf dem gesamten Kontinent herrschten, selbst ein ideologisches Kriegsziel für die Vorbereitung der Hegemonie nach dem »Endsieg«. Entsprechend gigantisch fielen die Zerstörungen aus, die der deutsche Vormarsch und die anschließende Rückeroberung und Befreiung in ganz Europa mit sich brachten.

Trotz dieser Verheerungen, die auf deutschem Territorium nicht zuletzt durch fanatische Endkampfgläubige selbst die kleinsten Dörfer heimsuchten, blieben die materiellen Konsequenzen des Krieges für viele Deutsche geradezu glimpflich. Zwar war das Land zerstört und besetzt, aber die Alliierten in den Westzonen sahen sich zugleich in der Verantwortung, das Überleben zu sichern. Die deutsche Bevölkerung trafen die finanziellen und wirtschaftlichen Folgen höchst unterschiedlich. Mit der Währungsreform von 1948 wurden ein zweites Mal innerhalb einer Generation Kapitaleinkommen aus Geldanlagen vernichtet. Unternehmensvermögen und Immobilien blieben dagegen »nahezu unberührt«.[21] Trotz des sogenannten Lastenausgleichs war dies ein klarer Startvorteil für die Besitzer von Sachvermögen. Dabei blieb der Einkommensanteil der Top-ein-Prozent bis in die 1980er Jahre stabil »zwischen elf und 13 Prozent«.[22]

Der Zweite Weltkrieg hatte Folgen, die auf den ersten Blick zynisch erscheinen, aber nicht zu leugnen sind. Da waren zunächst die Zerstörungen – Wohnungen, Fabriken, Infrastruktur –, die wiederaufgebaut oder erneuert werden mussten. Das schuf eine enorme Nachfrage. Das deutsche Wirtschaftswunder der 1950er Jahre war auch ein Ergebnis dieses besonderen Wachstums. Das Bruttoinlandsprodukt der Bundesrepublik verdoppelte sich von 1950 bis 1956 und hatte sich bis 1960 mehr als verdreifacht. Bis zum Regierungswechsel von 1969 hatte es sich in den ersten zwanzig Jahren mehr als versechsfacht![23] Für viele Deutsche erleichterte der wirtschaftliche Erfolg die Identifikation mit dem neuen politischen System. Anders als in der Weimarer Republik wurden Demokratie und Parlamentarismus nicht mit Niederlage und Krisen gleichgesetzt, sondern mit wirtschaftlichem Aufstieg, persönlicher Freiheit (die DDR bot täglich Anschauung für das Gegenteil) und demokratischer Bewährung.

Ein zweiter bedeutender Faktor war das Fehlen der Millionen Männer, die im Krieg ihr Leben gelassen hatten und nun einer jungen Generation mit der Wirtschaftsexpansion einen raschen Aufstieg ermöglichten. Auch mit vergleichsweise geringen formalen Qualifikationen konnte die Generation der zwischen 1930 und 1945 Geborenen im Wirtschaftswachstum bis Anfang der 1970er Jahre durchstarten. Die vielen neuen Stellen, ob in der Wirtschaft, der Verwaltung oder der Wissenschaft, boten Chancen zum Aufstieg, wie es keine Generation danach je wieder erleben würde.

Mit leichter Verklärung ist für die Wirtschaftsentwicklung der Jahre von 1948 bis 1974 vom »goldenen Zeitalter« gesprochen worden.[24] Aber der Eindruck vom schier unaufhaltsamen Aufstieg traf für Millionen Menschen ja auch zu, nicht nur in der Bundesrepublik, sondern in nahezu allen Staaten der Europäischen Gemeinschaft und erst recht in den Vereinigten Staaten. Im Juli 1944, noch im letzten Kriegsjahr, hatte die US-Regierung unter Präsident Franklin D. Roosevelt in Bretton Woods einen »institutionellen Rahmen für die Weltwirtschaft durchgesetzt«,[25] der bis zum März 1973 in Kraft blieb.

Trotz kleiner Konjunkturdellen verzeichnete die Bundesrepublik in ihren ersten 25 Jahren einen geradezu traumhaften Wohlstandsschub, von dem alle Bevölkerungsgruppen profitierten. Jahre der Vollbeschäftigung garantierten stetige Lohnzuwächse und sichere Berufsaussichten für Heranwachsende, Rentner profitierten von üppigen Einnahmen der Rentenversicherung, deren Leistungen wählerfreundlich erhöht wurden.

Überhaupt wuchs der Sozialstaat im Zeichen gut gefüllter öffentlicher Kassen. Diese Selbstgewissheit von vermeintlich ewiger Prosperität endete spätestens 1973. Das Währungssystem von Bretton Woods kollabierte, und der »Jom-Kippur-Krieg« im Oktober des Jahres mit der nachfolgenden Ölkrise und ihren Wirtschaftsfolgen machte allen Zeitgenossen bewusst, dass der »Boom«, den sie über Jahrzehnte erlebt hatten, ein Ende gefunden hatte. In der sich rapide wandelnden Industriegesellschaft erzielten Arbeitnehmer zwar noch für einige Jahre satte Lohnzuwächse, aber Arbeitslosigkeit, Strukturwandel und eine fortschreitende Globalisierung verwiesen schon auf neue Verteilungskämpfe in einem Sozialstaat, der weiter unaufhörlich wachsen sollte.

Dessen Schöpfungen erreichten bislang nicht gekannte Höhen. Ein wichtiges Kriterium zum Verständnis der Leistungsfähigkeit eines Sozialstaates ist die sogenannte Sozialleistungsquote – sie beschreibt das Verhältnis von Sozialleistungen zum Bruttoinlandsprodukt, also der Wert aller Waren und Dienstleistungen, die in einem Jahr innerhalb der Landesgrenzen einer Volkswirtschaft geschaffen werden. Die Sozialleistungen in der Bundesrepublik betrugen im Jahr 1960 umgerechnet 28,4 Milliarden Euro.[26] Das entsprach einer Sozialleistungsquote von 18,3 Prozent.[27] Bis 1970 waren die Sozialleistungen auf 73 Milliarden Euro gestiegen, eine Quote von 20,2 Prozent. 1980 lagen die Sozialleistungen bei 202,7 Milliarden Euro, und die Quote betrug mit 25,7 Prozent bereits mehr als ein Viertel des Bruttoinlandsprodukts.[28]

Permanent steigende Sozialausgaben und stetig mehr Arbeitslose, Stagnation des Wirtschaftswachstums bei gleichzeitiger Inflation, die Wahrnehmung vom Ende der Prosperität und der Überforderung des Staates als allmächtiger Konjunkturlenker und Wohlstandsgarant – diese Kombination von Symptomen eines allgemeinen Krisenempfindens in Wirtschaft und Gesellschaft seit den 1970er Jahren ebnete den Weg für Forderungen nach einem radikalen Wandel: weniger staatliche Einmischung, mehr individuelle Verantwortung und überhaupt ein freieres, ja entfesseltes Ringen auf den Märkten. Rückblickend wirkte die Zäsur der zweiten Hälfte der siebziger Jahre wie ein Fanal unter dem Schlagwort: Bahn frei für den Neoliberalismus. Aber der Reihe nach.

Die neoliberale Wende und die Folgen

»Neoliberalismus« ist seit einigen Jahren zu einer politischen Kampfparole geworden. Doch hier verwenden wir ihn pragmatisch als Sammelbegriff für ein besonderes Welt- und Menschenbild, das die Epoche seit den 1980er Jahren geprägt hat. Als »Vordenker« und politische Wegbereiter des Neoliberalismus werden in der Regel Wirtschaftswissenschaftler wie Friedrich August von Hayek, die sogenannte Chicagoer Schule um Milton Friedman sowie die Mont Pèlerin Society genannt. Diese Gruppe von ähnlich gesinnten Ökonomen entwickelte vom Ende des Zweiten Weltkriegs bis in die 1980er Jahre ein Dauerfeuer von Argumenten, die in eine Art Handlungsanleitung für eine veränderte Rolle des Staates mündeten. Sie argumentierten nicht nur gegen alle Vorstellungen kommunistischer Planwirtschaft – was im Kalten Krieg ohnehin eine Selbstverständlichkeit war –, sondern auch gegen die intervenierende Funktion des Staates, wie sie sich nach dem Weltkrieg in der Sozial- und Wirtschaftspolitik in Europa und Nordamerika zunehmend entfaltete. Der Begriff »neo« sollte dabei eine Erneuerung und Abgrenzung beschreiben gegenüber jenem Liberalismus, der in ihren Augen vor allem in den Wirtschaftskrisen der Zwischenkriegszeit versagt habe.

Wenngleich die Neoliberalen nicht als homogene Gruppe zu verstehen sind, so lassen sich Geisteshaltung und ideologische Überzeugungen vom ökonomischen Wesen des Menschen doch gut beschreiben. Die neoliberalen Thesen richteten sich vor allem gegen den Einfluss von John Maynard Keynes, dessen Name zum

Synonym geworden war für den Staat, der sich einmischt und die Konjunkturen des Marktes ausgleichen, gar steuern zu können glaubt.

Auf Keynes beriefen sich viele Politiker, nicht selten unter dem Eindruck der Folgen der Weltwirtschaftskrise, auch nach 1945 in Zeiten schleppender Konjunktur, um Investitionen durch Staatsausgaben, meist über neue Schulden finanziert, zu rechtfertigen. Das gängige Argument war, die Wirtschaft auf diese Weise in Schwung bringen und überhaupt Konjunkturen steuern zu können, statt, wie es die Neoliberalen propagierten, die Menschen mit wenigen Regeln und möglichst geringen Steuern ihr Schicksal selbst bestimmen zu lassen.[29] Diese Kritik an Interventionismus und vermeintlichen Allmachtsphantasien ökonomischer Steuerung traf seit Anfang der 1970er Jahre auf ein weit verbreitetes öffentliches Krisenempfinden. Infolge des Ölpreis-Schocks von 1973, stagnierenden Wirtschaftsleistungen und gleichzeitiger Inflation schien der Keynesianismus hilflos und am Ende. Weitere Staatsschulden galten als Frevel – obwohl deren Umfang im Vergleich zu heute geradezu zierlich erscheint.

Das Krisenempfinden der Zeit beschleunigte jene Sehnsucht nach Wandel, in der die Prediger neoliberaler Ideen eine neue Generation politischer Praktiker und zugleich parlamentarische Mehrheiten fanden, um ihre Konzepte umzusetzen.

Als überzeugte Vertreterin dieses Weltbildes kam 1979 in Großbritannien Margaret Thatcher an die Macht. Die Insel hatte gerade aller Welt ihre innere Spaltung und Reformunfähigkeit vor Augen geführt – im »Winter der Unzufriedenheit« (»Winter of Discontent«) lähmte eine Streikwelle das Land, das ohnehin unter der Last veralteter Produktionsstätten mit niedriger Produktivität und hoher Arbeitslosigkeit bei galoppierender Inflation litt.[30] Nach Ansicht von Millionen Briten konnte es schlimmer kaum werden, und harte Reformen waren dringend geboten.

Margaret Thatcher wurde 1979 nicht unter dem Banner des Neoliberalismus gewählt, sondern um Wirtschaft und Gesellschaft eine neue Dynamik zu geben. Im Jahr darauf wurde Thatchers ideologischer Bruder Ronald Reagan Präsident der Vereinigten Staaten. Beide verloren keine Zeit, ihre Vorstellungen umzusetzen: »Die Regierung ist nicht die Lösung unseres Problems, die Regierung ist das Problem«, verkündete Reagan in seiner Antrittsrede am 20. Januar 1981.[31] Margaret Thatcher fasste ihre Vorstellung des unbedingten Individualismus 1986 in einem berühmt gewordenen Interview mit der Frauenzeitschrift *Woman's Own* zusammen, als sie proklamierte: »So etwas wie Gesellschaft gibt es nicht.« (»There is no such thing as society.«)[32] Das war pure Ideologie, die wenig mit der Realität von 1986 zu tun hatte. Denn selbstverständlich gab es auch in Großbritannien eine »Gesellschaft«. Es wäre allerdings verfehlt, über die Naivität des Thatcher'schen Menschenbildes zu spotten. Zumal die Regierungschefin dank eines Apparats von Tausenden Zuarbeitern über die Denkmuster und Institutionen, die die britische Gesellschaft formten, informiert war.[33]

Aber Thatcher ging es nicht um die Realität der Verhältnisse. Sie zielte, wie oft in ihren Reden und Interviews, auf eine grundsätzliche Frage, die sie apodiktisch anpackte, weil sie ihre ideologische Rechtfertigung aus den unmittelbaren Erfahrungen ihres eigenen Lebensweges ableitete: Der Verweis auf die Gesellschaft, war sie überzeugt, fördere bei den einen die bequeme Flucht in persönliche Verantwortungslosigkeit und drohe zugleich strebsame Menschen zu entmündigen. Nach Thatchers Vorstellungen sollte sich der Staat zurückziehen und sich der einzelne Mensch mit seiner Familie um sein Lebensschicksal selbst kümmern – so wie sie es bei ihrem Vater gelernt hatte, der als Lebensmittelhändler und Kommunalpolitiker ihrem Idealbild des engagierten und selbstverantwortlichen Individuums entsprach.[34]

Dabei gibt es für Thatchers Auffassung, individuelles Eigentum fördere die persönliche Verantwortung, viele historische Belege.[35] Wer Eigentum besitzt, hat nicht nur einen äußerlichen Anteil am verfügbaren Vermögen, er ist permanent aufgefordert, sich innerlich der Verantwortung für den Erhalt von Besitz und die Konsequenzen für die Gemeinschaft, in der er lebt, zu stellen.

Entsprechend aktiv förderte Thatcher die seit Jahrzehnten diskutierte Privatisierung von öffentlichen Wohnungen, die im Zuge sozialer Bauprogramme entstanden waren.[36] Sie propagierte »das Recht zu kaufen« (»The right to buy«) ausführlich im Wahlprogramm von 1979, in dem sogar die geplanten Preisnachlässe im Detail angekündigt waren. Die Privatisierung wirkte attraktiv auf viele Mieter, und die Eigentumsquote stieg in ihrer Regierungszeit auf mehr als siebzig Prozent der Haushalte.[37] Das war nicht nur ein persönlicher Erfolg für Thatcher, sondern wirkte in hohem Maße identitätsstiftend für das Verantwortungsgefühl derjenigen, denen es gelang, Eigentum zu bilden.

Und es verschob zugleich den Blick vieler Menschen auf den Wert persönlichen Eigentums und die Rolle, Aufgaben und Grenzen des Staates. Thatchers ideologische Annahmen reichten allerdings noch deutlich weiter und brachten sie schließlich zu Fall.

In jeder Gesellschaft gibt es Menschen, die nicht in der Lage sind, vollständig eigenverantwortlich zu handeln. Sei es, dass sie chronisch krank sind oder nur wenig qualifiziert,[38] in Berufen mit geringem Einkommen arbeiten oder arbeitslos werden, so dass ihnen Hypotheken aufzunehmen unmöglich bleibt. Für diese Menschen blieb das »Recht zu kaufen« ein illusionäres Versprechen. Ihnen und ihren Kindern eigene Wege zur Teilhabe zu eröffnen, die sie nicht aus eigener Kraft erreichen können, das ist die eigentliche Herausforderung.

Thatchers Welt- und Menschenbild blendete dies weitgehend aus. Sie sah die Gründe in mangelnder Entschlossenheit, ungenügender Anstrengung und Disziplin, fehlender familiärer Solidarität – nach ihrer Überzeugung Ursachen, für die nicht der Staat oder »die Gesellschaft« verantwortlich gemacht werden konnten, sondern nur jeder Einzelne selbst. Also trug der Staat auch keine Verantwortung, hier einzugreifen, es galt nur, jedes Individuum gleich zu behandeln und ansonsten in Ruhe zu lassen.

Diese ideologische Zuspitzung läutete Thatchers Ende als Regierungschefin ein. Gleichbehandlung bedeutete für sie etwa, die kommunalen Steuern immer nur »pro Kopf« und unabhängig von Einkommen und Vermögen einzufordern. Wenn ein Busfahrer dieselbe Steuer zahlen musste wie der millionenschwere Unternehmer, war das in Ordnung, denn es stand dem Busfahrer ja frei, selbst Millionär zu werden!

Hier liegt das Problem des Siegeszugs jener Vorstellungen, die seit den 1980er Jahren als Neoliberalismus bekannt sind und bis in unsere Gegenwart wirken. Die Dynamik des Wandels und die entsprechenden Folgen für die Lebenschancen des Einzelnen wurden regelmäßig ignoriert – dabei können sie zu Verwerfungen führen, die der Einzelne nicht bewältigen kann. Deshalb ist die ordnende Struktur von Staat, Gesellschaft und Solidargemeinschaft unverzichtbar.

Gewinner ohne Verdienst, Verlierer ohne Verschulden

Am Beispiel Großbritanniens lässt sich dies veranschaulichen. Das Land kann als reales Symbol für Entwicklungen betrachtet werden, die in anderen großen Volkswirtschaften über die vergangenen vier Jahrzehnte ganz ähnlich verlaufen und als Muster erkennbar sind. Daher lohnt hier ein genauer Blick.

Als Margaret Thatcher im November 1990 aus dem Amt scheiden musste, wohnten siebzig von hundert Briten in den eigenen vier Wänden, darunter fünfzehn, die ihr Eigentum der Politik Thatchers verdankten. Schon beim Kauf hatten sie durch die enormen Nachlässe (im Durchschnitt mehr als vierzig Prozent) einen passablen Gewinn verbucht, ohne dafür etwas leisten zu müssen. Wer ein Haus im Wert von 20.000 Pfund kaufte (Anfang der 1980er Jahre ein hoher Preis), musste also rund 12.000 Pfund bezahlen. Nehmen wir an, dass er für den vollen Betrag eine Hypothek aufnehmen musste (was möglich war, aber selten notwendig), dann war das Haus zu 60 Prozent beliehen, und der Käufer hatte allein mit Unterschrift des Kaufvertrages sein Vermögen um 8.000 Pfund gemehrt. Sein Sozialstatus stieg, er war

Teil der Eigentümergesellschaft, die mehr als zwei Drittel der Bevölkerung umfasste. Die Chance war hoch, dass er bei der nächsten Wahl für eine Partei stimmen würde, die ihm diesen Status sicherte. Wer kaufen konnte, zählte offenbar zu den Gewinnern.

Dann entwickelte sich seit Mitte der 1990er Jahre eine rasante Hauspreisinflation. Weil in Großbritannien seit dem 19. Jahrhundert die Tradition rechtlich verankert ist, die Preise aller Immobilienkäufe in einer Datenbank (»land registry«) öffentlich zugänglich zu halten, sind die Zahlen bekannt: Von 1997 bis 2007 verdreifachten sich die durchschnittlichen Hauspreise.

Nehmen wir das schon eingeführte Beispiel unseres Hauskäufers aus der Thatcher-Zeit und unterstellen, dass er 1985 kaufte und sich der Preis seines Hauses bis 1997 noch nicht erhöht hatte. Dann stieg der Wert dieses Hauses bis 2007 von 20.000 auf 60.000 Pfund (wir erinnern uns: Er hatte 12.000 bezahlt). Innerhalb von knapp zwanzig Jahren hatte sich sein Einsatz verfünffacht. Er war ein Gewinner und fest davon überzeugt, dies seiner Leistung und Cleverness zu verdanken.

Auf Großbritannien als Gesamtheit bezogen: Wer 1997 zu jenen zwei Drittel der Gesellschaft zählte, die eine Immobilie besaß, und diese für zehn Jahre hielt, hatte am Ende ein dreimal so hohes Immobilienvermögen wie zuvor. Jenes Drittel der Gesellschaft, das 1997 ein Immobilienvermögen »null« besaß, hatte auch 2007 den dreifachen Wert, also immer noch null.[39] Für das von Thatcher so hochgeschätzte Individuum bedeutete es schlicht und hart: Die einen waren Gewinner ohne eigenes Zutun, die anderen Verlierer ohne eigenes Verschulden. Die Folgen für die jeweiligen Lebensverhältnisse und die Aussichten ihrer Familien und Kinder waren enorm – ohne dass sie hierfür selbst direkt verantwortlich waren.

Hier gilt es, zwei Aspekte zu erörtern, die mit dem Stichwort Neoliberalismus direkt verbunden sind: Wie kamen die Preissteigerungen zustande, und was bedeutete diese Entwicklung für die Gesellschaft?

Das Geld für den Kaufrausch stammte aus verschiedenen Quellen, die sich wechselseitig speisten. Zum einen versuchten stetig mehr Menschen, durch den Kauf immer größerer und teurerer Häuser die »Eigentumsleiter« zu besteigen. Viele beobachteten, wie durch die Privatisierungen satte Gewinne ohne eigene Anstrengung möglich waren. Wer konnte, nahm eine Hypothek auf, um die erste Stufe zu erklimmen. Wer schon Eigentum besaß – rund die Hälfte bei Thatchers Amtsbeginn –, war auch hier im Vorteil.

Betrachten wir erneut unseren Käufer von 1985. Selbst wenn er keinen Penny seiner Hypothek abbezahlt und nur die Zinsen bedient hatte (was höchst unwahrscheinlich ist), besaß er 2007 ein Vermögen von 48.000 Pfund (der Hauswert von 60.000 abzüglich der ursprünglichen Hypothek). Viel wahrscheinlicher ist, dass er auch einen guten Teil der ersten Hypothek getilgt hatte. Nehmen wir der Einfachheit halber an, er hätte nur 2.000 Pfund getilgt und noch 10.000 Pfund als Hypothek – dann konnte er nun den aktuellen Wert des Hauses mit einer neuen Hypothek beleihen, um sich ein größeres Haus zu kaufen. Beleihungen von achtzig bis neunzig Prozent gelten als üblich und normal. Wenn unser Eigentümer nun sein Haus verkauft, bleiben ihm 50.000 Pfund. Er konnte dafür also einen Kredit von bis zu 250.000 Pfund erhalten, um das nächste Haus zu erwerben.

Als Gewinner aus Erfahrung geht er bis an die Grenze, die er sich leisten kann. Denn seine Hoffnung ist: Wenn er das Haus für 250.000 Pfund kauft, ist es in ein paar Jahren wieder mehr Wert, und er kann es erneut mit Gewinn verkaufen oder den höheren Wert beleihen. Diese Hoffnung auf steigende Hauspreise – und die Realität der Inflation über die vergangenen vierzig Jahre hinweg – hat die Inflation selbst mit befeuert.

Dass der Boom den Boom nährt, reicht aber als Erklärung nicht aus. Hinzu kommen zwei weitere Faktoren, die für Großbritannien und vor allem für London eine bedeutende Rolle spielen. Zum einen die Entfesselung der Finanzwirtschaft seit Mitte der 1980er Jahre. Oder, wie es ein Teilnehmer genannt hat, der

»Tod des Gentlemen-Kapitalismus«. Seit dem »großen Knall« und der Entfesselung der Finanzmärkte ist London zum Zentrum für den europäischen Finanzmarkt geworden und hat Zehntausende von Bankern angezogen.

In den zwei Jahrzehnten bis zur Finanzkrise von 2008 war die alljährliche Bonus-Saison im Frühjahr jedes Jahr der Startschuss für die Anlage vieler Millionen Pfund in Londoner Immobilien. Die Investition der Boni in »Steine und Mörtel« galt auch deshalb als sicher, weil jedermann die jährlichen Wertsteigerungen miterleben konnte. Die Inflation motivierte zu weiteren Hypotheken und Investitionen, die wiederum die Inflation der Immobilienpreise befeuerte.

Schließlich kommt noch ein dritter Faktor hinzu, der aus der besonderen Rolle Großbritanniens und Londons erwächst: Die britische Demokratie und der Rechtsstaat gelten als stabil, die Londoner Gesellschaft als international und weltoffen. Diese Mischung macht die Stadt höchst attraktiv für all jene Multimillionäre und Milliardäre auf der Welt, die nach einer sicheren Anlage suchen. Ein Londoner Makler fragt nicht, wie das Geld erworben wurde, das nun für Immobilien in begehrten Stadtvierteln ausgegeben wird. Und die Stadtverwaltung interessiert sich wenig, ob Wohnungen überhaupt genutzt werden oder leer stehen und auf Preissteigerungen warten.

Auch hier ist für die vergangenen vier Jahrzehnte ein deutlicher Trend sichtbar: Von den Kindern afrikanischer Potentaten über russische Oligarchen bis zu arabischen Scheichs und asiatischen Tycoons, sie alle waren (und sind) gern bereit, Millionensummen in Londoner Immobilien zu investieren. Entweder um sie bei einem seltenen Besuch in der Stadt zu nutzen oder um auf diesem Weg Geld zu parken in einem Staat, der auch in Krisenzeiten all jenen Menschen Sicherheit bot, die genug Geld ins Land brachten. Und dann mochte sich der Kauf – Stichwort Inflation – auch noch als profitable Anlage erweisen.

Welche Auswirkungen hat dies alles bis in unsere Gegenwart?

Die Vermögensunterschiede haben sich verfestigt, die soziale

Mobilität ist geringer geworden. Die Immobilieninflation bescherte einer bestimmten Gruppe der Gesellschaft einen anstrengungslosen Vermögenszuwachs, also ein Phänomen, das dem Leistungsprinzip widerspricht und dem Ideal der Meritokratie eigentlich zuwider sein müsste. Andere Wirkungen sind noch gravierender: Auch das Schulsystem und die Universitäten wurden umgestellt auf die Prinzipien unternehmerischer Profitorientierung und Gewinnmaximierung, die Gesellschaft durchlebt die Konsequenzen fortschreitender Spaltung und wachsender Gegensätze.

Was hier für Großbritannien beschrieben wurde, gilt auch für andere große Volkswirtschaften. Die Muster sind vergleichbar: Bei ähnlicher Arbeitsleistung setzen sich Inflationsgewinner überproportional und ohne eigenes Verdienst gesellschaftlich ab und übertragen die Gewinne auf die nächste Generation in Form von Geld, Immobilien, vor allem aber einem Zugang zu internationaler Ausbildung, die diesen Prozess zu ihren Gunsten weiter beschleunigt.

Der britische Markt für kostspielige Privatschulen (»public schools«) ist seit Jahrhunderten bekannt. Eton, Rugby oder Winchester sind auch über die Landesgrenzen hinaus begehrte Schulstätten für vermögende Eltern, die ihren Kindern optimale Startchancen bieten möchten. Neben einer Ausbildung, die schon durch die Kosten – allein bis zu 50.000 Pfund Gebühren pro Jahr – elitär ist, öffnen die »public schools« den Weg zu lebenslangen Verbindungen und einem internationalen Netzwerk von Eltern und Schülern, das später nützlich bleibt. Das ist nicht verwerflich, solange die damit erworbenen Vorteile auf eigener Leistung beruhen. Genau dies darf aber aus mehreren Gründen bezweifelt werden. Die Gebühren sind sozial prohibitiv, d. h., nur wer zahlt, kann sich diese Ausbildung leisten, in der Regel nicht der noch so talentierte Mittellose, für den es nur höchst begrenzten Zugang gibt. Merkwürdig genug wird diesen Privatschulen darüber hinaus ein gemeinnütziger Status zugebilligt, der ihnen enorme Steuervorteile beschert. Also Subventionen aller Steuerzahler für die Ausbildungsstätten eines ohnehin privilegierten Milieus.

Bleiben wir in Großbritannien: Neben den international bekannten Privatschulen entwickelte sich ein großer Markt mit ähnlichen Angeboten und dem Versprechen, die Schülerinnen und Schüler besser als staatliche Schulen für die Aufnahme an den begehrten Universitäten vorzubereiten. Auch hier gibt es eine seit Jahrhunderten etablierte Hierarchie. An der Spitze stehen Oxford und Cambridge, dann folgen gut zwei Dutzend renommierter Universitäten, einige davon in London, der Rest über die Insel verteilt und alljährlich in Rankings international präsentiert. Deren Abschlüsse gelten – im globalen Markt mit zunehmender Berechtigung – ebenfalls als begehrte Eintrittskarten für lukrative Jobs.[40]

Hier zeigt sich ein Zusammenhang von Immobilieninflation, Monetarisierung des Schulunterrichts, Chancen auf einen Universitätsabschluss und die Aussicht auf ein Arbeitseinkommen, mit dem sich der soziale Status sichern oder erhöhen lässt.

Die Universitäten entscheiden selbstständig, wen sie als Studierende aufnehmen. Weil sie als Wirtschaftsunternehmen organisiert sind und wesentlich von Studiengebühren und Spenden leben, verbinden sie dabei mehrere Interessen: Sie möchten möglichst kluge Studierende, die später in Führungspositionen als Unternehmer, Manager, Politiker (einige vielleicht auch als Wissenschaftler) erfolgreich sind, um das Renommee und vor allem das Einkommen der Universitäten zu erhöhen. Denn erfolgreiche Absolventen, das ist bekannt, spenden ihren ehemaligen Universitäten enorme Summen.

Zumal dann, wenn sie wie in Oxford und Cambridge für die Spende ein hohes Prestige für den eigenen Namen erkaufen können. Erfolgreiche Wissenschaftler wiederum versprechen den Universitäten Einnahmen durch Patente, öffentliche Fördergelder und Zuwendungen aus der Industrie. Es ist kein Schaden, wenn Studienbewerber ein reiches Elternhaus im Hintergrund haben. Das ist nicht nur für die Studierenden von Vorteil, weil sie problemlos alle Gebühren bezahlen können und keine Jobs für ihren

Lebensunterhalt annehmen müssen. Reiche Eltern versprechen auch sonst generöse Unterstützung zur Förderung ihrer Kinder.

Nun würde es zu Recht einen Aufschrei provozieren, wenn etwa Oxford und Cambridge, die mit Abstand begehrtesten Universitäten, ihre Bewerber offen nach dem Geldbeutel der Eltern auswählen würden. Deshalb sollen Studienplätze der Idee nach entsprechend den Noten der Bewerberinnen und Bewerber angeboten werden. Die Statistiken über den Hochschulzugang zeigen allerdings seit Jahrzehnten, dass die Schülerinnen und Schüler von Privatschulen einen weit überproportionalen Anteil der Studierenden etwa in Oxford und Cambridge stellen. Und wie zufällig findet sich gerade an den begehrtesten Universitäten ein bedeutender Anteil von Studierenden aus sehr wohlhabenden Familien sowohl aus Großbritannien wie dem Rest der Welt.

Nehmen wir zunächst ganz naiv an, diese Auswahl basiere allein auf den guten Noten der Bewerber. Woher kommen die? Die Antwort ist naheliegend: Die Chancen steigen mit den Ressourcen der Institute. Staatliche Schulen kämpfen um Steuermittel, die vom politischen Willen abhängen. Wenn die politische Ideologie ohnehin der Meinung ist, dass Individuen und Familien die eigentliche Keimzelle aller staatlichen Gemeinschaft bilden, liegt es nahe, Eltern und Familien selbst für die Ausbildung wählen und für die erwartete Leistung zahlen zu lassen. Privatschulen sind in dieser Ideologie die natürliche Konsequenz der Vorstellung, dass es »so was wie Gesellschaft« nicht gibt. Die Folgen sind für alle sichtbar.

Der Wettlauf beginnt direkt nach der Geburt. Eltern, die es sich leisten können, lassen ihre Kinder in privaten Kindergärten erziehen, um eine möglichst intensive frühkindliche Förderung zu erhalten. Für diese Kinder ist der Schritt zur Privatschule erste Wahl, um auch hier eine größtmögliche Förderung zu erreichen. Die Privatschulen wiederum garantieren, dass Schüler hier besser abschneiden als gleich begabte Kinder auf staatlichen Schulen. An Privatschulen ist die Zahl der Lehrer pro Schüler deutlich höher als in öffentlichen. Außerdem bieten sie vielfältige Unterstützung, um bessere Noten zu erzielen. Hinzu kommen weitere Effekte der privilegierten Erziehung: das Bewusstsein, zu einer besonderen, finanziell herausgehobenen Elite zu gehören. Mit besseren Noten und intensiverer persönlicher Förderung erhöhen sich für diese Kinder die Chancen, einen Studienplatz an einer der renommierten Universitäten zu erhalten. Als Graduierter einer solchen Hochschule wiederum erhöht sich die Wahrscheinlichkeit, einen überdurchschnittlich zahlenden Arbeitgeber zu finden.

Hier schließt sich der Kreis zur Immobilieninflation: Es ist ein natürliches Bedürfnis in jeder Familie, seinen Kindern eine bestmögliche Erziehung zu sichern. In der britischen Klassengesellschaft hatten Wohlhabende schon immer größere Chancen, ihren Kindern eine kostspielige Ausbildung zu ermöglichen. David Cameron und Boris Johnson sind exemplarisch. Aber bis in die 1980er Jahre dominierte in vielen Ländern der westlichen Welt die Auffassung, dass der Staat die Aufgabe habe, Talente aller Klassen zu fördern, unabhängig vom Einkommen der Eltern. Neue Universitäten wurden gegründet, Fachhochschulen erweitert und umgewidmet, die Zahl der Hochschüler vervielfachte sich seit den 1960er Jahren, und der soziale Aufstieg mittels Hochschulabschluss wurde zu einer klassenübergreifenden Chance.[41]

Mit dem Neoliberalismus begann die soziale Segregation auf neue, andere Weise: Die Umstellung von Hochschulen auf Businessmodelle, deren Aufgabe weniger darin lag, Bildung zu vermitteln und wissenschaftliches Talent zu fördern, als vielmehr Studienabschlüsse auf einem globalen Markt anzubieten. Universitäten bekamen ein Preisschild und wurden zu Unternehmen mit Gewinnzielen umstrukturiert, die ihre Abschlüsse einem weltweiten Kundenkreis offerierten. Für die wachsende Mittelklasse vor allem in China und Indien war es prestigeträchtig, die eigenen Kinder zum Studium auf eine britische Universität zu senden. Damit gewannen sie internationale Erfahrung und hatten bei ihrer Rückkehr Vorteile auf dem heimischen Markt.

Ausländische Studierende zahlen hohe Gebühren und sind deshalb für viele Universitäten mindestens so attraktiv wie Einheimische. Aber auch die einheimischen Studierenden sahen sich mit laufend steigenden Eintrittskosten konfrontiert. Zur Jahrtausendwende lagen die Studiengebühren bei 1.000 Pfund pro Jahr, stiegen dann auf 3.000 Pfund und liegen inzwischen bei mehr als 9.000 Pfund. Für den Lebensweg bedeutet das: Zu den Kosten für private Kindergärten und private Schulen kommen steigende Studiengebühren. Bei der Konkurrenz um die besten Plätze ist im Vorteil, wer sich im Wettbewerb besser vorbereiten kann – das bedeutet in der Regel: wer zu jeder Zeit die finanziellen Ressourcen hat, um sich optimale Förderung leisten zu können.

Entscheidend ist, dass die individuelle Chance zum sozialen Aufstieg weniger von Leistung abhängt als von Finanzkraft und Sozialmilieu – und dass hier der Immobilienboom die Teilung zwischen Gewinnern und Abgehängten direkt fördert. Alle, die seit den 1980er Jahren von der Inflation profitierten, konnten daraus über mehrere Jahrzehnte erhebliche Summen nutzen, um sie für den weiteren Aufstieg zu investieren. Den Erfolg rechneten sie als Verdienst ihrer eigenen Leistung zu.

Hier liegt der eigentliche Denkfehler des von Thatcher betriebenen Neoliberalismus: Menschen gelingt es immer seltener, sich gemäß Talent und Fleiß hochzuarbeiten, wie es eigentlich der Vorstellung eines freien Marktes mit offenem Wettbewerb entspricht. In der Realität müssen sie von Kindesbeinen an immer höhere Finanzhürden meistern, um überhaupt Marktzugang zu behalten, während jene gefördert werden, die ohne eigenes Verdienst am Zufall der Inflationsgewinne teilhaben.

Diese wachsende Spaltung zwischen zufälligen Inflationsgewinnern und unverschuldet Abgehängten ist kein rein britisches Phänomen. Sie findet sich in den Vereinigten Staaten und vielen Teilen Asiens, wo eine »Mittelklasse« in hohem Maße von der Immobilieninflation profitiert hat. Auch in Deutschland wirken diese regionalen Unterschiede: Wer 1970 ein Haus zu identischen Kosten in Kiel, Essen, Saarbrücken oder München gebaut hat und es fünfzig Jahre später verkauft, erhält höchst unterschiedliche

Erträge – einen allenfalls geringen sechsstelligen Betrag in den meisten Regionen bis hin zum Millionenertrag in München. Die Unterschiede von vielen hunderttausend Euro sind kein Produkt individueller Lebensleistung. Entscheidend ist das Phänomen, das in der Gesamtperspektive deutlich wird: All diejenigen, die von dieser Entwicklung profitieren – in England ungefähr zwei Drittel der Gesellschaft –, schreiben diese Prosperität vor allem ihren eigenen Leistungen zu und fordern eine Reduktion des Sozialstaates, weil sie der Meinung sind, dass ihr eigener Lebensweg Beweis genug ist, »dass es jeder schaffen kann«.

Jenes Drittel der Gesellschaft, das an diesem Boom nicht profitieren konnte, weil es keine arbeitsfreien Gewinne durch Inflation einfahren konnte, ist über die Jahrzehnte von den Möglichkeiten des eigenen sozialen Aufstiegs kontinuierlich weiter weggedrängt worden. Kein Geld für private Kindergärten, keine Möglichkeit für private Schulausbildung, entsprechend schlechtere Abschlussnoten, weniger Sozialprestige, geringere Chancen auf einen Studienplatz an einer renommierten Universität und entsprechend verringerte Chancen auf einen gut bezahlten Arbeitsplatz.

Das Ergebnis der neoliberalen Entfesselung ist gerade nicht die Chancengleichheit für gleich talentierte und gleich fleißige Menschen, sondern die Förderung permanenter Ungleichheit. Für jede Gesellschaft, die politisch stabil und wirtschaftlich kreativ bleiben möchte, ist dies die größte Herausforderung.

Der neue Systemwettbewerb

Die Zäsur des Jahres 1990 bedeutete nicht nur die Niederlage des sowjetischen Planmodells. Es folgte zugleich eine große Vereinheitlichung im Sinne des liberalisierten Weltmarktes. Auch autoritäre Regime waren gezwungen, sich auf diesem Markt zu bewegen, um im Wettbewerb die eigene Stabilität zu sichern.[42] Wie hat sich dieser globale Wettbewerb in den Jahrzehnten seit 1990 entwickelt, und was bedeutet dies für die Gegenwart?

Nach dem Ende des Kalten Krieges entstanden, entsprechend den jeweiligen Quellen ihrer Finanzkraft, drei Kategorien von Staats- und Wirtschaftsmodellen. Zunächst die klassisch-demokratischen Produktionsstaaten, marktwirtschaftlich strukturiert, mit hoher Innovationsdynamik, darunter die meisten europäischen Länder, Nordamerika und Japan. Als Zweites die traditionellen Rohstoffstaaten mit geringer Innovationsdynamik – vor allem Russland sowie die Ölförderländer – sowie als dritte Gruppe jene Produktionsstaaten mit teilautoritären Traditionen, die mitunter ebenfalls eine hohe Innovationsdynamik entwickelten. Dazu zählen Südkorea, Taiwan, Singapur und Indien (als Länder mit teilautoritären Traditionen) sowie die Volksrepublik China als die weltweit bedeutendste autoritär geführte Volkswirtschaft.

In den Staaten, die während des Kalten Krieges als »westlich« charakterisiert waren, blieb das Modell der Marktwirtschaft stabil und dynamisierte sich zusehends. Angefacht durch den neoliberalen Zeitgeist, der nun erst recht als Siegerideologie auftrat, erwiesen sich die 1990er Jahre vielerorts als ein Jahrzehnt des entfesselten Kapitalismus. Es gab einen Boom der Privatisierungen, »Verschlankungen« des Staatsengagements und eine Expansion der Finanzmärkte, die immer neue Instrumente des Wertpapierhandels erfanden, mit denen Börsen- und Kapitalwerte geschaffen wurden, die sich oft weit von der Realwirtschaft entfernten.

Beispielhaft zeigte dies die bundesdeutsche Investitionsblase um die Jahrtausendwende am sogenannten Neuen Markt. Einige Unternehmen mit wenigen dutzend Beschäftigten erreichten plötzlich Marktkapitalisierungen in dreistelliger Millionenhöhe. Der Boom brachte vielen Deutschen erstmals die Investition in Aktien nahe, er traf allerdings auf eine Kultur der finanziellen Unkenntnis und des Desinteresses.[43] Während in den angelsächsischen Ländern, vor allem den Vereinigten Staaten, die keine staatliche Rentenversicherung kennen, der langfristige Aufbau eines Wertpapierdepots zur Alterssicherung schon seit Jahrzehnten geübte Praxis war, lebte die Mehrheit der Deutschen mental noch in der Tradition des Obrigkeitsstaates mit seinem Versorgungsversprechen und dem Vertrauen ins Sparbuch.

Aus der Euphorie rascher Gewinne erwachten viele Neulinge mit horrenden Verlusten – und stellten gleich das ganze System in Frage. Statt die Hintergründe zu erkunden – Rückschläge sind so normal wie Dividenden –, kehrten sie den Anlageformen von Aktie und Unternehmensbeteiligung enttäuscht den Rücken. Der Bevölkerungsanteil von Wertpapierbesitzern stagniert seither auf niedrigem zweistelligem Niveau.[44]

Ein weiteres Phänomen, das unmittelbar mit der neoliberalen Entfesselung zusammenhing, war die massive Erhöhung der Umlaufgeschwindigkeit. 1980 lag die Haltezeit für eine Aktie bei rund zehn Jahren, 1999 bei nur noch einem Jahr, im Jahr 2000 bei unter acht Monaten. Im hektischen Handeln spiegelte sich das Missverständnis (und die Gier), schnelles Geld machen zu können. Dieser Zeitgeist war ein neues Phänomen, in dem sich die Folgen des Neoliberalismus mit dem Ende des Kalten Krieges und der Entfesselung des globalen Marktes verbanden.

Insgesamt betrachtet profitierten die klassisch-demokratischen Produktionsstaaten von den Entfesselungen des globalen Marktes nach 1990. Die unterschiedliche Teilhabe an den Gewinnen verstärkte jedoch gleichzeitig die inneren Spannungen.

Anders die Rohstoffstaaten. Bis zu ihrem Ende war die Sowjetunion ein rohstoffreiches Land, das aufgrund seines Wirtschaftsmodells gleichwohl nur auf einem einzigen, überlebensnotwendigen Feld Spitzentechnologie produzierte: in der Militärtechnik (»Obervolta mit Raketen«, wie Bundeskanzler Helmut Schmidt es ausdrückte). Fehlende Tradition, mangelnde Rechtssicherheit und die Netzwerke der alten Nomenklatura verhinderten nach der Auflösung der UdSSR, dass aus der Planwirtschaft eine moderne Produktionswirtschaft werden konnte. Vielmehr sicherten sich in nahezu allen Nachfolgestaaten gewiefte Technokraten und Funktionäre Erbstücke aus dem Rohstoff- und Industrievermögen. Die Mehrheit der Bevölkerung blieb außen vor.

Einige dutzend Männer, die enge Verbindungen zur politischen

Macht pflegten oder selbst Politiker waren, erlangten die Verfügungsgewalt über ehemalige Staatsunternehmen, die den Zugang zu Rohstoffen und verwandten Ressourcen sicherten. Sie brachten ein neues Phänomen internationaler Unternehmer hervor: den Oligarchen. Phänomenal war nicht nur ihr rasanter Aufstieg zu unfassbarem Reichtum, der in einem demokratischen Rechtsstaat niemals möglich wäre. Ebenso beeindruckend war es, wie sie diese Finanzmacht zur Schau stellten. So flossen Gewinne, die in russischen Bergwerken, Stahlkombinaten oder Raffinerien aus heimischen Ressourcen stammten, in Millionenbeträgen in die Immobilienmärkte europäischer Großstädte, allen voran nach London.[45]

Zu dieser Staatenkategorie zählen ebenso die arabischen Ölstaaten, deren Scheichs eine ältere Form der Oligarchen repräsentieren. Aber auch Großbritannien, das traditionell zur oben erwähnten ersten Kategorie zählte, wurde durch das Nordseeöl zum Rohstoffprofiteur. Seit November 1975 sprudelte das Öl vor der schottischen Küste und mit ihm die Staatseinahmen. Das Ölgeld brachte jährlich leistungslose Milliardeneinnahmen, die in manchen Jahren mehr als fünf Prozent des Bruttoinlandsprodukts erreichten.[46] Zwar überschritt die Förderung 1999 ihren Höhepunkt, bringt aber weiterhin jedes Jahr mehrere Milliarden Pfund in den britischen Staatshaushalt. Die Förderindustrie hat darüber hinaus weitere Wohlstandseffekte durch Löhne, Logistik und Maschinenbau,[47] die allesamt einem Geschenk der Natur und nicht eigener Leistung zu verdanken waren.[48]

In der dritten Kategorie von Staaten konzentrieren wir uns auf China. Aus zwei Gründen: Die Staaten mit teilautoritärer Tradition wie Taiwan, Südkorea oder Indien haben sich zu demokratisch-marktwirtschaftlichen Wettbewerbern entwickelt, die auf ähnliche rechtsstaatliche und handelspolitische Normen zurückgreifen, wie es zwischen demokratisch-parlamentarischen Staaten und Wirtschaftssystemen üblich geworden ist.

China dagegen hat eine Mischung gewählt: Die marktwirtschaftliche Liberalisierung geht einher mit einer politischen Führung, die weiterhin fest in Händen der Kommunistischen Partei mit ihrem Anspruch auf Alleinherrschaft liegt. Parallel zur Entfesselung der neoliberalen Marktorthodoxie in den klassisch-demokratischen Produktionsstaaten hat die Volksrepublik China ihre Wirtschaftsmacht zur zweitgrößten des Globus emporgeschraubt. Inzwischen beansprucht sie, mit ihrer autoritären Lenkung ein überlegenes System für die Zukunft entwickelt zu haben.[49] Zugespitzt formuliert, hat diese Systemkonkurrenz diejenige des Kalten Krieges abgelöst. Wir müssen uns dieser Konkurrenz mit klarem historischem Bewusstsein stellen.

Die Öffnung für den Markt bei gleichzeitiger Beharrung auf der Dominanz der Kommunistischen Partei erschien zunächst wie eine politische Schizophrenie. Doch die globalen Entfesselungen des Marktes wirkten wie geschaffen, sich mit preiswerten Arbeitskräften dem internationalen Wettbewerb zu stellen und sich gleichzeitig als Ort von mehr als einer Milliarde Konsumenten anzubieten. Viele Unternehmen aus Europa empfanden das direkte Engagement in China als ökonomische Notwendigkeit und gigantische Verlockung zugleich. Dabei waren viele Firmen gezwungen, als Preis für den Marktzugang einen erheblichen Wissenstransfer zu akzeptieren. Das galt in den Bereichen Technologie und Ingenieurswesen ebenso wie in der wissenschaftlichen Forschung.

Inzwischen ist offensichtlich, dass die chinesische Führung mit ihrem »Modell« eine bewusste Systemkonkurrenz vorantreibt. Sie betrifft vor allem die Staaten der ersten Kategorie. Deren Wohlstand wiederum basiert auf wissenschaftlicher Forschung und technisch innovativer Produktion kombiniert mit einer offenen Gesellschaft, parlamentarischer Demokratie, einer freien Presse und der Wahrung individueller Menschenrechte. Die Herausforderungen dieser Prinzipien lassen sich nicht ignorieren.

Wie können diese Staaten im Wettbewerb der Systeme bestehen? Welche Reformen sind nötig, damit sie ihre Innovationskraft erhalten und ihre Freiheit verteidigen können?

Um diese Fragen zu beantworten, gilt es zwei Faktoren in historischer Perspektive näher zu betrachten. Zum einen die Entwicklung der globalen Wirtschaftskräfte. Und zum anderen die Wandlungen der Einkommens- und Vermögensverhältnisse seit den 1980er Jahren. Denn gerade hier sind Reformen dringend nötig, um das Kreativpotential der demokratisch-produktiven Staaten zu sichern und wieder so zu motivieren, dass sie die historisch erfolgreiche Dynamik auch in der neuen Systemkonkurrenz zum Tragen bringen können. Auf lange Sicht auch im Dienste all jener Menschen, denen die volle Freiheit individueller Menschenrechte heute noch nicht verfügbar ist.

Das Ende des Kalten Krieges ist zugleich der Beginn einer neuen Epoche mit einem globalen Anstieg der Produktion von Technik, Dienstleistungen, Konsumgütern und medizinischer Versorgung.[50] Nahezu alle Staaten der Welt konnten von dieser Expansion profitieren. Das wichtigste wirtschaftliche Phänomen dieser drei Jahrzehnte ist dabei der erwähnte Aufstieg Chinas innerhalb der Marktwirtschaft, aber auch die weiterhin enorme Leistungs- und Innovationskraft der demokratischen Produktionsstaaten.

Exemplarisch ablesen lässt sich diese Entwicklung an den Zahlen des weltweiten Bruttoinlandsprodukts (BIP).[51] Das globale BIP betrug 1970 rund 19 Milliarden US-Dollar, zwanzig Jahre später hatte sich der Wert verdoppelt. Anfang der 1990er Jahre war der entsprechende Anteil Chinas und der Russischen Föderation etwa gleich hoch. Der Anteil der EU-Staaten lag bei rund dreißig Prozent, die Vereinigten Staaten bei knapp unter einem Viertel, die gesamte übrige Welt bei gut 43 Prozent.

Über das folgende Vierteljahrhundert ist der Anteil Chinas auf rund 13 Prozent gewachsen. Der Anteil der Vereinigten Staaten lag immer noch deutlich über 21 Prozent, die 28 Staaten der EU erreichten mehr als 23 Prozent – die übrige Welt summierte sich fast unverändert wie Anfang der 1990er Jahre auf etwa 42 Prozent.

Erstaunlich ist dabei die Gesamtvergrößerung, von der alle Staaten und Menschen potentiell profitieren können: das Welt-BIP erhöhte sich bis 2017 auf mehr als 80 Milliarden US-Dollar. Während China zwar das größte Wachstum verzeichnete, bestätigte die globale Entwicklung auch die Anpassungs- und Leistungsfähigkeit der traditionellen demokratischen Marktwirtschaften: Europa und Nordamerika repräsentierten in dieser Zeit »nur« rund ein Achtel der Weltbevölkerung, aber die beiden Regionen produzierten weiterhin rund die Hälfte des globalen BIP.

Einen weiteren Aha-Effekt liefert der Blick auf die fünfzehn größten Volkswirtschaften. Betrachtet man dabei nicht allein die Nationalstaaten, sondern einzelne amerikanische Bundesstaaten als selbstständige Einheiten, so zeigt sich ein verblüffendes Bild: Die Vereinigten Staaten sind 2018 noch immer die größte Volkswirtschaft, gefolgt von China, das ungefähr zwei Drittel der US-Größe erreicht hat (mit einer mehr als viermal größeren Einwohnerzahl). An dritter und vierter Stelle folgen Japan und die Bundesrepublik. Bereits an fünfter Stelle folgt Kalifornien, dessen Wirtschaftskraft vor Großbritannien rangiert.[52] Texas liegt an elfter Stelle vor Kanada, der Bundesstaat New York an dreizehnter Stelle vor Südkorea und Russland.[53]

Bemerkenswert ist dabei nicht nur die Wirtschaftskraft einzelner US-Bundesstaaten, sondern auch das Gesamtbild. Die fünf größten Volkswirtschaften der Erde – die USA, China, Japan, Deutschland und Indien – generieren zusammen mehr als die Hälfte des globalen Bruttosozialprodukts![54] Die demokratisch-produktiven Staaten bilden also weiterhin substantielle globale Wirtschafts- und Produktionskräfte.

Russland ist ökonomisch allenfalls eine Mittelmacht, die im Vergleich mit China kontinuierlich weiter zurückfällt. Militärisch bleibt Russland eine Weltmacht. Aber gerade weil das Land diese Rolle zu spielen versucht, überfordert der außenpolitische Ehrgeiz die innere Leistungskraft für die Bedürfnisse der Bevölkerung, deren Lebensstandard zurückbleibt und tendenziell weiter fällt. Auswanderung und Kapitalflucht sind zwei Indikatoren, an denen die Folgen abgelesen werden können. Selbst wenn die Kombination aus Rohstofferträgen und autoritärer Führung das Land auf absehbare Zeit vermutlich stabil halten kann – im globalen Wettbewerb droht der weitere Abstieg.

Angesichts der chinesischen Erfolgsgeschichte sind die demokratischen Staaten wie vor 1990 gefordert, um ihre wirtschaftliche, finanzielle und gesellschaftliche Resilienz zu sichern, aber auch, um die eigene Bevölkerung weiterhin von der Wettbewerbsfähigkeit des eigenen politisch-ökonomischen Modells und ihres demokratisch-partizipativen Motors zu überzeugen.

An dieser Stelle verbindet sich die wachsende globale Systemkonkurrenz, die von der Volksrepublik China ausgeht, mit der Frage nach der Einkommens- und Vermögensverteilung in den herausgeforderten marktwirtschaftlichen Demokratien. Politische Legitimation durch wirtschaftliche Partizipation wird dabei zu einer Überlebensfrage im 21. Jahrhundert.

Die chinesische Herausforderung

Der Staatsapparat und die Kommunistische Partei der Volksrepublik China leitete aus dem Boom des Aufstiegs über die vergangenen dreißig Jahre mehrere Behauptungen ab: Nicht nur sei die autoritäre Führung der Garant des Erfolges, die Entwicklung der vergangenen Jahrzehnte habe zudem die Überlegenheit dieser Wirtschaftsordnung erwiesen. Beides zusammengenommen liefere den Beweis einer spezifischen Kultur, die für alle Menschen und Lebensstrukturen des Landes gelte. Die Erfolge der vergangenen Jahrzehnte seien der Beleg, dass die universalen Menschenrechte für dieses System keine Gültigkeit hätten, sondern als Einmischung in die inneren Angelegenheiten der chinesischen Politik und Kultur zu betrachten seien. Das eigene Modell werde sich durchsetzen, weil es seine Überlegenheit bewiesen habe. Um das »Erfolgsmodell« zu sichern, müssten Vorstellungen von individueller Freiheit, demokratischer Partizipation, Meinungsfreiheit und Gewaltenteilung bekämpft werden.

Was bedeutet diese Kombination aus Selbstbild und Machtanspruch? Hier präsentiert sich eine Ideologie, die den Machterhalt einer Partei mit den Anforderungen des globalen Marktwettbewerbs begründet. Wettbewerb dieser Art ist historisch nicht neu, im Gegenteil: Der Konkurrenzkampf der europäischen Dynastien bis ins 19. Jahrhundert ist hier ebenso Vorbild wie der nationalistische Wettbewerb der Großmächte vor 1914 oder die globale Konkurrenz des Kalten Krieges bis 1990. Neu ist jedoch der Anspruch, dass eine Marktwirtschaft sich autoritär organisieren lasse und diese Kombination der Marktwirtschaft westlicher Prägung überlegen sei.

Hier ist die offene Gesellschaft direkt herausgefordert. Wie grundsätzlich dieser Wettbewerb inzwischen geworden ist, zeigen die Erfahrungen der Corona-Krise des Jahres 2019/20. Das Virus war nach allen Erkenntnissen im Herbst 2019 in der chinesischen Provinz Hubei erstmals auf den Menschen übertragen worden. Von dort verbreitete es sich und löste eine Pandemie aus, von der nahezu alle Staaten betroffen wurden. Die behördlichen Maßnahmen in Europa und Nordamerika schränkten das öffentliche Leben und die Wirtschaft über mehrere Monate massiv ein. In den demokratischen Staaten reagierten die Regierungen in einem fortschreitenden Lernprozess. Die Bevölkerungen der parlamentarisch-föderalen Staaten verstanden und akzeptierten in ihrer übergroßen Mehrheit die zum Teil gravierenden Einschränkungen. (Auf Sonderfälle wie die USA oder Brasilien gehen wir später ein.)

Die Volksrepublik China (und für einen kurzen Moment auch Russland) versuchten, die Krisenhaftigkeit in Europa, insbesondere in Italien und anderen stark betroffenen Ländern, zu nutzen, um sich als »überlegene« Unterstützungsmächte zu profilieren. Die demonstrative Lieferung von medizinischen Hilfsgütern aus China nach Europa war eine Botschaft: Seht her, wir haben nicht nur zu Hause Dank der Partei alles unter Kontrolle, wir können problemlos in aller Welt helfen, vor allem dort, wo freie, offene Gesellschaften mit ihren demokratisch-parlamentarischen Regierungen sich als vermeintlich weniger effizient erweisen![55]

Die chinesische Führung verfolgte eine Strategie aus praktischer Machtpolitik und humanitärer Propaganda, die bewusst das von ihr abgelehnte Modell der parlamentarischen Demokratie zum Gegner erklärt. Sie fokussierte auf das autoritäre Prinzip der eigenen Machtsicherung und der weltweiten Systemauseinandersetzung. Ihre Haltung ist kein Geheimnis. Sie kommunizierte die ideologischen Hintergründe beispielsweise ausführlich in dem als »Dokument 9« bekannt gewordenen »Communiqué über den Stand der Ideologie«, das mit Datum des 22. April 2013 als Orientierung und Weisung an die lokalen Parteigliederungen übermittelt wurde. Unzweideutig werden Demokratie und Universalität der Menschenrechte darin abgelehnt und die ideologische Gegnerschaft der kommunistischen Partei und der politischen Führung des Landes zu den Gesellschaftsformen des Westens beschworen.[56]

Regelmäßig wiederkehrende Argumente einer vermeintlich größeren »Effizienz« autoritärer Modelle sind geläufig und haben besonders in Krisenzeiten auch in demokratischen Staaten Resonanz gefunden. Historisch sind das Europa der Zwischenkriegszeit mit seiner Tendenz zur Etablierung faschistischer Regime sowie der Erfolg des Nationalsozialismus in Deutschland die markantesten Beispiele.

Aber auch in der Gegenwart finden autoritäre und populistische Heilsversprechen immer wieder Anklang, selbst in traditionell resilienten demokratischen Staaten (Donald J. Trump ist hier zweifellos zuerst zu nennen). Ihre Resonanz entspringt der Sehnsucht nach einfachen Lösungen in komplexen Modernisierungsprozessen. Die globalisierte Wirtschaft und ihr Landesgrenzen ignorierender Wettbewerb hat enorme Wohlstandsgewinne geschaffen. Sie hat dabei jedoch zugleich den Lohnwert einfacher körperlicher Arbeitskraft weltweit nach unten angeglichen und manche ehemals als gesichert geltende Lebensversprechen in den Volkswirtschaften des Westens unterminiert. Dieser Prozess schreitet seit dem Ende des Kalten Krieges fort und wird besonders in Krisensituationen deutlich. So trafen die Folgen des wirtschaftlichen Stillstands während der Corona-Krise vor allem Arbeitnehmer, die auf einem Markt prekär bezahlter Jobs mit geringer sozialer Sicherheit und ungenügenden privaten Reserven beschäftigt waren und nun millionenfach in existentielle Not gerieten. Diese Beschäftigungsformen sind vermutlich die wichtigste Folge des neoliberalen Wirtschaftswandels: Millionen gering bezahlte Beschäftigte im Servicebereich, Solo-Selbstständige, Freiberufler und viele andere Arbeitnehmer ohne feste Verträge bis hin zu sogenannten »zero hour contracts«[57] – sie alle sind ein Produkt von vier Jahrzehnten fortschreitender Marktflexibilisierung.

Die Folgen sind offensichtlich: die ideologische Gegnerschaft autoritärer Regierungen mit bedeutender Wirtschafts- und Marktmacht einerseits und Aushöhlung der inneren Resilienz der demokratischen und sozialen Marktwirtschaft durch die ungenügende Bearbeitung der Folgen – aus all dem ergibt sich die Notwendigkeit, die Widerstandskraft, die allen demokratischen Gesellschaften ihrem Wesen nach innewohnt, zu erneuern. Das bedeutet, dass wir uns dem Systemwettbewerb stellen und unsere Errungenschaften mit demokratischen, marktwirtschaftlichen, auf technischen Fortschritt und weiteren Wohlstand zielenden Mitteln verteidigen müssen.[58] Der entscheidende Schlüssel hierfür ist eine gezielte Stärkung wirtschaftlicher Partizipation im Rahmen und mit den Mitteln der Marktwirtschaft.

Wie Einkommen verteilt werden

Wir haben eingangs beleuchtet, wie sich die Einkommen vieler Unternehmensführer von den Durchschnittsverdienern zunehmend abgekoppelt und die Ungleichheit bei Einkommen und Vermögen befördert haben. In den Vereinigten Staaten gab es in den vergangenen 40 Jahren eine Umkehr von Lohnzuwächsen in unteren Einkommensgruppen hin zu signifikanten Zuwächsen an der Spitze. Diese Entwicklung zerstört die reale und die imaginierte Chancengleichheit, auf der die historische Dynamik nicht nur der US-Ökonomie basiert.

Im Zuge der weltweiten Arbeitsteilung haben sich diese Chancen noch weiter verschlechtert. Die globale Marktwirtschaft hat aus dem Arbeitnehmerwettbewerb auf nationalen Märkten eine globale Konkurrenz werden lassen. Der Stahlarbeiter im Ruhrgebiet konkurriert nicht mehr nur mit dem Kollegen im Saarland oder in Lothringen, sondern auch in China, Russland oder Indien. Die Textilarbeiterin aus Thüringen steht nicht mehr nur im Wettbewerb mit der Kleidungsproduktion in Westfalen, sondern mit der Näherin in Vietnam, China oder Bangladesch. Die Folgen sind zwiespältig: eine Explosion der Angebotsvielfalt mit gleichzeitig sinkenden Preisen und zugleich der Verlust von Arbeitsplätzen in den »alten« Industrieländern.

Wir sehen hier das Ergebnis einer Kombination von Veränderungen, die einerseits einen enormen globalen Wohlstandszuwachs bewirken, andererseits die über mehrere Generationen geltenden klassischen Lebensentwürfe einfacher Arbeitskräfte vielfach zerstört haben. Diese folgen nicht selten populistischen Erlösungspredigern, die inzwischen in allen marktwirtschaftlichen Demokratien Wahlerfolge erzielen.[59]

In den Vereinigten Staaten markiert der College-Abschluss die Trennlinie zwischen der Gefahr dauerhaften Prekariats und einer nachhaltigen Chance auf Aufstieg. Nur wer ihn schafft, hat laut Statistik Chancen, ein Auskommen zu finden.[60] Wir haben den finanziellen Selektionsprozess am Beispiel Großbritanniens vorgeführt, er gilt in ähnlicher Weise auch in anderen Ländern: Weil alle Schritte der Ausbildung, vom Kleinkindalter bis zum Hochschulzugang, enorme Kosten mit sich bringen, ist die soziale Exklusion eine bittere Folge und wird über die Einkommens- und Vermögensstruktur noch verstärkt. Das Auseinanderdriften der oberen und unteren Einkommen unterhöhlt die Chancengleichheit und zerstört langfristig die Gesellschaft als jenen Ort, in dem alle Talente auf dem Markt dieselben Aufstiegsmöglichkeiten haben sollten.

In der Bundesrepublik herrschen andere Schul- und Bildungstraditionen. Die Einführung von Studiengebühren ist gescheitert. Aber auch hierzulande entwickelt sich eine private Erziehungsindustrie, die je nach Finanzkraft der Eltern eine bessere Förderung vom Kindesalter an ermöglicht. Auch hier ist ein direkter Zusammenhang mit der Einkommens- und Vermögensentwicklung sichtbar.

Wenn wir die Einkommensgruppen in zwei Hälften teilen, stellen wir fest, dass der Anteil der unteren Hälfte von mehr als 30 Prozent des Volkseinkommens in den 1960er Jahren auf heute nur noch 17 Prozent gefallen ist.[61]

Der langfristige Trend ist eindeutig: Bis Ende der 1960er Jahre erhielt die untere Hälfte der Einkommensbezieher rund ein Drittel des Volkseinkommens. Bis kurz nach der Wiedervereinigung blieb dieser Anteil bei etwas weniger als einem Viertel weitgehend konstant. Seit der Jahrtausendwende jedoch ist der Anteil kontinuierlich gefallen, während die oberen zehn Prozent beharrlich zulegen: Sie haben ihren Anteil seit Mitte der 1990er Jahre auf 40 Prozent steigern können.[62]

Dabei stehen wir vor einem scheinbar schizophrenen Befund: Die Wohlstandsleistungen unseres Staates (und der meisten anderen der sogenannten »westlichen Welt«) sind seit dem Ende des Zweiten Weltkriegs kontinuierlich gestiegen. Der Sozialstaat schüttet seit dem Ende des Kalten Krieges jedes Jahr steigende Milliardensummen aus: 1990 lag die Summe der Sozialausgeben der Bundesrepublik bei 314,3 Milliarden Euro, was 24,1 Prozent der Wirtschaftsleistung entsprach. Seither sind die Ausgaben ebenso wie die Quote kontinuierlich angewachsen – sie liegen seit der Jahrtausendwende bei fast dreißig Prozent.[63]

Für das Jahr 2018 summierten sich die Sozialleistungen auf 996 Milliarden Euro. Wir »umverteilen« derzeit also fast eintausend Milliarden Euro oder knapp 30 Prozent des deutschen BIP. Und verfehlen trotzdem das Ziel: die untere Hälfte der Bevölkerung an den realen Steigerungen des Volkseinkommens so teilhaben zu lassen, dass sie nicht zurückfallen.[64] Das Ergebnis wirkt bizarr: Die Zahl verfügbarer Güter, die Größe des Wohnraums, die Leistungen zur sozialen Sicherung waren noch nie so groß wie in der Gegenwart. Zugleich entfernen sich die Einkommens- und Ver-

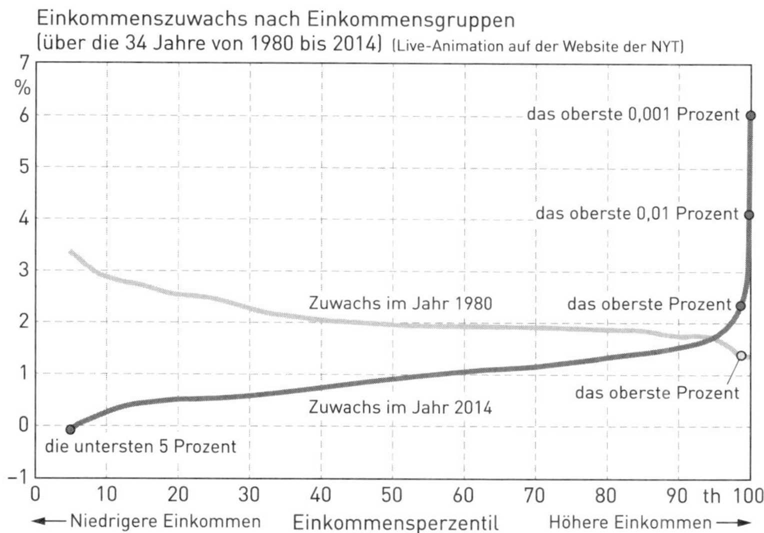

Die faire Teilhabe aller Gesellschaftsgruppen am Wohlstand ist eine dauernde Herausforderung. Die Globalisierung und Liberalisierung der vergangenen vier Jahrzehnte haben enormen neuen Wohlstand geschaffen – bei dessen Verteilung bestimmte Gruppen einseitig bevorzugt und andere benachteiligt wurden: Wiesen die unteren und mittleren Einkommensgruppen 1980 die höchsten Einkommenszuwächse auf, so konzentrieren diese sich seit den 1990er Jahren immer stärker auf die oberste Einkommensgruppe. Dabei kommt den Allerreichsten 0,001 Prozent die mit Abstand größte Steigerung zugute, während das Einkommen der ärmsten 5 Prozent stagniert bzw. sogar sinkt.

mögensgruppen aus der Mitte: Die unteren Gruppen fallen zurück, die großen Einkommen und Vermögen setzen sich ab.

Das Maß der Verteilung aber ist entscheidend für die psychologische Akzeptanz der Gesamtzustände. Das lässt sich in der Geschichte der Bundesrepublik seit den 1950er Jahren gut beobachten: Während es mit einem Durchschnittsgehalt über Jahrzehnte möglich war, Wohneigentum zu erwerben und Altersvorsorge zu betreiben, hat sich durch die Inflation der Immobilienmärkte und das Auseinanderdriften der Gehälter sowie die Abgabenlast der mittleren Einkommen genau dieses Gefühl der fortschreitenden Ungerechtigkeit verstärkt. In dieser Situation befinden wir uns heute.

Der Deutschlandfonds

Die Diskussion über soziale Not und das Wiederentstehen einer Klassengesellschaft hat sichtbare Ursachen und reale Gründe. Bislang ist die Antwort ein Sozialstaat, der sich als Umverteilungsmaschine – Steuern einnehmen, Sozialleistungen ausgeben – versucht. Die Wirkungen des Neoliberalismus und die Erfahrungen der vergangenen drei Jahrzehnte deuten aber darauf hin, dass auf diese Weise kein Ausgleich im Dienst einer leistungsfähigen Gesamtgesellschaft geschaffen wird.

Es lohnt sich in diesem Zusammenhang der erneute Blick auf die Geschichte der politischen Partizipation. Denn die Frage nach der gerechten Beteiligung aller Bürger an den Leistungen der Gesellschaft muss offensichtlich anders beantwortet werden als durch die Methode, ein Drittel des Bruttoinlandsprodukts durch einen gigantischen Apparat sammeln, verwalten und wieder verteilen zu lassen – der am Ende kaum eine Wirkung erzielt. Wir brauchen Maßnahmen, bei denen die Dynamik des freien Wirtschaftssystems erhalten bleibt, die Erträge aber zugleich möglichst vielen Menschen zugutekommen.

Es ist offensichtlich: Wenn die Schere zwischen Spitzenverdienern eines Unternehmens und den Durchschnittseinkommen immer weiter auseinanderklafft, hat das reale Folgen für den gesellschaftlichen Zusammenhalt und für das »Gefühl« der gerechten Entlohnung. Wir haben am eingangs zitierten Beispiel Disney gesehen: Es fehlt nicht an ausreichenden Gewinnen, es mangelt an der Struktur für deren Verteilung.

Wenn Disney-Chef Bob Iger 50-mal so viel erhalten würde wie sein Durchschnittsangestellter, wären das immer noch mehr als 2,3 Millionen Dollar pro Jahr. Beim Faktor 100 wären es mehr als 4,6 Millionen Dollar. Wir erinnern uns: Iger erhielt 65 Millionen. Selbst beim Faktor 100 könnte das Unternehmen 60 Millionen Dollar an die anderen Mitarbeiterinnen und Mitarbeiter verteilen. Kein CEO würde verarmen, wenn eine solche Regel als Maßstab eingeführt würde.[65] Hält man sich vor Augen, dass der durchschnittliche Jahresverdienst der unteren Hälfte der amerikanischen Arbeitnehmer bei 18.500 US-Dollar liegt, ist die Wirkung nachvollziehbar.

Solche Ideen einer neuen Form der Einkommensverteilung stoßen allerdings noch immer auf eine starke Lobby für den vermeintlich freien Wettbewerb, der angeblich den allgemeinen Wohlstand garantiere. Doch die Realität der vergangenen vierzig Jahre hat diesen Trickle-Down-Effekt keineswegs bestätigen können. Unser Beispiel zeigt vielmehr, wie einfach das »trickle down« organisiert werden könnte: Die ohnehin verfügbare Summe müsste anders verteilt werden.[66] Die Belohnung für gutes Management und Markterfolge bliebe erhalten, ohne durch Exzesse die Legitimität des gesamten Wirtschaftsmodells in Verruf zu bringen.

Eine mögliche Lösung wäre die wirtschaftliche Partizipation nach marktwirtschaftlichen Prinzipien. Und die einfache erste Option wäre zum Beispiel ein Fonds, in den Aktien eines Unternehmens als Äquivalent zu Steuerzahlungen übertragen werden und die der Gesellschaft als Ganzes nützen. Nennen wir ihn Deutschlandfonds. Die Organisation könnte sich am Vorbild des norwegischen Staatsfonds orientieren, in dem die Öleinnahmen des Landes für künftige Generationen weltweit investiert werden. Ein anderes Modell sind globale Vermögensverwalter, etwa das inzwischen auch in Deutschland bekannte Unternehmen Black-Rock. Beide sind im Grunde nur große Sammeltöpfe für Unternehmensbeteiligungen, die den Zweck haben, auf viele Jahrzehnte stabile Erträge zu erhalten. Höchst selten greifen sie in die aktive Unternehmensführung ein. Es geht vielmehr um Stabilität, langfristige Unternehmensführung und sichere Einnahmen.[67]

Der Deutschlandfonds müsste von parteipolitischen Einflüssen und Etatfragen unabhängig sein. Um das Prinzip zu erklären, soll hier ein konkretes Beispiel dienen, in dem wir uns auf die großen Einkommen und Vermögen konzentrieren: Ab hundert Millionen Euro Vermögen und Einkommen sollte ein halbes Prozent pro Jahr an den Deutschlandfonds abgegeben werden.[68] Ab einer Milliarde ein Prozent, ab zehn Milliarden zwei Prozent. Stets von dem, was einer bestimmten Person zuzurechnen ist. Es kann und darf nicht darum gehen, die Mehrheitseigentümer zu enteignen.

Im Gegenteil hat jede Gesellschaft ein Interesse daran, dass Unternehmer große Vermögen schaffen und für ihre Lebenszeit erhalten können. Spielen wir den Deutschlandfonds deshalb am Beispiel von BMW durch, für das im Sommer 2019 ein prominenter Sozialdemokrat die Enteignung der Eigentümerfamilie forderte. Mit Stand 2019 waren rund 658 Millionen BMW-Aktien im Umlauf;[69] davon gehören 46,8 Prozent den Geschwistern Susanne Klatten und Stefan Quandt. Das sind, um das Rechenbeispiel einfacher zu machen, rund 300 Millionen Aktien. Die Dividendensumme betrug im Jahr 2015 rund 2,1 Milliarden Euro, 2016 waren es 2,3 Milliarden, 2017 mehr als 2,6 Milliarden, 2018 wieder rund 2,3 Milliarden. Davon entfielen jeweils 46,8 Prozent auf die beiden Hauptaktionäre, also stets eine runde Milliarde oder etwas mehr.

Der Einfachheit halber nehmen wir einen fiktiven Steuersatz von 50 Prozent, so dass fünfhundert Millionen für den Staat und fünfhundert Millionen für die beiden Hauptaktionäre übrig blieben. Gäbe es nun eine Fondssteuer von einem Prozent, dann wären im Jahr 2015 drei Millionen Aktien im Topf des Deutschlandfonds gelandet. Nehmen wir weiter an, es gäbe 83 Millionen deutsche Staatsbürger. Jeder besäße also ein Dreiundachtzigmillionstel an diesem Topf. Im Jahr 2015 wären in den Topf die drei Millionen Aktien geflossen. Im Jahr 2016 wären unter den gleichen Bedingungen weitere 2,97 Millionen Aktien in den Topf geflossen (als Fondssteuer aus den verbleibenden 297 Millionen Aktien). Dazu wären (versteuerte) Dividenden gekommen für die drei Millionen Aktien vom Vorjahr. Im Jahr 2017 wären weitere 2,94 Millionen Aktien in den Topf geflossen plus (versteuerte) Dividenden für 5,97 Millionen Aktien.

Wenn wir das für 2018 und 2019 fortschreiben, sollte das Prinzip klar werden. Über die Jahre fließen dem Staatsfonds Anteile am Unternehmen und Dividenden aus diesem Teilbesitz zu. Wichtig ist nun, dass der Staat selbst nicht steuernd eingreifen sollte. Es muss also eine Obergrenze geben, bei der sich der Staat wieder von Aktien trennt, die er erhält. In unserem Beispiel hätte er bis zum Jahr 2030 rund 6,5 Prozent des Unternehmens in Form von Aktien erhalten. Die Erben besäßen immer noch mehr als 40 Prozent. Als Dividenden hätten sie in unserem Modell bis dahin mehr als zwölf Milliarden Euro eingenommen.[70] Der Staatsfonds hätte rund 880 Millionen Euro an Dividenden erhalten.

Die 6,5 Prozent Aktienanteil des Staatsfonds entsprechen ungefähr jenem Anteil, den der weltweit größte Vermögensverwalter BlackRock an zahlreichen deutschen Unternehmen hält. Wenn man hier eine flexible Grenze setzen würde, etwa, dass der Staat in der Regel nicht mehr als zehn Prozent eines Unternehmens besitzen sollte und die Anteile darüber hinaus wieder auf den Markt bringen würde, wäre jede Form des freien Unternehmertums weiterhin gewährleistet. Dabei wäre zu überlegen, ob Staatsbürgern oder Haushalten diese Aktien bevorzugt angeboten werden sollten, damit jeder Bürger Unternehmensanteile erhalten könnte. Auch die Erben könnten aus ihren Dividenden Unternehmensanteile auf dem Markt kaufen, es blieben ja mehr als neunzig Prozent außerhalb des Staatsfonds.

Auf diese Weise befänden sich Unternehmertum und allgemeiner Nutzen in einem dauerhaften Gleichgewicht. Die Dividenden wären als Staatseinnahmen verfügbar und sollten zweckgebunden für Unternehmensförderung und Forschung ausgegeben werden. Wichtig ist, dass sowohl der unternehmerische Eigenantrieb erhalten bleibt als auch die allgemeine Kultur der Vermögensbeteiligungen für alle Staatsbürger gefördert wird. Wer Kindergeld und staatliche Rentenzuschüsse erhält, sollte sich nicht vor seinem Anteil am Deutschlandfonds und dessen Dividenden fürchten.

Dieses Modell wendet sich bewusst gegen »quasikonfiskatorische Spitzensätze«.[71] Erstens sollte kein Mensch und keine Gesellschaft verlangen, dass jemand mehr als die Hälfte dessen abgibt, was er erarbeitet hat. Egal wie reich jemand ist, eine Steuerbelastung von insgesamt mehr als der Hälfte des Gesamteinkommens erscheint genauso unmoralisch wie die Steuervermeidungsanstrengungen der Superreichen. Jeder Mensch sollte das Recht haben, mindestens die Hälfte all dessen zu behalten, was er an Einnahmen erzielt – das sollte für Lebenseinkommen wie für die Erbschaftssteuer gleichermaßen gelten.

Niemand ist gefordert, von einem Euro Gewinn mehr als fünfzig Cent abzuliefern. Und niemand muss von seinem Erbe mehr als die Hälfte abgeben an die Gemeinschaft und den Staat, mit dessen Hilfe es ihm möglich war, sein Vermögen zu bilden. Damit ist zweitens gesichert, dass jeder, der nach Reichtum strebt und diesen schafft, zwar teilen muss, aber sich nie übervorteilt fühlen kann. Drittens sollte nicht »der Staat« allein die geteilten Mittel einstecken: Alle Mitglieder der Gesellschaft müssen ihren Anteil an der Aufteilung haben. Auch hier ist ein Fonds eine praktikable Lösung.

Das Beispiel zeigt: Die Frage nach der angemessenen Einkommens- und Vermögensverteilung kann nur politisch beantwortet werden. Sie muss dem Ziel folgen, allen Menschen gemäß ihren Fähigkeiten und Ambitionen Eigentum zu ermöglichen. Dabei müssen die gesellschaftlichen und politischen Prozesse vor allem darauf gerichtet sein, die Offenheit und Fairness zu erhalten. Das kann auch bedeuten: in den Markt eingreifen, um dessen Wirkungsmöglichkeiten überhaupt erst wiederherzustellen.

Kapitalismus als organisierter Wettbewerb um die beste Leistung hat sich historisch bewährt. Aber der Wettbewerb muss eine Fairness bewahren, die in seinem Wesen die Voraussetzung der im Kapitalismus angelegten Dynamik zur kreativen Produktivität ist. Die Wirtschafts*ordnung* der Marktwirtschaft als solche kann dabei nicht zur Disposition stehen, im Gegenteil: Sie ist das erprobte Instrument der Wohlstandsmehrung. Aber entscheidend ist die innere Balance der allgemeinen Wohlstandsteilhabe *über den Markt*, dessen Wirkung es mit politischen Mitteln immer wieder zu ermöglichen und freizusetzen gilt.[72]

Womit wir beim Eingangsstatement von Abigail Disney wären: Nicht der Kapitalismus ist das Problem, sondern die Ignoranz gegen jene Folgen, die ihn von innen heraus zu zerstören drohen. Einerseits wenn wir das Fortbestehen erstickender Marktmacht durch Quasimonopolisten als vermeintlich freie Marktwirtschaft missverstehen, statt den Markt wieder in seine Funktion zu setzen. Andererseits durch die obszöne Vergrößerung der Unterschiede bei Gehältern und Vermögenschancen, die Einkommen und Lebensperspektiven unfair abkoppelt von der meritokratischen Grundidee des Wettbewerbs, die eigentlich auch der neoliberalen Weltauffassung nicht fremd ist.

Wir Menschen haben zu Recht die moralische Erwartung, dass unser Lebensrecht respektiert und unser Überleben durch die Solidargemeinschaft gesichert wird, weil wir alle von dieser Ordnung profitieren. In demokratischen Staaten ist dies eine selbstverständliche Folge politischer Partizipation, eine langfristige Wirkung der Aufklärung und der Erkenntnis universaler Menschenrechte. Wir müssen dies leben, gestalten und verteidigen. Wir sollten uns dabei der Geschichte unserer eigenen Freiheit bewusst werden und zugleich die Fähigkeit zu Reformen zeigen, damit der Wohlstand allen, die ihn erarbeiten, in einer fair ausgehandelten Weise zugutekommt. Das funktioniert nicht durch

Sozialprogramme oder Almosen, die Menschen mittels Staat, Verwaltung und Funktionären zu passiven Empfängern und Objekten machen, sondern durch unternehmerische Beteiligung, die jedem Menschen eine Vorstellung davon vermittelt, in allen Bereichen selbst verantwortlich zu sein.

Zehn Lektionen für die Gegenwart

1. Geschichtsvergessenheit macht blind.

Als freie, selbstbestimmte Menschen sind wir auf die Kenntnis der Geschichte angewiesen. Sie hält eine Fülle von Lehren und Erfahrungen für uns bereit. Der Blick auf den Alltag unserer Vorfahren – schauen wir auf die eigene Familie!– , ihre Lebensbedingungen, die medizinische Versorgung und die Mitspracherechte in Politik und Gesellschaft macht deutlich, dass es in allen Lebensbereichen kolossale Fortschritte gegeben hat. Uns stehen heute Möglichkeiten offen, die für die große Mehrheit der Menschen vor hundert oder gar zweihundert Jahren undenkbar waren. All das – gleiche Rechte und Rechtsstaatlichkeit, politische Teilhabe und demokratische Machtverteilung, offene Chancen auf Lernen und sozialen Aufstieg – wurde hart erkämpft. Wenn wir nicht wissen, wie diese Freiheiten errungen wurden, sind wir blind dafür, wie bedroht sie heute sind.

2. Wir können politisches Handeln nur verstehen, wenn wir das zugrundeliegende Menschenbild erkennen.

Jeder Religion und jeder Ideologie, allen politischen Programmen und Versuchen, Macht über andere Menschen zu erlangen, liegt ein bestimmtes Menschenbild zugrunde. Historische Beispiele und Erfahrungen zeigen, auf welche Art von Gesellschaft das jeweils hinausläuft, was das für unsere Freiheit, unsere Selbstbestimmung und unsere Mitspracherechte bedeutet – und wir können entscheiden, ob wir so leben wollen, wie es uns dieses Menschenbild nahelegt.

3. Wir müssen die Irrationalität bekämpfen.

Menschen sind fähig, rational zu denken und zu handeln; zugleich durchkreuzen Instinkte und Gefühle immer wieder diese Fähigkeit. Wir müssen uns diese Grundkonstitution des Menschen stets vor Augen halten und dürfen uns nicht der Irrationalität ergeben. Es gibt keine Verschwörung anonymer Weltenlenker, es gibt keine Gesetze der Geschichte, die den Menschen zwingen, sich auf bestimmte Weise zu verhalten. In der weichen Welt (in Politik, Wirtschaft und Gesellschaft) ist rationales Denken und Handeln langfristig ebenso überlegen wie in der harten Welt der Wissenschaft und Technik. Wer Rationalität verachtet, wird am eigenen Unverstand zugrunde gehen.

4. Ungleichheit zerstört das Fundament des Wohlstands.

In jedem Wirtschaftssystem müssen unablässig Entscheidungen getroffen, Güter verteilt, Menschen und ihre Arbeit organisiert werden. Dazu braucht es Mechanismen, um die unendlich vielen Ziele, Wünsche und Interessen auszugleichen, die dabei aufeinanderprallen. Der Markt hat sich als der Ort erwiesen, der die fairsten Möglichkeiten eines solchen Ausgleichs bietet. Wir müssen seine Funktionen sichern. Wirtschaftliche Teilhabe und faire Vermögensverteilung sind entscheidende Faktoren im globalen Systemwettbewerb zwischen freien und autokratischen Gesellschaften. Gerät die Balance zwischen politischer Sicherheit, wirtschaftlicher Teilhabe und persönlicher Freiheit aus dem Gleichgewicht, droht dies die offene Gesellschaft zu zerstören.

5. Wer die Trennung von Staat und Religion in Frage stellt, untergräbt die freiheitliche Ordnung.

Religionen spielen für die menschliche Psyche eine bedeutende Rolle. Sie können ein Gemeinschaftsgefühl vermitteln und bieten vielen Menschen Trost in der Not. Doch als Grundlage für politisches Handelns sind sie denkbar ungeeignet – die Trennung von Staat und Religion ist eine historische Errungenschaft zu beider Vorteil. Wer versucht sie aufzuheben und seine eigenen religiösen Regeln allen aufzuzwingen, die einen anderen Glauben praktizieren oder ohne Religion leben wollen, tut ihnen damit Gewalt an.

6. Fortschritt schreitet beständig voran – ob er uns nützt oder schadet, hängt von uns selber ab.
Menschliche Neugier ist eine unbändige Kraft, die Wissenschaft und Technik antreibt. Ob in Chemie und Physik, Elektronik, Informatik oder Künstlicher Intelligenz – stets wird neues Wissen auf dem Fundament des schon vorhandenen entwickelt. Wir können uns diesem Prozess nicht entziehen, sondern müssen ihn bewusst und rational kanalisieren. In offenen Gesellschaften ist es möglich, Chancen und Gefahren abzuwägen, um zu entscheiden, welche Potentiale wir nutzen wollen.

7. Wir müssen das Prinzip der repräsentativen Demokratie gegen Populisten und selbsternannte Erlöser verteidigen.
Die demokratische Teilhabe an politischen Entscheidungen ist ein natürliches Recht jedes Menschen. Sie zielt darauf ab, Mehrheiten für die eigenen Vorhaben und Ideen zu gewinnen. Doch daraus ergibt sich nicht das Recht, der Minderheit die Möglichkeit der Mitbestimmung zu entziehen. Wer mit Verweis auf die vermeintliche und tatsächliche Mehrheit die Rechte der Minderheit missachtet, höhlt das wichtigste Prinzip der Demokratie aus: den fortlaufenden Interessenausgleich. Deshalb sind auch Plebiszite keineswegs besonders demokratisch. Sie versprechen klare Verhältnisse, liefern aber nur Momentaufnahmen. Kompromisse sind keine Schwäche, sondern garantieren überhaupt erst das Überleben der Demokratie.

8. Menschenrechte sind nicht an kulturelle und historische Bedingungen gebunden.
Wer behauptet, Menschenrechte seien nichts als eine kulturelle Erfindung – eine Konstruktion des Westens etwa, die in anderen Kulturen nicht gelte –, spricht denen, deren kulturelle Eigenheit er zu schützen behauptet, das Menschsein ab. Die universalen Menschenrechte sind jedem Individuum eigen und liefern den Rahmen, in dem sich kulturelle Vielfalt entfalten kann. Wenn Religionen oder Ideologien die Freiheit des Menschen und die all-

gemeinen Menschenrechte bestreiten, propagieren sie Akte der Gewalt. Jeder Mensch hat das Recht, sich gegen diese Gewalt zu wehren.

9. Die Welt wird nicht automatisch zu einem friedlichen, harmonischen Ort. Aber wir haben die Kraft, das Wissen und die Chancen, diesem Ziel näher zu kommen.
Die Welt ist über Jahrtausende ein Ort der Kriege und Konflikte – um Macht, um Herrschaftsgebiete, um Ressourcen. Bis 1945 ist auch die Geschichte Europas voller blutiger Kämpfe und gewaltvoller Erschütterungen. Doch danach gelang es den Nationalstaaten, die Interessen ihrer Menschen zu friedlichem Wettbewerb und allgemeinem Wohlstand umzulenken. Das ist kein Zufall, sondern die Konsequenz des Nachdenkens über die Geschichte und der Erfahrung zweier Weltkriege. Deren Ursachen kennen wir – dogmatische Ideologien und autoritäre Wahrheitsansprüche. Die Gefahren, die von ihnen ausgehen, sind keineswegs gebannt. Wir müssen bereit sein, unsere offene Gesellschaft und ihre Prinzipien gegen jede Form autoritärer Bedrohung zu verteidigen – militärisch, wirtschaftlich, intellektuell –, damit uns keine neue Welle der Gewalt erfasst.

10. Wir nehmen die Grundlagen unserer freiheitlichen Ordnung zu selbstverständlich – sie sind bedroht.
Wir dürfen nicht gleichgültig bleiben angesichts der Bedrohungen, die freie Gesellschaften gerade erleben. Wir müssen uns einsetzen für offene Diskussionen, Rechtsstaatlichkeit und regelhaften Wettbewerb. Jeder von uns ist gefragt: Nutzen Sie Ihre Fähigkeit zur Vernunft, vertrauen Sie Ihrem eigenen Denken, glauben Sie weder Crash-Propheten noch Untergangsbeschwörern!

Engagieren Sie sich. Verlangen Sie Gehör und hören Sie zu. Nehmen Sie historischen Erfahrungen ernst! Wenn wir vergessen, was die Grundlagen unserer Freiheit sind und wie sie erkämpft wurden, laufen wir Gefahr, sie zu verlieren. Setzen wir uns dafür ein, sie zu erhalten!

Dank

Als Historiker neigt man zu der optimistischen Annahme, dass sich auch andere Menschen für Geschichte interessieren. Während meiner universitären Lehrtätigkeit in England in einem Department, dessen Studierende die unterschiedlichsten Fächerkombinationen verfolgten, hatte ich zehn Jahre lang immer wieder die Möglichkeit, die europäischen wie die globalen Grundlinien von Geschichte, Politik, Wirtschaft und Gesellschaft zu erörtern. In Deutschland forderten Vorträge vor heterogenen Hörerschaften, von Bankvorständen über Kommissare der Bayerischen Polizei bis zu Landräten, zur Klärung historischer Grundlinien heraus. Im Sommersemester 2019 bot meine Vorlesung an der Uni München Gelegenheit, mit den Studierenden vertieft über die Aktualität historischer Bezüge zu sprechen. So ist dieses Buch im Wesentlichen aufgrund solcher Vorträge und den Diskussionen mit zahlreichen Menschen entstanden, die sich für unser Verhältnis zur Geschichte interessieren.

Entsprechend dient dieses Buch dem Verständnis großer historischer Linien und zugleich der Selbstvergewisserung aller, die sich für rationale Humanität und das Streben nach einer fairen, menschlichen Gesellschaft einsetzen. Für alle, die auf Fakten zählen, die nachprüfbar sind; die Lügen und das Für-dumm-Verkaufen anderer Menschen verabscheuen; die auf ihren Verstand vertrauen und sich darauf verlassen möchten, dass andere das auch tun. Wir haben das Glück, in einem Land zu leben, in dem weiterhin Fakten, Rationalität und ein Gefühl für Anstand und ethische Maßstäbe die überwiegenden Regeln der Politik und des öffentlichen Lebens leiten. In unser aller Interesse müssen wir uns dafür einsetzen, dass dies so bleibt. Dieses Buch zeigt deshalb auch, dass

Geschichte die Demokratiewissenschaft ist – und wir alle gefordert sind.

Ich danke dem Siedler Verlag und hier besonders Thomas Rathnow und Jens Dehning, dass sie dieses Anliegen genauso dringend und überzeugend sahen, um daraus dieses Buchprojekt werden zu lassen. Thomas Karlauf war bei der Klärung des genauen Zuschnitts von entscheidender Hilfe und wie stets ein wichtiger Gesprächspartner. Bernd Klöckener hat mit geduldiger Akribie und Kennerschaft die Neigung des Autors zum »zu viel auf einmal« mit fortwährender Präzision diszipliniert. Jens Dehnings konzeptionelle Klarheit beim Aufbau des Buches war bewundernswert.

Auch wenn ich meine Texte stets am heimischen Schreibtisch formuliere, so ist die vielfältige Unterstützung meiner Kolleginnen und Kollegen am IfZ von zentraler Bedeutung, um diskutieren und die Fülle des Materials und der Themen verarbeiten zu können, Thesen zu testen und überhaupt einen inspirierenden intellektuellen Austausch zu pflegen. Ich danke allen, die meinen bisweilen herausfordernden Neigungen des Diskutierens mit ihren vielfältigen Kenntnissen begegnet sind und mein Verständnis vertieft haben.

Ganz besonders gilt dies für Petra Bamberg und Angela Müller, die mit immer wieder beeindruckender Perfektion Texte besorgt und über die weiteren Themen des Buchprojektes diskutiert haben. Petra Bamberg danke ich zudem für die sorgfältige Mitarbeit am Literaturverzeichnis, Angela Müller für ihre herausragende Zuverlässigkeit bei der wiederholt notwendigen Nachrecherche zur Verifikation von Zitaten in Ursprungsquellen, insbesondere in der Schlussphase. Anne-Kristin Hübner danke ich sehr für ihre profunde Hilfe bei der Übersicht zur Rechtsstellung von Frauen vom 19. Jahrhundert bis zur Gegenwart und Samuel Baur für die wichtige Unterstützung bei den Recherchen zu den Kriegen und Konflikten des 19. Jahrhunderts.

Meine Familie ist geübt darin, mich beim selbstgewählten Schreibenmüssen mit Nachsicht zu behandeln im Wissen, dass auch dieses Projekt mal zu einem Ende kommt. Ich bin dankbar für die vielen inspirierten Kontroversen, die wir über nahezu alle Themen des Buches immer noch haben und die mein Nachdenken von jeher herausfordern. Wenn die Argumente verständlich sind, dann ist das nicht zuletzt ihr Verdienst.

Magnus Brechtken,
im Juli 2020

Anmerkungen

Was ist der Mensch?

1 Albert Einstein, Rede in der Royal Albert Hall, 3. Oktober 1933; zitiert nach: Einstein, *Über den Frieden*, S. 254–255.
2 »People like the idea of freedom of speech until they hear something they don't like.« (↗ 1)
3 Platon, *Apologie des Sokrates*, 29d.
4 Stollberg-Rilinger, *Europa*, S. 200.
5 Kühl, »Naturrecht«, Sp. 585.
6 Das Vertragsdenken folgt also der »Idee der Autoritäts- und Herrschaftslegitimation durch freiwillige Selbstbeschränkung aus eigenem Interesse unter (…) einer strikten und institutionell garantierten Wechselseitigkeit« (Kersting, »Einleitung«, S. 21).
7 Kersting, »Einleitung«, S. 21.
8 Paine wurde im englischen Thetford geboren, lebte und schrieb aber seit 1774 in den Vereinigten Staaten (von ihm stammt der Begriff!).
9 Kant, »Was ist Aufklärung?«, S. 35–36.
10 Kant, *Grundlegung zur Metaphysik der Sitten*, S. 51.
11 Ebd., S. 51.
12 »We hold these truths to be self-evident, that all men are created equal, that they are endowed by their Creator with certain unalienable Rights, that among these are Life, Liberty and the pursuit of Happiness.« (↗ 2)
13 Der Originaltext und die deutsche Übersetzung der Erklärung finden sich auf der Website des französischen Verfassungsrates (↗ 3).
14 Wir unterscheiden hier bewusst die Sozialdemokratie im Sinne einer Reformbewegung vom »Sozialismus« in der marxistischen Theorie als einer Entwicklungsstufe im Geschichtsprozess hin zum Kommunismus. Zwar bezeichneten sich auch viele Sozialdemokraten als Sozialisten oder Anhänger des Sozialismus, aber als der entscheidende Unterschied soll hier gelten, ob die Geschichte als determiniert angenommmen wird oder als offener Prozess. Alle Anhänger einer offenen Geschichtsentwicklung werden deshalb um der Klarheit der Argumentation willen als Sozialdemokraten bezeichnet.
15 Der Begriff Marxismus-Leninismus steht hier für alle Spielarten, ob es sich um Stalinismus, Trotzkismus, Maoismus oder zahlreiche andere Varianten

dieses dogmatischen Geschichtsdenkens handelt: Ihr Menschenbild ist im Kern – der Annahme historischer Determiniertheit – identisch.

16 Resolution 217 A (III) der Generalversammlung vom 10. Dezember 1948: Allgemeine Erklärung der Menschenrechte (⚲ 4).

17 Ebd.

18 Ebd.

Göttergeschichten: Religion

1 Lichtenberg, *Sudelbücher*, S. 261.

2 Zitiert nach Lübbers, »Die Heuschreckenplage«, S. 97.

3 Offenbarung 9,3-10.

4 Zitiert nach Lübbers, »Die Heuschreckenplage«, S. 105.

5 Die Zahlen sind aus den Melderegistern abgeleitet (⚲ 5; Stand der Statistik für 2017 vom 8. Oktober 2018); sie sind nicht als exakte Angaben zu verstehen, bieten aber eine recht klare Vorstellung von den Gewichtungen.

6 Parzinger, *Die Kinder des Prometheus*, S. 15.

7 Vgl. Whitehouse et al., »Complex societies«.

8 Vgl. ebd.

9 »Darum gehet hin und lehret alle Völker: Taufet sie auf den Namen des Vaters und des Sohnes und des Heiligen Geistes.« (Matt. 28:19)

10 Vgl. Craig, *Germany and the West.*

11 Lübbers, »Die Heuschreckenplage«, S. 101–104.

12 Philosophisch formuliert klingt es komplizierter, meint aber das Gleiche, wenn Kant (*Kritik der praktischen Vernunft,* S. 87) schreibt: »Nur der Mensch und mit ihm jedes vernünftige Geschöpf ist Zweck an sich selbst. Er ist nämlich das Subjekt des moralischen Gesetzes, welches heilig ist, vermöge der Autonomie seiner Freiheit.« Jeder Mensch könne dies, bei gleichzeitig zu akzeptierender Unvollkommenheit des Menschen, erkennen: »Diese Achtung erweckende Idee der Persönlichkeit, welche uns die Erhabenheit unserer Natur (ihrer Bestimmung nach) vor Augen stellt, indem sie uns zugleich den Mangel der Angemessenheit unseres Verhaltens in Ansehung derselben bemerken lässt und dadurch den Eigendünkel niederschlägt, ist selbst der gemeinsten Menschenvernunft natürlich und leicht bemerklich.« (Ebd.)

13 Verfassung des Deutschen Reichs vom 28. März 1849 (Art. V, § 147; Art. VI, § 152). Vgl. Huber, *Dokumente*, Bd. 1, S. 391 f. (Siehe auch ⚲ 6.)

14 Gesetz betreffend die Verfassung des Deutschen Reiches vom 16. April 1871. Vgl. Huber, *Dokumente*, Bd. 2, S. 384.

15 Philipp Eulenburg (*Mit dem Kaiser*, S. 58–59) schildert eine solche Szene auf der Yacht »Hohenzollern«.

16 Die Verfassung des Deutschen Reichs (»Weimarer Reichsverfassung«) vom 11. August 1919; vgl. Huber, *Dokumente*, Bd. 4, S. 151–179. (Siehe auch ⚲ 6.)

17 In Artikel 140 des Grundgesetzes heißt es: »Die Bestimmungen der Artikel 136, 137, 138, 139 und 141 der deutschen Verfassung vom 11. August 1919 sind Bestandteil dieses Grundgesetzes.«

18 Dreier, *Staat ohne Gott*, S. 11; Hervorhebungen im Original.

19 Böckenförde, »Entstehung des Staates«, S. 92, 90. – Böckenförde hielt den Vortrag im Rahmen der Ebracher Ferienseminare. Gastgeber war sein Lehrer Ernst Forsthoff, der dazu Studierende der Heidelberger Universität sowie bekannte Intellektuelle einlud. Regelmäßiger Gast war Forsthoffs Lehrer Carl Schmitt. Böckenfördes Text erschien 1967 im Band »Säkularisation und Utopie«, der Festschrift zu Forsthoffs 65. Geburtstag.

20 Böckenförde, »Entstehung des Staates«, S. 93–94. Dazu mit weiteren Texten: Böckenförde, »Kirche und christlicher Glaube«.

21 Böckenförde hat mehr als vierzig Jahre später darauf hingewiesen, dass diese Lesart auf einem Missverständnis beruhe: »Zwar wurde dieser Appell zum Teil so verstanden, als ob es nur die Religion sein könnte, die ein staatstragendes Ethos und eine relative Homogenität verbürgt. Das ist aber nicht der Fall. Es geht um die gelebte lebendige Kultur; in sie geht Religiöses mit ein, und sie hat oftmals religiöse Wurzeln, die sich aber auch abbauen und die überlagert werden können.« Böckenförde/Gosewinkel, »Biographisches Interview«, S. 432.

22 Dreier, *Staat ohne Gott*, S. 10.

23 Nach der iranischen Verfassung von 1979 wartet, vereinfacht gesprochen, die Welt auf den sogenannten zwölften Imam, der bislang nicht erschienen ist. Während dessen Abwesenheit regieren seine Vertreter, die religiösen Führer.

24 Brühwiller, »Bolsonaros Pakt mit den Freikirchen«.

25 Interview Robert Jeffress mit Lou Dobbs beim Sender Fox Business am 20. Dezember 2019 (🚀 7; 1'20"-1'32"). Er versprach zugleich die Mobilisierung von 25 Millionen Evangelikalen als Unterstützer für Trump.

26 »Coronavirus: An Interview with Dr. Charles Stanley«, 27.03.2020 (🚀 8).

27 So in der Beschreibung des online verfügbaren Videos (🚀 9): »As people of God, we have dominion and authority over COVID-19, because Jesus has redeemed us from every curse, which includes sickness, disease and every plague«; das (nicht satirisch gemeinte!) Video der »Austreibung« wurde bis Ende Juni 2020 mehr als 1,5 Millionen mal aufgerufen. Darin verkündet Copeland: »I execute judgement on you, Covid-19 (…) you get off this nation«, erklärte die Pandemie für beendet und die Vereinigten Staaten für geheilt (»it is over and the United States of America is healed and well«). Am 29. März lag die Zahl der Erkrankten dort bei rund 100.000, drei Monate später hatte sie sich mehr als verzwanzigfacht, und die Zahl der Toten war von unter zweitausend auf mehr als das Sechzigfache (über 120.000) gestiegen (🚀 10).

28 Williamson, »Liberty University Brings Back Its Students«.

29 🚀 11.

30 Smolka/Ashlem, »Atheisten dürfen keinen Arbeitskreis gründen«.
31 Sigmar Gabriel, 14. Januar 2012 (↗ 12).
32 Thierse, »Anachronistische Forderungen«.
33 Sigmar Gabriel, 14. Januar 2012 (↗ 12).

Das Bild der Frau: Geschlechterverhältnisse

1 Louise Otto, *Frauen-Zeitung* (Probenummer), 21. April 1849, S. 1; online verfügbar (↗ 13).
2 ↗ 14.
3 ↗ 15.
4 Wahlprogramm der Alternative für Deutschland für die Wahl zum Deutschen Bundestag am 24. September 2017.
5 Zum Hintergrund der Frage, was wir unter »natürlich« verstehen und welche Kategorien für unser Verständnis der Geschlechter sich daraus ergeben, ist es zentral, auf eine historische ebenso wie eine wissenschaftliche Dimension zu verweisen. Wir unterscheiden zwischen dem sogenannten biologischen Geschlecht (mit dem englischen Begriff als »sex« charakterisiert) und den Geschlechterrollen (nach dem englischen Begriff als »gender« charakterisiert). Für die Bestimmung des biologischen Geschlechts nutzen wir körperliche Merkmale. Die Geschlechterrollen des Individuums können sich davon unterscheiden. Vielfalt ist die Natur des Menschen. Männer und Frauen mögen verschieden*artig* sein; verschieden*wertig* sind sie nicht. Der Text fokussiert auf die historische Geschlechterpolarität, ohne diese als »natürlich« zu essentialisieren.
6 Vgl. die entsprechenden Statiktiken der Weltbank; ↗ 16.
7 Die Formulierung stammt von Barbara Becker-Cantarino; zitiert in: Brandes, Artikel »Frau«, S. 126.
8 »Die Frau schweige in der Gemeinde/Kirche« (1 Kor 14,34); der Satz bedeutete in der Konsequenz den Ausschluss der Frau vom kirchlichen Lehr- und Priesteramt.
9 Brandes, Artikel »Frau«, S. 128.
10 Gerhard, *Frauenbewegung und Feminismus*, S. 12.
11 Vgl. Karl, *Die Geschichte der Frauenbewegung*, S. 83–84.
12 Gerhard, *Frauenbewegung und Feminismus*, S. 12–13.
13 Ebd., S. 13.
14 Brandes, Artikel »Frau«, S. 126–128.
15 Ebd., S. 126.
16 Gerhard, *Frauenbewegung und Feminismus*, S. 10.
17 Zitiert nach ebd., S. 14.
18 Ebd., S. 10.
19 »Discours sur l'injustice des Loix en faveur des Hommes, au Dépend de Femmes«. Der Vortrag wurde in den folgenden Wochen als Broschüre

gedruckt und mit weiteren Texten von Palmers verbreitet. Vgl. Vega, »Feminist Republicanism«, S. 342; Gerhard, *Frauenbewegung und Feminismus,* S. 15.

20 Bessières/Niedzwieck: *Die Frauen in der Französischen Revolution,* S. 14, 15.

21 Vgl. Gerhard, *Frauenbewegung und Feminismus*, S. 18.

22 »L'honneur des femmes consiste à cultiver en silence toutes les vertus de leur sexe, sous le voile de la modestie & dans l'ombre de la retraite. Ce n'est pas non plus aux femmes à montrer le chemin aux hommes.« (*Révolutions de Paris,* Nr. 150; du 19 au 26 Mai 1792, S. 358; zitiert nach Gerhard, *Frauenbewegung und Feminismus*, S. 20; vgl. Blanc, Olympe de Gouges, S. 128.)

23 Zitiert nach: Gerhard, Frauenbewegung und Feminismus, S. 27.

24 »Le mari doit avoir un pouvoir absolu et le droit de dire à sa femme: Madame, vous ne sortirez pas, vous n'irez pas à la comédie, vous ne verrez pas telle ou telle personne; car les enfans [sic] que vous ferez seront à moi.« Fenet, *Recueil,* Bd. 10, S. 6; das Zitat dort ist übernommen aus den *Mémoires de M. Thibaudeau sur le Consulat,* Sitzung vom 5. November 1801. Ausführlich: Saada, »Les interventions de Napoléon Bonaparte«.

25 Hegel, *Grundlinien*, S. 319.

26 Stollberg-Rilinger, *Europa im Jahrhundert der Aufklärung*, S. 278. – Es wäre, wie sie resümiert, »falsch (...), dem Zeitalter der Aufklärung einen linearen Fortschritt zu immer mehr Gleichheit und Freiheit zu bescheinigen. (...) Erst rund 100 Jahre später formierte sich eine neue Frauenbewegung, deren Forderung nach rechtlicher Gleichstellung mehr Aussicht auf Erfolg haben sollte.« (Ebd.)

27 Gerhard, *Gleichheit ohne Angleichung*, S. 143.

28 Otto-Peters, »Theilnahme«. – Louise Otto-Peters publizierte auch unter ihren Einzelnamen; um Verwirrungen über die historische Zuordnung zu vermeiden und die bibliographische Identifizierung zu erleichtern, wird hier für alle Publikationen der Doppelname genannt.

29 Vgl. Kling, »Die rechtliche Konstruktion«, hier S. 608.

30 *Gesetzes- und Verordnungsblatt für das Großherzogtum Baden* (1879).

31 Löwe/Reh, »Das zölibatäre Leben«, S. 33.

32 Kling, »Die rechtliche Konstruktion«, S. 609.

33 Zitiert nach: Löwe/Reh, »Das zölibatäre Leben«, S. 33. – Vgl. Reh, »Die Lehrerin«.

34 Reh, »Die Lehrerin«, S. 38. – Erst im Mai 1957 erklärte das Bundesarbeitsgericht Zölibatsklauseln für nichtig; Urteil des Ersten Senates des Bundesarbeitsgerichts v. 10. Mai 1957, 1_AZR 249/563.

35 Karl, *Die Geschichte der Frauenbewegung*, S. 85.

36 Artikel »Frauenfrage«, in: *Meyers Großes Konversations-Lexikon*, Bd. 7 (1907), S. 40.

37 Sie seien hier nur stellvertretend für die historisch bedeutenden Frauen genannt, deren Leistungen auch in der Forschung bis weit in die zweite Hälfte des 20. Jahrhunderts hinein die gebührende Würdigung vorenthal-

ten wurde. Bedeutend für die Etablierung des historischen Bewusstseins ist namentlich das Archiv der Deutschen Frauenbewegung (AddF).

38 Karl, *Die Geschichte der Frauenbewegung*, S. 69.

39 Nach der erhöhten Erbschaftssteuer und den Vermögenssteuern, die sich schon vor dem Krieg aus dem Rüstungswettlauf ergaben (Lloyd Georges People's Budget von 1909), folgte nun eine zweite Welle der Einbeziehung traditioneller Eigentums- und Herrschaftsgruppen in die Gesamtverantwortung der Staatskosten. Zahlreiche Estates wechselten die Besitzer, wurden aufgegeben oder durch den Verkauf anderer Vermögensteile, besonders in London, am Leben erhalten.

40 Frevert, *Frauen-Geschichte*, S. 150–155.

41 Vgl. Huber, *Dokumente*, Bd. 3, S. 6 f.

42 ↗ 17.

43 Weimarer Reichsverfassung, *Grundrechte und Grundpflichten der Deutschen*, Die Einzelperson, Artikel 109 Abs. 1. (Siehe ↗ 6.)

44 Artikel 128 II der Weimarer Reichsverfassung bestimmte: »Alle Ausnahmebestimmungen gegen weibliche Beamte werden beseitigt.« (Siehe ↗ 6.)

45 Dazu unten, S. 78 f.

46 *Reichsgesetzblatt*, Teil 1, 1932, S. 245 f.

47 Falter, *Hitlers Wähler*, S. 143.

48 Wollstein, *Quellen*, S. 123–127.

49 Speers Rede ist abgedruckt im amtlichen Organ des Jugendführers des Deutschen Reichs: *Das Junge Deutschland*, Nr. 11 (1943), S. 259–260.

50 *Völkischer Beobachter*, 18. Oktober 1943; *Wochenschau* (688) vom 10. November 1943, 4'40-4'56.

51 Zusammenfassend Brechtken, *Speer*, S. 679–680, Anm. 9.

52 *Der Parlamentarische Rat 1948–1949*, Bd. 5/I, S. 748.

53 1950 lebten im Bundesgebiet rund 50,8 Millionen Menschen, das waren 27,1 Millionen Frauen und 23,7 Millionen Männer; im Juni 1961 waren es rund 56 Millionen Menschen insgesamt, davon 29,7 Millionen Frauen und 26,4 Millionen Männer.

54 Bergner, »Frauen-Enquete«.

55 *Bericht der Bundesregierung über die Situation der Frauen*, S. 9, mit Hinweis auf: Beauvoir, *Das andere Geschlecht*, S. 281 ff.

56 *Bericht der Bundesregierung über die Situation der Frauen*, Einleitung, S. XVII.

57 Auch wenn nicht alle Unterschreibenden das getan, sondern nur, wie Alice Schwarzer, die Organisatorin der Liste, »in Gedanken durchgespielt« hatten. Vgl. Schwarzer, »Die Stern-Aktion & ihre Folgen«.

58 Plenarprotokoll Nr. 07/64 vom 08.11.1973 (Einsetzungsbeschluss); Bundestagsdrucksache Nr. 07/5866 vom 11.11.1976 (Zwischenbericht der Kommission); Plenarprotokoll Nr. 08/25 vom 05.05.1977 (Einsetzungsbeschluss); Bundestagsdrucksache Nr.08/4461 vom 29.08.1980 (Bericht der Kommission); ↗ 18.

59 Deutscher Bundestag (Hg.), *Frau und Gesellschaft. Zwischenbericht der Enquete-Kommission*, Stuttgart 1977; der Bericht ist datiert auf November 1976 (Bundestagsdrucksache Nr. 7/5866). Vgl. *Bericht der Enquete-Kommission Frau und Gesellschaft*, 29. August 1980 (Bundestagsdrucksache Nr. 8/4461), S. 3–4; ✈ 18.

60 *Bericht der Enquete-Kommission Frau und Gesellschaft*, 29. August 1980 (Bundestagsdrucksache Nr. 8/4461). – Der Zwischenbericht von 1977 hatte 95 Seiten, der Bericht von 1980 38 Seiten. Der Bundestag debattierte darüber am 19. März 1981 ohne konkrete Ergebnisse. Die letzte Erörterung fiel 1986 dem Ausschuss für Jugend, Familie und Gesundheit zu: *Beschlußempfehlung und Bericht des Ausschusses für Jugend, Familie und Gesundheit (13. Ausschuß) zu dem Bericht der Enquete-Kommission Frau und Gesellschaft*, 5. Juni 1986 (Bundestagsdrucksache Nr. 10/5623); ✈ 18.

61 Aktuell anschaulich zusammenfassend: Körner, *In der Männer-Republik*.

62 In allen Parteien haben sich Frauen beim Wettbewerb um die realen, mit Macht versehenen Führungspositionen inzwischen etabliert. Annegret Kramp-Karrenbauer, Andrea Nahles, Saskia Esken, Petra Kipping, Sarah Wagenknecht und Annalena Baerbock sind hier zu nennen, und selbst in der AfD hält sich mit Alice Weidel eine Frau in einem Kreis, der weithin von rivalisierenden Männern dominiert ist.

63 Entsprechend hat sich die Europäische Union im März 2006 einen »Fahrplan für die Gleichstellung von Männern und Frauen« gegeben und ein »Europäisches Institut für Gleichstellungsfragen« geschaffen.

64 Nicht selten kamen Frauen bis vor wenigen Jahrzehnten erst und vor allem nach dem Tod von Vätern oder Ehemännern in diese Entscheidungspositionen.

65 Vgl. die McKinsey-Studie »Diversity Wins – How Inclusion Matters« vom Mai 2020.

Die Stimme finden: Politik und Partizipation

1 »What I do say is, that no man is good enough to govern another man, without that other's consent«; Abraham Lincoln (1809–1865), Rede in Peoria/Illinois, 16. Oktober 1854 (✈ 19).

2 David Cameron in einem vom Fernsehen übertragenen Statement vor Downing Street 10; eigene Übersetzung in Anlehnung an die von der *New York Times* und der dpa verbreiteten schriftlichen Versionen; englische Version nach: ✈ 20.

3 Ignaz Wrobel [i. e. Kurt Tucholsky], »Parteiwirtschaft« (*Die Weltbühne*, 6. Oktober 1931), in: Tucholsky, *Gesammelte Werke*, Bd. 9, S. 305–306.

4 Justi, *Grundriß*, S. 159.

5 Zur Frage, wen Jefferson mit der Formulierung »all men« vor Augen hatte, siehe oben, S. 24.

6 Die aktuelle Version in deutscher Sprache mit Anmerkungen zur historischen Entwicklung findet sich auf der Website der diplomatischen Vertretungen der USA (⚐ 3).

7 Die im Selbstverständnis von Autokraten bis heute weit verbreitete Vorstellung vom »beschränkten Untertanenverstand« geht als historische Formulierung zurück auf einen Erlass des preußischen Innenministers Gustav von Rochow (1792–1847) vom 15. Januar 1838 (abgedruckt in: *Hamburger Börsen-Halle* vom 3. April 1838, S. 4), in dem er schrieb: »Es ziemt dem Unterthan, seinem König und Landesherrn schuldigen Gehorsam zu leisten und sich bei Befolgung der an ihn ergehenden Befehle mit der Verantwortlichkeit zu beruhigen, welche die von Gott eingesetzte Obrigkeit dafür übernimmt; aber es ziemt ihm nicht, die Handlungen des Staatsoberhauptes an den Maaßstab seiner beschränkten Einsicht anzulegen und sich in dünkelhaftem Uebermuthe ein öffentliches Urtheil über die Rechtmäßigkeit derselben anzumaaßen.« Rochows arrogante Rede vom »beschränkten Untertanenverstand« wurde, oft ironisch gebrochen, zu einem geflügelten Wort und fand als solches sogar Eingang in zeitgenössische Enzyklopädien; vgl. *Meyers Großes Konversations-Lexikon,* Band 2, Leipzig 1905, S. 750.

8 Der Begriff geht auf Franz von Baader (1765–1841) zurück; vgl. Müller, *Vormärz*, S. 28.

9 1844 widmete die liberale *Deutsche Vierteljahrs Schrift* dem Thema »Pauperismus« das dritte Heft des Jahres.

10 »What the people – meaning by that word all classes, high as well as low – wish to have is, in the first place, constitutional freedom in the several states, and in the next a real united representation of the whole German race.« Artikel »Germany«, in: Times (6. März 1848), S. 5.

11 Dazu die Tabelle bei Müller, *Die Revolution von 1848/49,* S. 87; Daten aus: Schwarz, *Biografisches Handbuch des Reichstags.*

12 Zusammenfassung bei Müller, *Die Revolution von 1848/49*, S. 52–55.

13 Die Zahlen sind umstritten und werden hier als ungefähre Eckdaten genannt. Die niedrigen Zahlen nach Phillips/Wetherell, »The Great Reform Act«, S. 413–414; die höheren nach einem *Research Paper* des House of Commons von 2013, basierend auf Cook/Stevenson, *British Historical Facts,* S. 115–6.

14 Blackburn, *The Electoral System*, S. 75.

15 Ebd.

16 House of Commons: *Research Paper* 13/14, 1. März 2013, S. 4.

17 Die »Verordnung betreffend die Ausführung der Wahl der Abgeordneten zur Zweiten Kammer vom 30. Mai 1849« blieb in Kraft bis zur »Verordnung über die Wahlen zur verfassunggebenden preußischen Landesversammlung« vom 21. Dezember 1918.

18 1874 wurde den Soldaten aufgrund des Reichsmilitärgesetzes das aktive Wahlrecht entzogen.

19 Ritter, *Wahlgeschichtliches Arbeitsbuch*, S. 132–139.

20 Bismarcksche Reichsverfassung, Art. 20; vgl. Huber, *Dokumente*, Bd. 2., S. 390. (Siehe auch ✍ 6.)
21 Wahlgesetz für den konstituierenden Reichstag des Norddeutschen Bundes vom 15. Oktober 186; vgl. Huber, *Dokumente*, Bd. 2, S. 270.
22 Treitschke, »Die soziale Frage«, S. 109 f.
23 Wahlberechtigte in Prozent der Bevölkerung, gemäß der jeweils letzten Volkszählung; Rahlf, *Dokumentation*, S. 525, basierend auf und korrigierend die Zahlen von: Ritter, *Wahlgeschichtliches Arbeitsbuch*, S. 38–43.
24 Statistisches Reichsamt, *Die Wahlen*, S. 1.
25 Art. »Freiheit«, in: Klaus/Buhr (Hg.), *Philosophisches Wörterbuch*, Bd. 1, S. 426.
26 Wirsching, »Weimar in Westminster«.
27 Wie immer man das Ergebnis persönlich bewerten mag, die Lager der »Brexiteers« und der »Remainer« waren (und sind wohl immer noch) etwa gleich groß. Das Plebiszit brachte mithin eine punktuelle Entscheidung, aber keine Lösung, sondern verstärkte noch die Energie, mit der beide Seiten gegeneinander wirkten.
28 Art. »staatsmonopolistischer Kapitalismus«, in: Klaus/Buhr (Hg.), *Philosophisches Wörterbuch*, Bd. 1, S. 607.

Wir und die anderen: Nationalismus

1 Heuss, *Geist der Politik*, S. 22.
2 Verwiebe, »Theodor Körner, Friedrich Friesen und Heinrich Hartmann auf Vorposten«; Jäger, »Körner, Theodor«; Leber, »Friesen, Friedrich«.
3 1814 erschien die nationalistische Gedichtsammlung »Leyer und Schwert«, die sein Vater postum herausgab. Noch im Eintrag der *Neuen Deutschen Biographie* von 1979 schreibt Hans-Wolf Jäger vom »Heldentod« Körners – ohne Anführungszeichen.
4 1983 erschienen gleich mehrere zentrale Bücher, die das wissenschaftliche Bewusstsein für die Konstruktion des Nationalismus entscheidend neu prägten: Benedict Anderson, *Imagined Communities*; Ernest Gellner, *Nations and Nationalism;* Eric Hobsbawm und Terence O. Ranger, *The Invention of Tradition* – Anderson beschrieb Nation als »vorgestellte politische Gemeinschaft«: »*Vorgestellt* ist sie deswegen, weil die Mitglieder selbst der kleinsten Nation die meisten anderen niemals kennen, ihnen begegnen oder auch nur von ihnen hören werden, aber im Kopf eines jeden die Vorstellung ihrer Gemeinschaft existiert.« (Anderson, *Die Erfindung der Nation*, S. 15)
5 Dazu auch: Wehler, *Nationalismus*; Geary, *The Myth of Nations*; Jansen/Borggräfe, *Nation, Nationalität, Nationalismus.*
6 Lemberg, *Geschichte des Nationalismus in Europa*, S. 9.
7 Wehler, *Nationalismus*, S. 7. – Die folgende Zusammenfassung ist vor allem

orientiert an den Überblickstexten von Hans-Ulrich Wehler sowie von Christian Jansen und Henning Borggräfe.

8 Wehler, *Nationalismus*, S. 7–8.

9 Jansen/Borggräfe, *Nation, Nationalität, Nationalismus*, S. 18.

10 Ebd., S. 19–20.

11 Ebd., S. 20.

12 Horaz, *Carmina* 3,2,13.

13 Benedict Anderson (*Erfindung der Nation*, S. 9–10) hat beschrieben, wie er 1963 als junger Student eine Rede des damaligen indonesischen Präsidenten Sukarno für einen Botschafter simultan zu übersetzen hatte. Sukarnos Rede war durchzogen von nationalistischen Glaubenssätzen bis hin zur Bewunderung Adolf Hitlers. Seine Worte sollten die indonesische Nation begründen. Dabei war »zu Beginn des Jahrhunderts nicht einmal der Begriff ›Indonesien‹ bekannt«. Diese Erfahrung und die konsternierte Reaktion der europäischen Zuhörer bewog Anderson, über die »Erfindung der Nation« zu forschen. Auch die Staatsgründungen im Gefolge der Auflösung Jugoslawiens in den 1990er Jahren sind im Kern ein Ergebnis nationalistischer Vorstellungen.

14 Jansen/Borggräfe, *Nation, Nationalität, Nationalismus*, S. 19–20.

15 Ebd., S. 38.

16 Herder, *Briefe zu Beförderung der Humanität* (1793–1797), Bd. 17, S. 287.

17 Zusammenfassend: Jansen/Borggräfe, S. 37–40. – Der regelmäßig in der Literatur verwendete Begriff »Unterschicht« transportiert eine hierarchische Bewertung, die um der Neutralität willen hier vermieden werden soll. Die hierarchische Schichtung war real, aber da bei Zuschreibungen wie »oben« und »unten« eine sozialmoralische Konnotation mitschwingt, sollten präzisere konkrete Beschreibungen bevorzugt werden. Angehörige der »Unterschichten« sind konkret dadurch charakterisiert, dass sie ärmer, abhängiger, unfreier sind, aber sie stehen als Menschen nicht »unter« anderen, die über mehr Güter und Potentiale verfügen.

18 »Die Natur hat Völker durch Sprache, Sitten, Gebräuche, oft durch Berge, Meere, Ströme und Wüsten *getrennt*; sie that gleichsam alles, damit sie lange voneinander gesondert blieben und in sich selbst bekleibten. Eben jenes *Nimrods* Weltvereinigendem Entwurf zuwider, wurden, (wie die alte Sage sagt) die Sprachen verwirrt; es trenneten sich die Völker. Die Verschiedenheit der Sprachen, Sitten, Neigungen und Lebensweisen sollte ein Riegel gegen die anmaassende *Verkettung* der Völker, ein Damm gegen fremde Überschwemmungen werden: denn dem Haushalter der Welt war daran gelegen, daß zur Sicherheit des Ganzen jedes Volk und Geschlecht *sein* Gepräge, *seinen* Charakter erhielt. Völker sollten *neben* einander, nicht durch- und übereinander drückend wohnen.« (Herder, *Briefe zu Beförderung der Humanität*, Bd. 18, S. 235–236)

19 Vgl. zusammenfassend Jansen/Borggräfe, *Nation, Nationalität, Nationalismus*, S. 24–27.

20 Wehler, *Nationalismus*, S. 7.
21 Langewiesche, *Reich, Nation, Föderation*, S. 10.
22 Wehler, *Nationalismus*, S. 8.
23 Lee/McLelland, *Germania Remembered 1500–2009*, S. XXVIII; Frank, »Siegfried and Arminius«, S. 2–3 m. Anm. 2.
24 Von der Varusschlacht berichtet außer Tacitus (*Annales*, 1. 59–65/2. 88) überhaupt nur Marcus Velleius Paterculus in seiner *Historia Romana* (30 n. Chr.).
25 Brechtken, »Leaving the forest«.
26 Wehler, *Nationalismus*, S. 28.
27 Körner, »Aufruf«, S. 37.
28 Müller, *Die Revolution von 1848/49*, S. 2. – Müller verweist auf den Berliner Buchhändler Friedrich Nicolai (1733–1811), der »schätzte, dass 1770 nur 20.000 Menschen aktiv an dieser nationalen Diskussion teilnahmen« (ebd.).
29 Vgl. Jansen/Borggräfe, *Nation, Nationalität, Nationalismus*, S. 45.
30 Heute findet sich auf französischen Euro-Münzen das Hexagon für die geographische Form des Landes mit einem stilisierten Baum darin und dem Wahlspruch der Französischen Revolution »Liberté, Égalité, Fraternité« im Kreis darum geprägt.
31 Schiller, *Sämtliche Werke*, Bd. 1, S. 267.
32 Müller, *Die Revolution von 1848/49*, S. 4.
33 Langewiesche, »Kulturelle Nationsbildung«, S. 61.
34 Müller, *Die Revolution von 1848/49*, S. 5–7.
35 Weber, »Der Nationalstaat«, S. 571. – Weber hat sich später, vor allem unter dem Eindruck der Wirkung Wilhelms II. und der von ihm verantworteten »Weltpolitik«, von der Rede distanziert. 1913 attestierte er seinen Argumenten eine »vielfach unreife Form«; vgl. Nau (Hg.), *Der Werturteilsstreit*, S. 540–541 m. Anm. 26.
36 Zu den Parametern, in denen sich dieses Wachstum messen lässt, und was sie im internationalen Vergleich bedeuteten vgl. Brechtken, *Scharnierzeit*, S. 38–59.
37 Bülow, *Reden*, S. 6–8.
38 Meinecke, *Ausgewählter Briefwechsel*, S. 135 (Friedrich Meinecke an Ludwig Aschoff, 1.1.1933).
39 Beßlich, *Wege in den »Kulturkrieg«*.
40 Lasson, »Deutsche Art und deutsche Bildung«, S. 115–116. – Lassons Ton ist beispielhaft für zahlreiche weitere Texte dieser Art, die 1915 in einem dreibändigen Sammelwerk als *Deutsche Reden in schwerer Zeit* zur nationalistischen Vergewisserung des kriegführenden Volkes präsentiert wurden. Der dritte Band endet mit der Rede »Rassen und Völker«, die von Felix v. Luschau am 2. November 1915 gehalten wurde. – Vgl. Mommsen, *Kultur und Krieg*; dieser Sammelband enthält einschlägige Forschungsbeiträge zur »Rolle der Intellektuellen, Künstler und Schriftsteller im Ersten Weltkrieg«, hier besonders: Ungern-Sternberg, »Wie gibt man dem Sinnlosen einen Sinn?«.

41 Gierke, »Krieg und Kultur«, S. 99–100.
42 Im Detail ausführlich dazu: Brechtken, *Scharnierzeit*, passim, bes. S. 355–376.
43 Meinecke, »Um welche Güter kämpfen wir?«, S. 2.
44 Zusammenfassend Hildebrand, *Das Vergangene Reich*, S. 396–411; Winkler, *Der lange Weg nach Westen*, Bd. 1, S. 378–380; Leonhard, *Die Büchse der Pandora*, S. 952–954.
45 Markantes Beispiel für die Zeitströmung ist das Buch *Deutschland – Ein Rheinbund?*, das Rudolf Augstein 1953 unter dem Pseudonym Jens Daniel veröffentlichte.
46 Die Entwicklung und das Scheitern der sowjetischen Hegemonie in Mittel- und Osteuropa zeigt das Gegenteil: Hier basierte der Zusammenhalt auf militärischer Hegemonie und lebte von der Substanz der sowjetischen Ressourcen, die im Wettbewerb zunehmend schwanden.
47 Kiran Klaus Patel (*Projekt Europa*, S. 24) zitiert einen norwegischen Experten aus dem Jahr 1949, der beklagte, dass die »Zahl der internationalen Organisationen (…) gewaltig angestiegen« sei, »und sie steigt noch weiter an. Heute [i. e. 1949] hat die weltweite Öffentlichkeit den Eindruck, dass internationale Anstrengungen unter der übertriebenen Multiplizierung von Organisationen, einem Mangel an Koordination, Verschwendung und Bürokratismus leiden.« Für das Jahr 1951 zählt Patel weltweit 832 Organisationen; bis 1960 stieg die Zahl auf 1255 (ebd. S. 23–25).
48 Dieter Langewiesche (*Reich, Nation, Föderation*, S. 10) hat das etwas zurückhaltender so resümiert: »Die Europäische Union lässt sich als ein Laboratorium verstehen, in dem eine Form von Staatlichkeit erprobt wird, die historisch ohne Vorbild ist. Das Denken in nationalen Kategorien wird dadurch bislang nicht außer Kraft gesetzt, aber es sieht sich durch den Willen des neuen Europa, eine eigene Identität zu formen, herausgefordert.«

Ordnung der Macht: Krieg und Frieden

1 Langewiesche, *Reich, Nation, Föderation*, S. 9.
2 Richard Nixons Präsidentschaft erstickte im Versuch der Täuschung, Tony Blairs Reputation hat sich von den Lügen zur Begründung des Irakkriegs ebenso wenig erholt wie das Ansehen von George W. Bush oder Donald Rumsfeld.
3 Heraklit, *Fragmente*, S. 19 und 27 (Fragmente 53 und 80).
4 [Scholz], »Hainau's Schicksale«, S. 80–84.
5 Ebd.
6 Kunisch, *Friedrich der Große*, S. 166.
7 Zitiert nach Kunisch, *Friedrich der Große*, S. 167.
8 Ebd., S. 175.
9 Zitiert nach Rohdich, *Hohenfriedeberg*, S. 79.

10 Langewiesche, *Der gewaltsame Lehrer*, S. 53.
11 Bräker, *Lebensgeschichte und natürliche Abenteuer des armen Mannes im Tockenburg*, S. 462.
12 Möbius, »Von Jast und Hitze wie vertaumelt«, S. 5; vgl. Petersen, »Auf der frantzosen Jagd«, bes. S. 162–163.
13 Das Turmgebäude auf der »Siegeshöhe« steht bis heute.
14 Wolff, »Das Elend und der Aufruhr in Schlesien«, S. 192.
15 Ring, *Erinnerungen*, Bd. 1, S. 187, über den Herbst 1847.
16 Vgl. Artikel Haynau/Chojnów, in: *Online-Lexikon zur Kultur und Geschichte der Deutschen im östlichen Europa* (✍ 21). – Eine Zerstörungsquote von sechzig Prozent war enorm, lag aber noch deutlich unter vielen Städten im Westen des Reiches, wo aufgrund des Widerstandes gegen die Alliierten in der Endphase des Krieges noch höhere Zerstörungsraten provoziert wurden. Vgl. Brechtken, *Speer*, S. 275–282.
17 Peikert, »Festung Breslau«, S. 24–25; Aufzeichnung vom 22. Januar 1945. – Am 19. Januar 1945 hatte Gauleiter Karl Hanke einen Räumungsbefehl für die Zivilbevölkerung erlassen, aber die Menschen fanden nicht ausreichend Transportmittel, so dass Frauen und Kinder die Stadt am nächsten Tag zu Fuß verlassen mussten. Bei Temperaturen von zwanzig Grad unter null und kälter starben sie in Scharen. Ein Bericht schildert wie in den »Straßengräben nach Liegnitz (...) massenhaft Säuglingsleichen, erfroren, zurückgelassen von den in panischer Angst Flüchtenden« lagen; »in Neumarkt wurden allein über 40 Kleinkinderleichen, säuberlich auf Stroh auf dem Marktplatz niedergelegt«. (Grieger, *Wie Breslau fiel*, S. 7)
18 Peikert, »Festung Breslau«, S. 126–127; Aufzeichnung vom 11. März 1945.
19 Kant, *Zum Ewigen Frieden*, S. 199
20 Clausewitz, *Vom Kriege*, S. 210 m. Anm. 375, S. 1234–1235.
21 Rotteck, Artikel »Krieg«, S. 508–509. – Das *Staats-Lexikon* war das »Grundbuch des deutschen Frühliberalismus« (Langewiesche, *Lehrer*, S. 16).
22 Osterhammel, *Verwandlung*, S. 20.
23 Im Original die »German Revolution, a greater political event than the French Revolution of last century«; »not a diplomatic tradition which has not been swept away. You have a new world, new influences at work, new and unknown objects and dangers with which to cope ... The balance of power has been entirely destroyed.« Disraeli am 9. Februar 1871, in: Parliamentary Debates, 3rd Series, Vol. 204, col. 81–82; ✍ 22. Vgl. Hildbrand, *Das vergangene Reich*, S. 13.
24 Im Kern sind sich die drei derzeit einschlägigen Bismarck-Biographien hierüber einig: Gall, *Bismarck* (1980); Engelberg, *Bismarck* (1985/90); Pflanze, *Bismarck* (1997/8).
25 Vgl. Dehio, »Deutschland und die Epoche der Weltkriege«, S. 15.
26 Dazu Brechtken, *Scharnierzeit*, S. 38–87.
27 Kjellén, *Die Großmächte der Gegenwart*, S. 136. Ders., *Die Ideen von 1914*. – Die »Ideen von 1914« sind zu Recht als »der deutsche Aufstand gegen die

›Ideen von 1789‹« charakterisiert worden; Hildebrand, *Das vergangene Reich,* S. 337. Die Anhänger der »Ideen von 1914« imaginierten eine harmonische »Volksgemeinschaft« und propagierten die Vorstellung von einem »organischen Volkswillen«, der sich gegen Streit, Kompromiss und Abstimmungen zur Mehrheitsfindung abhob. Demgegenüber sollte eine autoritäre Führung als Ausdruck des Gesamtwillens wirken, bei Bedarf durch Plebiszite legitimiert, jedenfalls gegen den parlamentarischen Wettbewerb als Modus der Entscheidungssuche. Die »deutsche Idee der Freiheit« sah den Einzelnen stets eingebunden und untergeordnet einem angeblich höheren Ganzen. Vgl. Lübbe, »Die philosophischen Ideen von 1914«; Retterath, »Was ist das Volk?«, bes. S. 67–131. Siehe auch oben, S. 137–140.

28 McRandle/Quirk, »The Blood Test Revisited«, S. 677 f.

29 Am 9. April folgte die »Operation Georgette«, die am 29. April gestoppt werden musste. Die Verluste vom 21. März bis 29. April 1918 betrugen insgesamt: Deutsche Armee 326.000, Britische Truppen 260.000, Französische Armee 107.000; vgl. Mick »Endgame«, S. 149–150. Fast die gleichen Zahlen bei Leonhard, *Die Büchse der Pandora,* S. 839.

30 Leonhard, *Die Büchse der Pandora*, S. 852.

31 Die Gesamtzahlen variieren in der Literatur und sind hier zusammengefasst aus: Prost, »The Dead«, S. 587–591 mit Tab. 22.1., S. 587–588; Overmans, »Kriegsverluste«, S. 663–666.

32 Leonhard, *Die Büchse der Pandora*, S. 884.

33 Zusammenfassend Münkler, *Der große Krieg*, S. 653–661.

34 Hartmann/Vordermayer/Plöckinger/Töppel (Hg.), *Hitler, Mein Kampf,* Bd. 2, S. 981.

35 Ebd., S. 983.

36 Vgl. Schwarz, *Geschichte der Bundesrepublik Deutschland*, Bd. 2; Morsey, *Die Bundesrepublik Deutschland*; Kielmannsegg, *Nach der Katastrophe.*

37 Vgl. exemplarisch Wengst, *Thomas Dehler.*

38 Auch bei der Suez-Krise von 1956 berücksichtigten die Vereinigten Staaten die Interessen der Sowjetunion statt die hilfsbedürftigen Briten in einem selbst geschaffenen Abenteuer zu unterstützen und damit sowjetische Interessen zu tangieren.

39 Eine vereinfachte Kategorisierung der verschiedenen Waffensysteme definierte auf der »langen« Seite Interkontinentale Strategische Systeme (Intercontinental Ballistic Missiles, ICB) mit einer Mindestreichweite von 5500 km. Am anderen Ende der Skala standen die sogenannten taktischen Nuklearwaffen oder auch Gefechtsfeldwaffen mit einer »kurzen« Reichweite von maximal 500 km. Alles dazwischen waren die sogenannten Mittelstreckensysteme. Diese waren wiederum in mehrere Kategorien kürzerer und längerer Reichweiten unterteilt. Auf diesem Gebiet fanden die entscheidenden und vor allem psychologisch bedeutenden Konfrontationsdefinitionen seit Ende der 1970er Jahre statt. Die Sowjetunion installierte bis 1987 über 400 neue SS-20-Raketen. Das Motiv ist bis heute umstritten.

Helmut Schmidt sagte im Dezember 1981 zu Erich Honecker, er habe »Angst vor den neuen sowjetischen Raketen«; Schmidt, Dezember 1981, zitiert nach Schöllgen, *Deutsche Außenpolitik,* S. 193; komplettes Zitat in: AAPD 1981, Nummer 363.

40 Die geladenen Experten waren Timothy Garton Ash, Gordon Craig, Lord Dacre (Hugh Trevor-Roper), Fritz Stern, Norman Stone und George Urban; anwesend waren neben der Premierministerin auch Außenminister Douglas Hurd sowie Thatchers Sekretär Charles Powell. Vgl. Salmon/Hamilton/Twigge (Hg.), *Documents on Bristish Policy Overseas,* S. 162–167 und 502–509.

41 »The overall message was unmistakeable: we should be nice to the Germans. But even the optimists had some unease, not for the present and the immediate future, but for what might lie further down the road than we can yet see.« (Ebd., S. 508.) – Eine Mehrheit der Seminarteilnehmer protestierte, als Powells Zusammenfassung öffentlich wurde, gegen dessen negativen Tenor (vgl. *Parliamentary Debates*, 17. Juli 1990, Column 857). Norman Stone erklärte später: »In fact, the German ambassador could just have replaced us all, for we were extremely respectful towards present-day Germany.« (Stone, »Germany?«) Vgl. Garton Ash, »Wie es eigentlich war«; Stone, »Recht geredet«; Stern, »Die zweite Chance«; sowie ausführlich Urban, *Diplomacy and Disillusion*, S. 118–128 und 151–159.

42 Die sogenannten 2+4-Verhandlungen begannen am 5. Mai 1990 mit einem Treffen der sechs Außenminister in Bonn und endeten am 12. September 1990 in Moskau, wo der »Vertrag über die abschließende Regelung in Bezug auf Deutschland« unterzeichnet wurde. – Margaret Thatcher hätte gern das größere Deutschland verhindert und betonte 1993 in ihren Memoiren (*The Downing Street Years*, S. 813): »If there is one instance in which a foreign policy I pursued met with unambiguous failure, it was my policy on German reunification.«

43 Bierling, *Die Außenpolitik*, S. 279. Kosten im Detail aufgeführt in: Hubel, *Der zweite Golfkrieg*, S. 59 m. Anm. 135.

44 Kamp, »Mythen der Zwei-Prozent-Debatte«.

Das Ringen um den fairen Markt: Wirtschaft und Gesellschaft

1 Warren Buffett, zitiert nach Stein, »Everybody's Business«.

2 Disney, »A Better Way of Doing Business«.

3 »Naked indecency« im Original; vgl. auch Lindner, »Der Disney-Retter«.

4 Der schwedische Arzt Hans Rosling (1948–2017) hat als Mediziner und Gesundheitspolitiker in den letzten Jahrzehnten durch Bücher und sogenannte TED-Talks auf die enorm fehlerhafte Wahrnehmung von sozialen, medizinischen, wirtschaftlichen und gesellschaftlichen Verhältnissen aufmerksam gemacht, die bei den allermeisten Europäern und Nordamerikanern über

den Rest der Welt, insbesondere über die früher sogenannten Entwicklungsländer herrscht. Jede/r kann dies in Roslings Buch *Factfulness* durch einen Fragebogentest selbst prüfen – und wird in der Regel verblüfft. – Anna Rosling Rönnlund und Ola Rosling haben diese Arbeit fortgesetzt, unter anderem mit dem Projekt »Dollar Street«, in dem sie zeigen, dass und wie Menschen anderer Kulturen häufig fremder und ferner erscheinen, als sie wirklich sind. Am Beispiel von 264 Familien in 50 Ländern, deren Haushalte nach Einkommen sortiert und mit rund 30.000 Fotos dokumentiert sind, zeigt sich, dass die Menschen in den jeweiligen verwandten Einkommensklassen auf allen Kontinenten sehr ähnlich ausgestattet sind und sehr ähnlich leben, unabhängig von ihrem geographischen Ort (⇗ 24).

5 Smith, *Wohlstand der Nationen.* Smith stand in Verbindung mit David Hume, Benjamin Franklin und Edmund Burke.

6 Smith, *Wohlstand der Nationen*, Erstes Buch, Zweites Kapitel, S. 16–19, Zit. S. 19.

7 Crutzen, »The ›Anthropocene‹«, S. 13.

8 Am markantesten ist die Differenz wohl beim Thema Krankenversicherung sichtbar, zu der etwa Wirtschaftsnobelpreisträger Angus Deaton erst kürzlich, auch unter Reflexion auf die Folgen der Corona-Pandemie, resümierte: »Ein freier Markt garantiert keine Gesundheitsversorgung. Das ist seit langem bekannt, aber die USA sind das einzige Land vergleichbaren Wohlstands, das die Augen vor dieser Tatsache verschließt.« Interview in *Die Zeit* vom 7. April 2020.

9 Das war selbstredend auch das Kalkül der nationalsozialistischen Expansionspolitik nach 1933, die aber von grundsätzlich weiter gefassten ideologischen Motiven getrieben war, die sich von den autoritären Reflexen des Kaiserreichs unterscheiden und deshalb hier nicht in einem Atemzug genannt werden.

10 Zum Vergleich zwischen Süd- und Nordstaaten und den Steuersätzen und Umrechnungen zusammenfassend: Saez/Zucman, *Triumph*, S. 54–56. Die Einkommensteuerzahlungen mussten öffentlich gemacht werden, so dass jeder Amerikaner lesen konnte, wer wie viel Steuern zahlte. Die New York Times veröffentlichte eine Übersicht; Huret, *American Tax Resisters*, S. 25.

11 Exemplarisch und bis heute beeindruckend für die Wandlungsgeschichte der Aristokratie in Politik, Wirtschaft und Gesellschaft Großbritanniens in dieser Zeit: Cannadine, *Decline and Fall of British Aristocracy.*

12 Cannadine, *Decline and Fall of British Aristocracy.*

13 Saez/Zucman, Triumph, S. 57–58, mit den einschlägigen Literaturangaben zu den zeitgenössischen Veröffentlichungen von 1893 und 1896; Gallman, »Trends in the Size Distribution of Wealth in the Nineteenth Century«.

14 Bartels, »Einkommensverteilung«, S. 51, Anm. 2.

15 Bartels, »Einkommensverteilung«, S. 53.

16 Exemplarisch illustrativ das Beispiel der Brüder Heinrich und Thomas

Mann, die bis in die Zeit nach dem Weltkrieg von den Einkünften aus dem Erbe ihres Vaters profitierten. Heinrich Mann beschrieb das prägnant in seinen Erinnerungen: »Unsere Väter hinterließen uns meistens an Geld das Nötigste. Ich habe mein ererbtes Einkommen erhalten genau bis zu der deutschen Inflation. Da brauchte ich es nicht mehr.« Mann, *Zeitalter*, S. 196.

17 Bartels, »Einkommensverteilung«, S. 54.

18 Für die Kriegsjahre ab 1939 liegen keine Daten mehr vor; Bartels, »Einkommensverteilung«, S. 54.

19 Bartels, »Einkommensverteilung«, S. 54 m. Hinweis auf: Ferguson/Voth, »Betting on Hitler – the value of political connections in Nazi Germany«, S. 101–137.

20 Kilian, *Krieg auf Kosten anderer*, S. 443.

21 Bartels, »Einkommensverteilung«, S. 57.

22 Er lag damit über dem Anteil derselben Gruppe »in den USA, Großbritannien und Frankreich zu dieser Zeit«; Bartels, »Einkommensverteilung«, S. 55. Hinweis auf: Eichengreen/Ritschl, »Understanding West-German economic growth in the 1950s«, S. 191–219.

23 Die Zahlen in Milliarden Euro: 49,69 (1950), 101,58 (1956), 154,77 (1960), 305,22 (1969); ⇗ 25; Angaben bis 1959 beziehen sich auf das frühere Bundesgebiet ohne Saarland und Berlin (West), von 1960 bis 1969 auf das frühere Bundesgebiet.

24 Der Begriff vom »goldenen Zeitalter« bei Eric Hobsbawm, eine konzise Zusammenfassung in: Angster, *Die Bundesrepublik Deutschland*, S. 13–18, hier S. 13–14.

25 Angster, *Die Bundesrepublik Deutschland*, S. 14.

26 In jedem Jahr gibt das Bundesministerium für Arbeit und Soziales eine Übersicht zu den Sozialausgaben in der Bundesrepublik heraus, das sogenannte Sozialbudget, aus dem die Daten entnommen sind. Die jüngste Version liegt seit Juni 2019 für das Jahr 2018 vor (⇗ 26).

27 Das Bruttoinlandsprodukt lag bei 154,8 Milliarden Euro; ⇗ 26, S. 8.

28 ⇗ 26, S. 8.

29 Die Komplexitäten der wirtschaftswissenschaftlichen Binnendiskussion um die Fragen von »deficit spending«, »Globalsteuerung« oder die Axiome des Monetarismus müssen hier ebenso außen vor bleiben wie die Frage, ob Keynes zu Recht oder Unrecht als Sündenbock für die finanzwirtschaftlichen Steuerungsrollen des Staates und insbesondere die wachsende Staatsverschuldung verantwortlich zu machen ist.

30 Die vielfältigen Gründe für die Traditionen der innerbritischen Konfrontationsgeschichte – Klassengesellschaft, aggressive Gewerkschaften, außenpolitische Überforderung durch das Erbe kolonialer Ambitionen, der auf Entweder-oder-Lösungen mit absoluten Mehrheiten angelegte Parlaments- und Regierungsstil – können hier nur als Schlagworte genannt werden.

31 »In this present crisis, government is not the solution to our problem; government is the problem. From time to time we've been tempted to believe

that society has become too complex to be managed by self-rule, that government by an elite group is superior to government for, by, and of the people. Well, if no one among us is capable of governing himself, then who among us has the capacity to govern someone else? All of us together, in and out of government, must bear the burden. The solutions we seek must be equitable, with no one group singled out to pay a higher price.« (⇗ 27.)

32 Thatcher, Transkript Interview, S. 30; die redigierte Form erschien am 31. Oktober 1987. Am 10. Juli 1988 ließ Thatcher eine erklärende Ergänzung in der *Sunday Times* veröffentlichen.

33 Zur Erklärung mag man auf die klassische Konfrontationslage der britischen Politik verweisen: Die Partei an der Macht hat in der Regel eine große absolute Mehrheit (bei Thatcher waren es mehr als hundert Abgeordnete). Sie sah sich auf einem Missionsweg gegen die Verstaatlichungen und deren desaströse Konsequenzen in den 1970er Jahren.

34 Dazu nennt sie im Interview zahlreiche plastische Beispiele, mit denen sie auf die Praxis der Eigenverantwortung hinweisen und deren Recht auf Entfaltung begründen möchte. Zumindest wagte sie nicht, den Nationalen Gesundheitsdienst (National Health Service) in Frage zu stellen, der immerhin eine Gesellschaft voraussetzte, die Krankheit nicht als reines Privatrisiko betrachtete, um das sich jeder für sich kümmern sollte. (Im Unterschied zu den Vereinigten Staaten, wo bis heute die Mehrheit der Meinung ist – jedenfalls wählt sie so –, dass sich jeder um die Kosten bei Krankheit ganz individuell zu kümmern habe.) – Im Übrigen blieb auch Thatchers Deutschlandbild weitgehend ihren Erfahrungen bis zum Kriegsende verpflichtet, wie sich in ihrer Reaktion auf die Option der Wiedervereinigung 1989/90 zeigte; dazu Kapitel »Nation«, S. 191 f.

35 »[W]e want the spread of personal property ever wider, not only because we want the material benefits to spread further wider, but because we believe when you have that personal property you get a much greater feeling of responsibility because you have to exercise responsibility towards it«; Thatcher, Transkript Interview (23. September 1987), S. 40.

36 Jones/Murie, *The Right to Buy*. – Das Elend der britischen Arbeiterschicht nach 1945 und die Segnungen, die der soziale Wohnungsbau von den 1950er bis zu den 1970er Jahren brachte, findet sich atmosphärisch bestechend beschrieben in den Büchern von Alan Johnson: *This Boy* (2013) und *Please, Mr Postman* (2014).

37 Der seit 1967 erstellte English Housing Survey (EHS) beziffert für das Berichtsjahr 2016/17 die Haushalte im eigenen Immobilieneigentum auf 63 Prozent (Ministry of Housing, Community and Local Government, *English Housing Survey 2016–17*, S. 6).

38 Bei der Frage nach den Gründen müssen wir uns hier auf den Hinweis beschränken, dass geringe Qualifikation selten nur eine Ursache hat, sondern in der Regel eine Mischung aus inneren und äußeren Faktoren ist: Der Mensch mag selbst weniger talentiert oder motiviert sein oder für seine

Fähigkeiten nicht die richtige Erziehung oder vielleicht überhaupt keine finden. Er mag persönlich ohne Ehrgeiz sein oder für sein Streben keine Möglichkeiten zur Entfaltung und Förderung finden – Pauschalisierungen sollten vermieden werden.

39 Das Beispiel ist realistisch, auch wenn einige in der Zwischenzeit den Schritt auf die Immobilienleiter geschafft hatten. Genauso viele stiegen aber aus, die Zahl der Immobilieneigentümer lag 2007 ungefähr auf derselben Höhe wie zehn Jahre zuvor.

40 Rankings dieser Art sind vor allem Marketing, das einer internationalen Klientel eine Übersicht bieten soll, wo sie für ihre Kinder einen Anerkennung versprechenden Abschluss – gegen Gebühren – erwerben können, der ihnen wiederum im globalen Markt, einen Erkennungseffekt für Arbeitgeber liefert. Wer die Marke »Oxford«, »Cambridge« oder »Harvard« in seinem Lebenslauf notieren kann, dem wird weltweit nahezu automatisch eine geprüfte Wertigkeit zugeschrieben, ganz unabhängig von wissenschaftlichen Inhalten, mit denen er oder sie an diesen Orten in Berührung gekommen sein mag.

41 Bis in die 1960er Jahre waren Hochschulen ein exklusiver Ort mit klaren Klassengrenzen. Exemplarisch für die »Normalität« und den Alltag der Klassenstruktur hat der 1950 geborene spätere Labour-Politiker Alan Johnson seinen »working class«-Hintergrund zusammengefasst: Johnson, *This Boy.* Johnson wuchs in einem Londoner Abbruchgebäude auf, verließ mit 15 die Schule, war mit 18 verheiratet und mit 20 Vater von drei Kindern. Seine Mutter hatte sich mit Anfang 40 zu Tode geschuftet, er lebte als 15-Jähriger allein mit seiner drei Jahre älteren Schwester und fasste zusammen (Johnson, Interview in *The Guardian* vom 3. August 2019): »Nur ein kleiner Prozentsatz jedes Jahrgangs ging zur Universität; zwei Prozent, als ich geboren wurde, sechs Prozent, als ich die Schule verließ. Für Millionen Kinder der Arbeiterklasse erschien die Vorstellung, zur Uni zu gehen, genau so realistisch, wie drei Jahre auf dem Pluto zu verbringen.«

42 Überspitzt könnte man argumentieren, dass in dieser Perspektive Francis Fukuyamas Schlagwort vom »Ende der Geschichte« als »Ende des globalen Modells Planwirtschaft« zutraf.

43 Im April 1961 hatte die Privatisierung von VW noch einen gegenteiligen Effekt. Mitarbeiter des Unternehmens bekamen eine Aktie zum Ausgabekurs von 350 DM geschenkt und konnten neun weitere mit Abschlag erwerben. Der Aktienkurs verdoppelte sich in wenigen Tagen. Der mögliche Gewinn – für alle, die zu den Vorzugskonditionen gekauft hatten und bei Verdopplung verkauften – entsprach mit rund 3.800 DM etwa dem Preis eines VW Käfer.

44 Die genauen Zahlen von 1990 bis 2020: Deutsches Aktieninstitut (Hg.), *Aktionärszahlen.*

45 Enorme Summen dieses »demonstrativen Konsums« (»conspicuous consumption«) flossen auch in Fussballvereine, Yachten oder Skiorte. Das be-

kannteste Beispiel ist wohl Roman Abramowitsch, der 2003 den FC Chelsea für rund 165 Millionen Euro kaufte und seither nach verlässlichen Schätzungen mindestens weitere zwei Milliarden für den Club ausgegeben hat. Das Geld kommt aus Gas-, Nickel- und Stahlunternehmen der ehemaligen Sowjetunion.

46 1984 lag der direkte Beitrag der Ölproduktion am britischen Bruttoinlandsprodukt bei 16,5 Milliarden Pfund, was mehr als fünf Prozent entsprach; Kemp, »An assessment«, S. 599.

47 1982 repräsentierten die Investitionen in der Nordsee ein Viertel des gesamten Investments der britischen Industrie! Kemp, »An assessment«, S. 600. Bis 2012 summierten sich die Ölgelder auf ein Äquivalent von 27 Prozent des Bruttosozialprodukts! Chazan, »Record investment«.

48 Auf die Wege anderer europäischer Staaten, diese Geschenke zu nutzen, kann hier nur hingewiesen werden: Im Unterschied zu Großbritannien verzichtet Norwegen darauf, die Ölgelder sofort zu verkonsumieren, und hat stattdessen einen Investitionsfonds aufgelegt, der die Einnahmen sammelt, anlegt und damit Erträge auch für künftige Generationen sichert.

49 Wer hier historische Parallelen zum Aufkommen und Selbstverständnis des deutschen Kaiserreichs auf der internationalen Bühne nach 1871, besonders aber seit 1890 sieht, liegt keineswegs falsch. Bei aller Unterschiedlichkeit der Zeitumstände sind die Parallelen in Auftreten, Anspruch und Wahrnehmung sowie den dazu erkennbaren Diskursen beider Seiten höchst aufschlussreich.

50 Für die enormen Verbesserungen insbesondere auf den Gebieten der medizinischen Versorgung und Lebenserwartung, aber auch für die generell positive Entwicklung der Parameter in allen Lebensbereichen im Detail Rosling, *Factfulness*.

51 Nahezu alle Daten sind frei und für jedermann zugänglich und zudem vielfach in einschlägigen Publikationen aufbereitet. Quellen zur Messbarkeit und Prüfung ökonomischer (und sonstiger) Parameter finden sich mit allen Details auf den Websites der Weltbank (⮫ 28; die Materialen und Daten sind exzellent für eine Gesamtübersicht und länderspezifische Vergleiche), des Internationalen Währungsfonds (⮫ 29; hier finden sich Daten in denkbarer Fülle und Detailpräzision), der Europäischen Kommission (⮫ 30), der Organisation für wirtschaftliche Zusammenarbeit und Entwicklung (OECD) (⮫ 31), des U.S. Bureau of Economic Analysis (BEA) (⮫ 32) sowie des Statistischen Bundesamtes (⮫ 33). Aufbereitete Daten finden sich auf der Website der Bundeszentrale für politische Bildung (⮫ 34, ⮫ 35).

52 ⮫ 36.

53 ⮫ 36.

54 Bis in die 1960er Jahre zurückreichende, laufend aktualisierte Zahlen finden sich unter: ⮫ 28.

55 Zu beiden Phänomenen gibt es bereits unmittelbar bei ihrem Auftreten eingängige Analysen. Zur chinesischen Strategie exemplarisch: Deuber, »Chro-

nik einer Vertuschung«; Böge/Wiegel/Wyssuwa: »Wie China die europäischen Demokratien verhöhnt«. Zum einschlägigen »Dokument Nummer 9« von 2013 siehe die folgende Fußnote. – Von russischer Seite war zeitgleich die seit vielen Jahren aktive Internetpropaganda bemüht, das Vertrauen in die westlichen Demokratien und die freien Gesellschaften zu unterminieren. Diese Versuche werden inzwischen aufmerksam vom Europäischen Auswärtigen Dienst (EAD) analysiert; exemplarisch aus der Zeit der Corona-Krise: Gutschker, »›Händewaschen nutzt nichts‹«. Zum weiteren wissenschaftlich-analytischen Hintergrund exemplarisch: Kreißel/Ebner/Urban/Guhl, *Hass auf Knopfdruck*; Howard/Ganesh/Liotsiou/Kelly/François, *The IRA, Social Media and Political Polarization*; Institute for Strategic Dialogue, *The Battle for Bavaria*.

56 Im September 2013 erschien der Text zunächst im *Mingjing Magazine*, einer in den USA erscheinenden chinesischsprachigen Zeitschrift, und bald darauf in englischer Übersetzung: »Communiqué on the Current State of the Ideological Sphere: A Notice from the Central Committee of the Communist Party of China's General Office« (⇗ 37). Für die chinesische »intellektuelle« Sicht jüngst exemplarisch: Zhao Tingyang: *Alles unter dem Himmel*. Als Überblick zur autoritären Gesamtstrategie mit weiteren Beispielen vgl. Hamilton/Ohlberg: *Die lautlose Eroberung*.

57 *Zero hour contracts* bedeuten, dass Arbeitnehmer auf Abruf beschäftigt werden und nur die Stunden bezahlt erhalten, für die sie tatsächlich eingesetzt werden. Das kann bedeuten, dass ein Arbeitnehmer permanent verfügbar sein muss, aber null Stunden abgerufen wird und folglich nichts verdient. Der Arbeitgeber hat die volle Flexibilität, der Arbeitnehmer das volle Risiko und im Zweifelsfall keine Einnahmen. Beispiele finden sich insbesondere in angelsächsischen Ländern als Ergebnis der neoliberalen Neuordnung. Ein bekanntes Beispiel, an dem sich Organisation, Wirkung und Folgen eines solchen Geschäftsmodells ablesen lassen, ist die britische Sportartikelfirma »Sports direct« des Unternehmers Mike Ashley.

58 Während also die Dynamisierung der Marktwirtschaft in den 1980er Jahren die Überlegenheit des westlichen Ordnungsmodells und seiner Wirtschaftsorganisation unterstrichen hat, steigert die Entfesselung des globalen Kapitalismus seit den 1990er Jahren nicht nur den allgemeinen Wohlstand, sondern leidet nun an den Folgen seiner ungenügenden inneren Selbstprüfung.

59 Wir lassen die Diskussion zur Frage der Wirksamkeit und den Folgen populistischer Politik – im Kern die Rückkehr zum Protektionismus zum Schutz einfacher Arbeitsverhältnisse im Inland mit der unausgesprochenen Folge, dass die nationalen Verbraucher als Gesamtgruppe die höheren Kosten durch steigende Preise und geringere Reichweite ihrer Konsumkraft zu zahlen haben – außen vor.

60 Dazu Deaton/Case, *Deaths of Despair and the Future of Capitalism*, und jüngst zusammenfassend Chetty/Friedman/Saez/Turner/Yagan, *Income Segregation*. Zum Hintergrund: Deaton, *Der große Ausbruch*.

61 Bartels, »Einkommensverteilung«, S. 58; Abbildung auf S. 56.

62 Dazu die brillante Animation auf Basis der Daten von Thomas Piketty, Emmanuel Saez and Gabriel Zucman in der *New York Times* (↗ 38); Leonhardt, »Our Broken Economy«.

63 Im Jahr der Finanzkrise 2009 lag sie sogar bei 30,6 Prozent; ↗ S. 8.

64 Die Sondersituation der enormen Ausgaben durch die Corona-Krise kann hier insofern außen vor bleiben, als die Ausgaben zwar den Gesamtetat des Staates erhöhen, aber nichts an der Frage der grundsätzlichen Verteilungseffekte im expandierenden Sozialstaat ändern. Diese Frage wird sich durch die Wirkung der Corona-Pandemie auf die Wirtschaft vielmehr noch deutlich verstärken. Es ist anzunehmen, dass die obersten zehn Prozent sehr viel resilienter durch die Krise und ihre Folgen kommen werden als die untersten fünfzig Prozent, unter denen sich viele Dienstleistungsarbeiter und Solo-Selbstständige finden.

65 Wie eine solche Regel – die Höhe des CEO-Pay-Ratio – direkt mit dem Stimmrecht verbunden werden kann, wird weiter unten vorgeführt.

66 Erst jüngst haben Emmanuel Saez und Gabriel Zucman empirisch anschaulich am Beispiel der Vereinigten Staaten gezeigt, wie sich im 20. Jahrhundert die Ungleichheit zugespitzt und verschärft hat. Saez/Zucman, *Triumph*.

67 Die Dividenden gehen in den Topf und an alle Haushalte. So haben beide ein Interesse, dass der Fonds nicht überlastet wird. Auch Berkshire Hathaway eignet sich, um das Prinzip zu erklären, ist aber als Unternehmen mit eigenen Gewinnzielen organisiert und nicht direkt vergleichbar. Das Prinzip – Beteiligungen auf Jahrzehnte für stabile Erträge und als Stütze unabhängig geführter Unternehmen – ist dasselbe.

68 Emmanuel Saez und Gabriel Zucman (*Triumph*, S. 194–198) haben unabhängig von diesen Überlegungen ebenfalls vorgeschlagen, dass Steuerpflichtige als Zahlungen einen Teil ihrer Unternehmen abgeben. Sie schlagen, angelehnt an die Senatorin und zeitweilige amerikanische Präsidentschaftskandidatin Elizabeth Warren, zwei Prozent auf Vermögen über 50 Millionen Euro, drei Prozent auf Vermögen über einer Milliarde vor.

69 Genau waren es 658.862.000, die sich aus rund 602 Millionen Stammaktien und rund 56 Millionen Vorzugsaktien zusammensetzten.

70 Wir haben die niedrigste Dividende der Jahre 2015 bis 2019 fortgeschrieben, i. e. 2,50 Euro für jedes Jahr 2020 bis 2030.

71 Saez/Zucman, *Triumph*, S. 201. – Auch wenn sie behaupten, die Ungleichheit der Einkommensverteilung zu reduzieren, trägt die Idee des Konfiskatorischen ideologische Axiome in sich. Richtig ist, dass es ein zentrales politisches Ziel sein sollte, die Ungleichheit der Einkommensverteilung zu reduzieren. Aber es sollten zugleich jene Regeln beachtet werden, die die eigentliche Dynamik des Prozesses von Wohlstandsmehrung lebendig halten.

72 Gemeint ist die Teilhabe der Arbeitenden am Produktivkapital durch reale Unternehmensbeteiligungen (bspw. Aktien), die sowohl einen Wohlstands- wie einen ökonomischen Bildungseffekt haben werden.

Quellen- und Literaturverzeichnis

Anderson, Benedict: *Imagined Communities: Reflections on the Origin and Spread of Nationalism*, London/New York 2006 [EA 1983]; deutsche Ausgabe: *Die Erfindung der Nation. Zur Karriere eines folgenreichen Konzepts*, Frankfurt a. M. 2005 [EA 1988].

Angster, Julia: *Die Bundesrepublik Deutschland. 1963–1982*, Darmstadt 2012.

[Anon.]: »Germany« (*The Times*, 6. März 1848).

Aristoteles: *Politik*, übers. u. mit erkl. Anm. vers. von Eugen Rolfes, mit e. Einl. von Günther Bien, 4. Aufl., Hamburg 1981.

Atkinson, Anthony B.: *Ungleichheit. Was wir dagegen tun können*, Stuttgart 2016 [Orig.: *Inequality. What can be done?*, Cambridge, 2015].

[Augstein, Rudolf; unter dem Pseudonym:] Jens Daniel: *Deutschland – Ein Rheinbund?*, Darmstadt 1953.

Bach, Stefan, Martin Beznoska und Viktor Steiner: »Wer trägt die Steuerlast in Deutschland? Verteilungswirkungen des deutschen Steuer- und Transfersystems«, in: *DIW Berlin – Politikberatung kompakt* 114 (2016), S. 66–67.

Bartels, Charlotte: »Einkommensverteilung in Deutschland von 1871 bis 2013: Erneut steigende Polarisierung seit der Wiedervereinigung«, in: *DIW Wochenbericht* 3/2018 (16. Januar 2018), S. 51–58.

Bayly, Christopher Alan: *Remaking the Modern World 1900–2015, Global connections and comparisons*, London 2019.

Beales, Derek: »The Electorate before and after 1832: the Right to Vote, and the Opportunity«, in: *Parliamentary History* 11 (1992), pt. 1, S. 139–150.

Beauvoir, Simone de: *Das andere Geschlecht. Sitte und Sexus der Frau*, Hamburg 1956.

Becker, Frank und Elke Reinhardt-Becker (Hg.): *Mythos USA. »Amerikanisierung« in Deutschland seit 1900*, Frankfurt a. M. 2006.

Bergner, Heinz: »Frauen-Enquete« (*Die Zeit*, 18. Dezember 1964).

Bessières, Yves und Patricia Niedzwieck: *Die Frauen in der Französischen Revolution. Bibliographie*, Brüssel 1991 (Kommission der Europäischen Gemeinschaften, Generaldirektion Audiovisuelle Medien, Information, Kommunikation, Kultur, Fraueninformation Nr. 33).

Beßlich, Barbara: *Wege in den »Kulturkrieg«. Zivilisationskritik in Deutschland 1890–1914*, Darmstadt 2000.

Beule, Peter: *Auf dem Weg zur neoliberalen Wende? Die Marktdiskurse der deutschen Christdemokratie und der britischen Konservativen in den 1970er-Jahren*, Düsseldorf 2019.

Bierling, Stephan: *Die Außenpolitik der Bundesrepublik Deutschland. Normen, Akteure, Entscheidungen*, München 1999.

Blackburn, Robert: *The Electoral System in Britain*, London 1995.

Blanc, Olivier: *Olympe de Gouges*, Wien 1989.

Böckenförde, Ernst-Wolfgang: »Die Entstehung des Staates als Vorgang der Säkularisation«, in: *Säkularisation und Utopie. Ebracher Studien, Ernst Forsthoff zum 65. Geburtstag*, Stuttgart/Berlin/Köln/Mainz 1967, S. 75–94.

Böckenförde, Ernst-Wolfgang: *Kirche und christlicher Glaube in den Herausforderungen der Zeit. Beiträge zur politisch-theologischen Verfassungsgeschichte 1957–2002*. 2., erw. Aufl., Berlin 2007.

Böckenförde, Ernst-Wolfgang und Dieter Gosewinkel: *Wissenschaft, Politik, Verfassungsgericht. Aufsätze von Ernst-Wolfgang Böckenförde. Biographisches Interview von Dieter Gosewinkel*, Frankfurt a. M. 2011.

Böge, Friederike, Michaela Wiegel, Matthias Wyssuwa: »Wie China die europäischen Demokratien verhöhnt« (*Frankfurter Allgemeine Zeitung*, 1. April 2020).

Bonnett, Alastair: *The Idea of the West. Culture, Politics and History*, Basingstoke 2004.

Bräker, Ulrich: *Lebensgeschichte und natürliche Abenteuer des armen Mannes im Tockenburg*, hrsg. von Claudia Holliger-Wiesmann und Andreas Bürgi (Sämtliche Schriften, Bd. 4), München 2000.

Brandes, Helga: [Artikel] »Frau«, in: *Lexikon der Aufklärung. Deutschland und Europa*, hrsg. von Werner Schneiders, München 2001 [durchges. TB der Erstausgabe 1995], S. 126–129.

Brechtken, Magnus: *Albert Speer. Eine deutsche Karriere*, München 2017.

Brechtken, Magnus: »Leaving the forest: ›Hermann the German‹ as cultural representation from nationalism to post-modern consumerism«, in: Christina Lee und Nicola McLelland (Hg.): *Germania Remembered 1500–2009: Commemorating and Inventing a Germanic Past*, Tempe/Arizona 2012, S. 305–335.

Brechtken, Magnus: *Scharnierzeit 1895–1907. Persönlichkeitsnetze und internationale Politik in den deutsch-britisch-amerikanischen Beziehungen vor dem Ersten Weltkrieg*, Mainz 2006.

Bruendel, Steffen: *Volksgemeinschaft oder Volksstaat: Die Ideen von 1914 und die Neuordnung Deutschlands im Ersten Weltkrieg*, Berlin 2003.

Brühwiller, Tjerk: »Bolsonaros Pakt mit den Freikirchen« (*Frankfurter Allgemeine Zeitung*, 27. Dezember 2019).

Buhr, Manfred und Georg Klaus (Hg.): *Philosophisches Wörterbuch*, 13. Aufl. (ND der 12. durchges. Aufl.), Berlin 1985.

Bülow, Bernhard von: *Fürst Bülows Reden nebst urkundlichen Beiträgen zu seiner Politik*. Mit Erlaubnis des Reichskanzlers gesammelt und hrsg. von Johannes Penzler, I. Band 1897–1903, Berlin 1907.

Cannadine, David: *The Decline and Fall of British Aristocracy*, revised paperback edition, London 1996 [EA 1990].

Chazan, Guy: »Record investment planned for North Sea« (*Financial Times*, 12 April 2013); http://www.ft.com/cms/s/0/be4f240a-a2bf-11e2-bd45–00144feabdco.html#axzz2QLY4YcjB [13. April 2013]

Chetty, Raj, John N. Friedman, Emmanuel Saez, Nicholas Turner, Danny Yagan: *Income Segregation and Intergenerational Mobility Across Colleges in the United States* (Februar 2020).

Clausewitz, Carl von: *Vom Kriege. Hinterlassenes Werk des Generals Carl von Clausewitz*, Bonn 1980.

Condorcet, Jean-Antoine-Nicolas de Caritat: *Sur l'admission des femmes au droit de cité*, Paris 1790.

Cook, Chris, und John Stevenson: *British Historical Facts: 1760–1839*, London 1980.

Craig, Gordon: *Germany and the West. The Ambivalent Relationship. German Historical Institute London: The 1982 Annual Lecture*, London 1982.

Crutzen, Paul J.: »The ›Anthropocene‹«, in: Eckart Ehlers und Thomas Krafft (Hg.): *Earth System Science in the Anthropocene*, Berlin/Heidelberg 2006, S. 13–18.

Deaton, Angus: *Der große Ausbruch. Von Armut und Wohlstand der Nationen*, Stuttgart 2017 [Orig.: *The Great Escape. Health, Wealth, and the Origins of Inequality*, Princeton 2015].

Deaton, Angus: »›Ein freier Markt garantiert keine Gesundheitsversorgung‹«. Interview: Johanna Roth (Die Zeit, 7. April 2020).

Deaton, Angus und Anna Case: *Deaths of Despair and the Future of Capitalism*, Princeton 2020.

Dehio, Ludwig: »Deutschland und die Epoche der Weltkriege«, in: Ders., *Deutschland und die Weltpolitik im 20. Jahrhundert*, München 1955, S. 11–35.

Denzer, Horst: *Moralphilosophie und Naturrecht bei Samuel Pufendorf. Eine geistes- und wissenschaftsgeschichtliche Untersuchung zur Geburt des Naturrechts aus der Praktischen Philosophie*, München 1972.

Denzer, Horst: »Spätaristotelismus, Naturrecht und Reichsreform: Politische Ideen in Deutschland 1600–1750«, in: Iring Fetscher und Herfried Münkler (Hg.): *Pipers Handbuch der politischen Ideen*, Bd. 3 (*Von den Konfessionskriegen bis zur Aufklärung*), München/Zürich 1985, S. 233–273.

Der Parlamentarische Rat 1948–1949. Akten und Protokolle, Bd. 5/I (*Ausschuß für Grundsatzfragen*), hrsg. von Eberhard Pikert und Wolfram Werner, Boppard am Rhein 1993.

Deuber, Lea: »Chronik einer Vertuschung« (*Süddeutsche Zeitung*, 3. April 2020).

Deutscher Bundestag (Hg.): *Frau und Gesellschaft. Zwischenbericht der Enquete-Kommission*, Stuttgart 1977.

Deutsches Aktieninstitut (Hg.): *Aktionärszahlen des Deutschen Aktieninstituts 2019*, Frankfurt a. M. 2020.

Disney, Abigail: »A better way of doing business« (*Washington Post*, 24. April 2019).

Disney, Richard und Guannan Luo: *The Right to Buy Public Housing in Britain: A Welfare Analysis* (The Institute for Fiscal Studies (IFS) Working Paper W15/05), London 2014.

Dohm, Hedwig: *Der Frauen Natur und Recht. Zur Frauenfrage. Zwei Abhandlungen über Eigenschaften und Stimmrecht der Frauen*, Berlin 1876.

Dreier, Horst: *Staat ohne Gott: Religion in der säkularen Moderne*, München 2018.

Eichengreen, Barry und Albrecht Ritschl: »Understanding West-German economic growth in the 1950s«, in:; *Cliometrica* 3 (2009), S. 191–219.

Einstein, Albert: Rede in der Royal Albert Hall (3. Oktober 1933); nach dem deutschen Original-Manuskript im Einstein-Archiv abgedruckt in: Albert Einstein: *Über den Frieden. Weltordnung oder Weltuntergang?*, hrsg. von Otto Nathan und Heinz Norden. Vorwort von Bertrand Russell, Bern 1975, S. 254–255.

Engelberg, Ernst: *Bismarck*, Bd. 1 (*Urpreuße und Reichsgründer*), Berlin 1985; Bd. 2 (*Das Reich in der Mitte Europas*), Berlin 1990.

Erasmus von Rotterdam: »Die Erziehung des christlichen Fürsten«, in: Ders., *Ausgewählte Schriften. Ausgabe in acht Bänden.* Lateinisch und Deutsch, hrsg. von Werner Welzig, Bd. 5, übers., eingel. u. mit Anm. vers. von Gertraud Christian, Darmstadt 1968, S. 113–357.

Etemad, Bouda: *Possessing the World*, New York 2007.

Euchner, Walter: *Die Staatsphilosophie des Thomas Hobbes*, Hagen 1987.

Eulenburg, Philipp: *Mit dem Kaiser als Staatsmann und Freund auf Nordlandreisen*, Dresden 1931.

Falter, Jürgen W.: *Hitlers Wähler*, München 1991.

Fateh-Moghadam, Bijan: »Sakralisierung des Strafrechts? Zur Renaissance der Rechts- und Sozialphilosophie Émile Dürkheims«, in: Hermann-Josef Große Kracht (Hg.): *Der moderne Glaube an die Menschenwürde. Philosophie, Soziologie und Theologie im Gespräch mit Hans Joas*, Bielefeld 2014, S. 129–150.

Fenet, P. A.: *Recueil complet des travaux préparatoires du Code civil*, Paris 1836.

Ferguson, Thomas und Hans-Joachim Voth: »Betting on Hitler – The Value of Political Connections in Nazi Germany«, in: *The Quarterly Journal of Economics* 123/1 (2008), S. 101–137.

Fetscher, Iring: »Einleitung«, in: *Thomas Hobbes: Leviathan oder Stoff, Form und Gewalt eines kirchlichen und bürgerlichen Staates*, hrsg. u. eingel. von Iring Fetscher, übers. von Walter Euchner, 9. Aufl., Frankfurt a. M. 1999.

Fetscher, Iring und Herfried Münkler (Hg.): *Pipers Handbuch der politischen Ideen*, Bd. 3 (*Von den Konfessionskriegen bis zur Aufklärung*), München/Zürich 1985.

Fogel, Robert William: *The Escape from Hunger and Premature Death, 1700–2100. Europe, America, and the Third World*, Cambridge 2004.

Frank, Roberta: »Siegfried and Arminius. Scenes from a Marriage«, in: Christina Lee und Nicola McLelland (Hg.): *Germania Remembered 1500–2009: Commemorating and Inventing a Germanic Past*, Tempe/Arizona 2012, S. 1–26.

Frevert, Ute: *Frauen-Geschichte. Zwischen Bürgerlicher Verbesserung und Neuer Weiblichkeit*, Frankfurt a. M. 1986.

Fukuyama, Francis: »The End of History?«, in: *The National Interest* 16 (Summer 1989), S. 1–18.

Gall, Lothar: *Bismarck. Der weiße Revolutionär*, Frankfurt a. M. 1980.

Gallman, Robert E.: »Trends in the Size Distribution of Wealth in the Nineteenth Century: Some Speculations«, in: Lee Soltow (Hg.), *Six Papers on the Size Distribution of Wealth and Income*, New York 1969, Sp. 1–30; https://www.nber.org/chapters/c4339.pdf [6. Juli 2020].

Garton Ash, Timothy: »Wie es eigentlich war. Ein Teilnehmer der Thatcher-Runde äußert sich« (*Frankfurter Allgemeine Zeitung*, 18. Juli 1990).

Gellner, Ernest: *Nationalism*, London 1998.

Geary, Patrick: *The Myth of Nations: The Medieval Origins of Europe*, Princeton 2002.

Gellner, Ernest: *Nations and Nationalism*, New York 1983.

Gerhard, Ute (Hg.): *Frauen in der Geschichte des Rechts. Von der Frühen Neuzeit bis zur Gegenwart*, München 1997.

Gerhard, Ute: *Frauenbewegung und Feminismus. Eine Geschichte seit 1789*, München 2018.

Gerhard, Ute: *Gleichheit ohne Angleichung. Frauen im Recht*, München 1990.

Geulen, Christian: *Geschichte des Rassismus*, 3. durchges. Aufl., München 2017 [EA 2007].

Gierke, Otto von: »Krieg und Kultur. Rede am 18. September 1914«, in: Zentralstelle für Volkswohlfahrt und Verein für volkstümliche Kurse von Berliner Hochschullehrern (Hg.), *Deutsche Reden in schwerer Zeit*, Bd. 1, Berlin 1915, S. 75–101.

Grafton, Anthony: »Humanism and Political Theory«, in: James H. Burns (Hg.), *The Cambridge History of Political Thought 1450–1700*, Cambridge (u. a.) 1991, S. 9–29.

Grazia, Victoria de: *Irresistible Empire. America's Advance through Twentieth-Century Europe*, Cambridge 2005.

Grieger, Friedrich: *Wie Breslau fiel*, Metzingen 1948.

Gutschker, Thomas: »›Händewaschen nutzt nichts‹. Desinformation aus Russland« (*Frankfurter Allgemeine Zeitung*, 3. April 2020); https://www.faz.net/-gq5-9y5wd [3. April 2020].

Haas, Stefan: »Aufklärung Einstieg: Die Doppeldeutigkeit des Aufklärungsbegriffs« http://www.geschichtstheorie.de/4_2_1.html [28. April 2019].

Haidt, Jonathan: *The Happiness Hypothesis: Finding Modern Truth in Ancient Wisdom*, New York 2005.

Haidt, Jonathan: *The Righteous Mind: Why Good People Are Divided by Politics and Religion*, New York 2012.

Hamilton, Clive und Mareike Ohlberg: *Die lautlose Eroberung: Wie China westliche Demokratien unterwandert und die Welt neu ordnet*, München 2020 [Orig.: *Hidden Hand. Exposing how the Chinese Communist Party is Reshaping the World*, Melbourne 2020].

Harrington, James: *The Commonwealth of Oceana and A System of Politics* [EA 1656], hrsg. von J. G. A. Pocock, Cambridge 1992.

Hartmann, Christian, Thomas Vordermayer, Othmar Plöckinger und Roman Töppel (Hg.): *Hitler, Mein Kampf – Eine kritische Edition*, München 2016.

Hegel, Georg Wilhelm Friedrich: *Grundlinien der Philosophie des Rechts* [1821], in: Ders.: *Werke. Auf der Grundlage der Werke von 1832–1845 neu edierte Ausgabe*, red. Eva Moldenhauer und Karl Markus Michel, Frankfurt a. M. 1979, Bd. 7.

Heraklit, *Fragmente. Griechisch und Deutsch*, hrsg. von Bruno Snell, 14. Aufl., Zürich/München 2007.

Herder, Johann Gottfried: *Briefe zu Beförderung der Humanität* [Erstdruck 1793–1797], in: *Herders Sämmtliche Werke*, hrsg. von Bernhard Suphan, Bd. 17 und 18, Berlin 1881 und 1883.

Heuss, Theodor: *Geist der Politik. Ausgewählte Reden*, Frankfurt am Main 1964.

Hildebrand, Klaus: *Das Vergangene Reich*, Stuttgart 1996.

Hillgruber, Andreas: *Otto von Bismarck. Gründer der europäischen Großmacht Deutsches Reich*, Göttingen/Zürich/Frankfurt a. M. 1978.

Hobbes, Thomas: *Leviathan oder Stoff, Form und Gewalt eines kirchlichen und bürgerlichen Staates*, hrsg. u. eingel. von Iring Fetscher, übers. von Walter Euchner, 9. Aufl., Frankfurt a. M. 1999.

Hobbes, Thomas: *Vom Bürger*, in: Ders.: *Elemente der Philosophie*, Neuausg. auf der Grundl. der Übers. von Max Frischeisen-Köhler, die von Günter Gawlick nach dem lat. Orig. berichtigt wurde, Teil 2/3, hrsg. und eingl. von Günter Gawlick, 2. verb. Aufl., Hamburg 1966.

Hobbes, Thomas: *Elemente der Philosophie, Teil 1: Vom Körper*, ausg. und übers. von Max Frischeisen-Köhler, 2., mit Literaturhinweisen vers. Aufl., unveränd. Nachdr., Hamburg 1967.

Hobsbawm, Eric und Terence O. Ranger: *The Invention of Tradition*, Cambridge 1983.

Hockerts, Hans Günter: *Quellenkunde zur Deutschen Geschichte der Neuzeit von 1500 bis zur Gegenwart. Weimarer Republik, Nationalsozialismus, Zweiter Weltkrieg (1919–1945). Erster Teil: Akten und Urkunden*, Darmstadt 1996.

Hockerts, Hans Günter: »Zugänge zur Zeitgeschichte: Primärerfahrung, Erinnerungskultur, Geschichtswissenschaft«, in: Konrad H. Jarausch und Martin Sabrow (Hg.): *Verletztes Gedächtnis. Erinnerungskultur und Zeitgeschichte im Konflikt*, Frankfurt a. M. und New York 2002, S. 39–73.

Höffe, Otfried: »Einführung in Aristoteles' Politik«, in: *Aristoteles, Politik*, hrsg. von Otfried Höffe (Reihe Klassiker auslegen, Band 23), Berlin 2001, S. 5–19.

Hofmann, Hasso: [Artikel] »Naturzustand«, in: Joachim Ritter und Karlfried Gründer (Hg.): *Historisches Wörterbuch der Philosophie*. Völlig neubearb. Ausgabe des »Wörterbuchs der philosophischen Begriffe« von Rudolf Eisler, 12 Textbde. u. 1 Registerbd., Basel 1971–2005, Bd. 6, S. 653–658.

House of Commons Library (Hg.): *The History of the Parliamentary Franchise. Research Paper* 13/14 (1. März 2013); https://researchbriefings.files.parliament.uk/documents/RP13-14/RP13-14.pdf [4. Juli 2020]

Howard, Philip N., Bahrath Ganesh, Dimitra Liotsiou, JohnKelly, Camille François: *The IRA, Social Media and Political Polarization in the United States, 2012–2018*; https://comprop.oii.ox.ac.uk/wp-content/uploads/sites/93/2018/12/The-IRA-Social-Media-and-Political-Polarization.pdf [6. Juli 2020].

Hubel, Helmut: *Der zweite Golfkrieg in der internationalen Politik: mit ausgewählten Dokumenten*, Bonn 1991.

Huber, Ernst Rudolf: *Dokumente zur deutschen Verfassungsgeschichte seit 1789*, 4 in 5 Bänden, Stuttgart 1961–1992.

Huntington, Samuel P.: *Der Kampf der Kulturen. The Clash of Civilizations. Die Neugestaltung der Weltpolitik im 21. Jahrhundert*, München/Wien 1996.

Huret, Romain D.: *American Tax Resisters*, Cambridge 2014.

Ilting, Karl-Heinz: [Artikel] »Naturrecht«, in: Brunner, Otto, Werner Conze und Reinhart Koselleck (Hg.), *Geschichtliche Grundbegriffe. Historisches Lexikon zur politisch-sozialen Sprache in Deutschland*, 8 Bde., Stuttgart 1972–1997, Bd. 4 (1978), S. 245–313.

Institute for Strategic Dialogue: *The Battle for Bavaria. Online information campaigns in the 2018 Bavarian State Election*, London/Washington DC/Beirut/Toronto 2019.

Jäger, Hans-Wolf: [Artikel] »Körner, Theodor« in: *Neue Deutsche Biographie* 12 (1979), S. 378–379 [Online-Version]; URL: https://www.deutsche-biographie.de/pnd118713507.html#ndbcontent. [6. Juli 2020].

Jansen, Christian und Henning Borggräfe: *Nationen – Nationalität – Nationalismus*, Frankfurt a. M. 2007.

Janssen-Jurreit, Marielouise: *Sexismus. Über die Abtreibung der Frauenfrage*, Frankfurt a. M. 1979 [EA 1976; TB Ausgabe der 3. veränderten Aufl. 1978].

Johnson, Alan: »Interview. Ex-Labour minister Alan Johnson: ›I sent a tape to Elvis Costello in '82. I'm still awaiting a reply‹«, in: *The Guardian* (3. August 2019); https://www.theguardian.com/politics/2019/aug/03/alan-johnson-interview-jeremy-corbyn-boris-johnson-elvis-costello [3. August 2019].

Johnson, Alan: *Please, Mr Postman*, London 2014.

Johnson, Alan: *This Boy. A Memoir of a childhood*, London 2013.

Jones, Colin und Alan Murie: *The Right to Buy. Analysis and Evaluation of a Housing Policy*, Oxford 2006.

Justi, Johann Heinrich Gottlob von: *Der Grundriß einer Guten Regierung in Fünf Büchern verfasset*, Frankfurt a. M./Leipzig 1759.

Kamp, Karl-Heinz: »Mythen der Zwei-Prozent-Debatte: Zur Diskussion um die NATO-Verteidigungsausgaben« (Bundesakademie für Sicherheitspolitik, *Arbeitspapier Sicherheitspolitik*, Nr. 9/2019).

Kant, Immanuel: »Beantwortung der Frage: Was ist Aufklärung?« [1784], in: *Kants Werke. Akademie-Textausgabe*, Bd. VIII (*Abhandlungen nach 1781*), Berlin 1968, S. 33–42.

Kant, Immanuel: *Grundlegung zur Metaphysik der Sitten* [1785], in: *Kants Werke. Akademie-Textausgabe*, Bd. IV, Berlin 1968.

Kant, Immanuel: *Kritik der praktischen Vernunft* [1788], in: *Kants Werke. Akademie-Textausgabe*, Bd. V, Berlin 1968.

Kant, Immanuel: »Ueber den Gemeinspruch: Das mag in der Theorie richtig sein, taugt aber nicht für die Praxis« [*Berlinische Monatsschrift* 22, Berlin 1793], in: *Kants Werke. Akademie-Textausgabe*, Bd. VIII (*Abhandlungen nach 1781*), Berlin 1968, S. 273–313.

Kant Immanuel: »Zum Ewigen Frieden. Ein philosophischer Entwurf« [1795], in: *Kants Werke. Akademie Textausgabe*, Bd. VIII, Berlin 1968, S. 341–386.

Karl, Michaela: *Die Geschichte der Frauenbewegung*, Stuttgart 2011.

Kedouri, Elie: *Nationalismus*, München 1971 [Orig: *Nationalism*, Oxford 1960].

Kemp, Alexander G.: »An assessment of UK North Sea oil and gas policies. Twenty-five years on«, in: *Energy Policy* (September 1990), S. 599–623.

Kersting, Wolfgang: *Die politische Philosophie des Gesellschaftsvertrags*, Darmstadt 1994.

Kersting, Wolfgang: »Einleitung: Die Begründung der politischen Philosophie der Neuzeit im Leviathan«, in: Ders. (Hg.): *Thomas Hobbes, Leviathan oder Stoff, Form und Gewalt eines bürgerlichen und kirchlichen Staates*, Berlin 1996, S. 9–28.

Kersting, Wolfgang: »Vertrag, Gesellschaftsvertrag, Herrschaftsvertrag«, in: Otto Brunner, Werner Conze und Reinhart Koselleck (Hg.): *Geschichtliche Grundbegriffe. Historisches Lexikon zur politisch-sozialen Sprache in Deutschland*, 8 Bde., Stuttgart 1972–1997, Bd. 6, S. 901–945.

Keynes, John Maynard: *The General Theory of Employment, Interest, and Money*, London 1936.

Kielmannsegg, Peter Graf: *Nach der Katastrophe. Eine Geschichte des geteilten Deutschland*, Berlin 2000.

Kilian, Jürgen: *Krieg auf Kosten anderer. Das Reichsministerium der Finanzen und die wirtschaftliche Mobilisierung für Hitlers Krieg*, Berlin 2017.

Kjellén, Rudolf: *Die Großmächte der Gegenwart*, Leipzig 1914.

Kjellén, Rudolf: *Die Ideen von 1914. Eine weltgeschichtliche Perspektive*, Leipzig 1915.

Klautke, Egbert: *Unbegrenzte Möglichkeiten. »Amerikanisierung« in Deutschland und Frankreich (1900–1933)*, Stuttgart 2003.

Kling, Gudrun: »Die rechtliche Konstruktion des ›weiblichen Beamten‹. Frauen im öffentlichen Dienst des Großherzogtums Baden im 19. Jahrhundert und frühen 20. Jahrhundert«, in: Ute Gerhard (Hg.): *Frauen in der Geschichte des Rechts. Von der Frühen Neuzeit bis zur Gegenwart*, München 1997, S. 600–616.

Klippel, Diethelm: »Naturrecht als politische Theorie. Zur politischen Bedeutung des deutschen Naturrechts im 18. und 19. Jahrhundert«, in: Hans E. Bödeker und Ulrich Herrmann (Hg.): *Aufklärung als Politisierung – Politisierung der Aufklärung*, Hamburg 1987, S. 267–293.

Körner, Theodor: »Aufruf« (1813), in: Ders.: *Leyer und Schwerdt*, Berlin 1814, S. 37–39.

Körner, Torsten: *In der Männer-Republik. Wie Frauen die Politik eroberten*, Köln 2020.

Kreißel, Philip, Julia Ebner, Alexander Urban und Jakob Guhl: *Hass auf Knopfdruck. Rechtsextreme Trollfabriken und das Ökosystem koordinierter Hasskampagnen im Netz*, London u. a. 2018.

Kühl, Kristian: [Artikel] »Naturrecht«, in: Joachim Ritter und Karlfried Gründer (Hg.): *Historisches Wörterbuch der Philosophie*. Völlig neubearb. Ausgabe des »Wörterbuchs der philosophischen Begriffe« von Rudolf Eisler, 12 Textbde. u. 1 Registerbd., Basel 1971–2005, Bd. 6 (1984), Sp. 560–623.

Kuller, Christiane: *Familienpolitik im föderativen Sozialstaat. Die Formierung eines Politikfeldes in der Bundesrepublik 1949–1975*, München 2005.

Kunisch, Johannes: *Friedrich der Große. Der König und seine Zeit*, München 2004.

Langewiesche, Dieter: *Der gewaltsame Lehrer. Europas Kriege in der Moderne*, München 2019.

Langewiesche, Dieter: »Kulturelle Nationsbildung im Deutschland des 19. Jahrhunderts«, in: *Nation und Gesellschaft in Deutschland. Historische Essays*, hrsg. von Manfred Hettling und Paul Nolte, München 1996, S. 46–64.

Langewiesche, Dieter: »Nationalismus – ein generalisierender Vergleich«, in: Gunilla Budde, Oliver Janz und Sebastian Conrad (Hg.): *Transnationale Geschichte. Themen, Tendenzen und Theorien*, Göttingen 2006, S. 175–189.

Langewiesche, Dieter: *Reich, Nation, Föderation. Deutschland und Europa*, München 2008.

Lasson, Adolf: »Deutsche Art und deutsche Bildung. Rede am 25. September 1914«, in: Zentralstelle für Volkswohlfahrt und Verein für volkstümliche Kurse von Berliner Hochschullehrern (Hg.), *Deutsche Reden in schwerer Zeit*, Bd. 1, Berlin 1915, S. 103–146.

Leber, Marianne: [Artikel] »Friesen, Friedrich« in: *Neue Deutsche Biographie* 5 (1961), S. 613 f. [Online-Version]; URL: https://www.deutsche-biographie.de/pnd119061228.html#ndbcontent. [6. Juli 2020].

Lee, Christina und Nicola McLelland (Hg.): *Germania Remembered 1500–2009: Commemorating and Inventing a Germanic Past*, Tempe, Arizona 2012.

Lemberg, Eugen: *Geschichte des Nationalismus in Europa*, Stuttgart 1950.

Leonhard, Jörn: *Die Büchse der Pandora. Geschichte des Ersten Weltkrieges*, München 2014.

Leonhardt, David: »Our Broken Economy, in One Simple Chart« (*New York Times*, 7. August 2017).

Lepenies, Wolf: »Montesquieu: Franzose, Aufklärer, Weltbürger« (*Die Welt*, 20. Juli 2010); https://www.welt.de/kultur/article8549173/Franzose-Aufklaerer-Weltbuerger.html [5. Mai 2019].

Lichtenberg, Georg Christoph: *Sudelbücher I*, hrsg. von Wolfgang Promies, München 2005.

Lindner, Roland: »Der Disney-Retter und die ›nackte Unanständigkeit‹« (*Frankfurter Allgemeine Zeitung*, 6. August 2019).

Lipsius, Justus: *De Constantia. Von der Standhaftigkeit.* Lateinisch – deutsch, übers., komm. und mit einem Nachw. von Florian Neumann, Mainz 1998.

Lipsius, Justus: *Politica. Six Books of Politics or Political Instruction*, ed., with Transl. and Introduc., by Jan Waszink, Assen 2004.

Lischnewska, Maria: »Die verheiratete Lehrerin«, in: *Verhandlungen der ersten Internationalen Lehrerinnen-Versammlung in Deutschland, berufen im Anschluß an den Internationalen Frauenkongreß im Juni 1904*, Berlin 1905, S. 10–30.

Locke, John: *Zwei Abhandlungen über die Regierung*, übers. von Hans J. Hoffmann, hrsg. und eingl. von Walter Euchner, Frankfurt a. M. 1977.

Löwe, Denise und Sabine Reh: »Das zölibatäre Leben des Fräulein Maria Lischnewska (1854–1938): ›Mensch sein, heißt ein Kämpfer sein‹«, in: Sonja Häder und Ulrich Wiegmann (Hg.): *An der Seite gelehrter Männer. Frauen zwischen Emanzipation und Tradition*, Bad Heilbrunn 2017, S. 33–57.

Lübbe, Hermann: »Die philosophischen Ideen von 1914«, in: Ders.: *Politische Philosophie in Deutschland*, Basel/Stuttgart 1963, S. 173–238.

Lübbers, Bernhard: »Die Heuschreckenplage 1749 in Bayern und Franken. Wahrnehmungen und Bewältigungsstrategien einer frühneuzeitlichen Naturkatastrophe«, in: *Bayerisches Jahrbuch für Volkskunde* 2018, S. 97–110.

Lüdtke, Alf, Inge Marßolek und Adelheid von Saldern (Hg.): *Amerikanisierung. Traum und Alptraum im Deutschland des 20. Jahrhunderts*, Stuttgart 1996.

Luhmann, Niklas: *Die Politik der Gesellschaft*, hrsg. von André Kieserling, Frankfurt a. M. 2002.

Machiavelli, Niccolò: *Der Fürst*, aus dem Ital. von Friedrich von Oppeln-Bronikowski, mit einem Nachw. von Horst Günther, Frankfurt a. M. 1997.

Maier, Hans, Heinz Rausch und Horst Denzer (Hg.): *Klassiker des politischen Denkens*, Bd. 1 (*Von Plato bis Hobbes*), 6., überarb. und erw. Aufl., München 1986; Bd. 2 (*Von Locke bis Max Weber*), 5., völlig überarb. und um einen Beitrag erw. Aufl., München 1987.

Mann, Heinrich: *Ein Zeitalter wird besichtigt. Erinnerungen*, mit einem Nachwort von Klaus Schröter, Frankfurt a. M. 1988.

Mann, Michael: »The emergence of modern European nationalism«, in: John A. Hall und Ian Charles Jarvie (Hg.): *Transition to Modernity. Essays on Power, Wealth and Belief*, Cambridge 1992, S. 137–166.

McKinsey & Company: »Diversity Wins – How Inclusion Matters« (Mai 2020); https://www.mckinsey.de/~/media/McKinsey/Locations/Europe%20and%20Middle%20East/Deutschland/News/Presse/2020/2020-05-19%20Diversity%20Wins/Report%20Diversity-wins-How-inclusion-matters%202020.pdf [6. Juli 2020].

McRandle, James und James Quirk: »The Blood Test Revisited: A New Look at German Casualty Counts in World War I«, in: *The Journal of Military History* 70/3 (July 2006), S. 667–701.

Meinecke, Friedrich: *Ausgewählter Briefwechsel*, hrsg. und eingeleitet von Ludwig Dehio und Peter Classen, Stuttgart 1962.

Meinecke, Friedrich: »Um welche Güter kämpfen wir?« [1914], in: *Deutscher Krieg und deutscher Geist. Siebzehn Aufsätze zeitgenössischer Schriftsteller.* Für die obersten Klassen der höheren Lehranstalten ausgewählt und mit einer Einleitung versehen von Jakob Wychgram, Bielefeld und Leipzig 1916, S. 1–6.

Meyers Großes Konversations-Lexikon, 6. Auflage, 20 Bde., Leipzig 1902–1908.

Mick, Christoph: »Endgame«, in: *The Cambridge History of the First World War*, hrsg. von Jay Winter, Cambridge 2014, Bd. 1, S. 133–171.

Milanovic, Branko: *The Haves and the Have-Nots. A Brief and Idiosyncratic History of Global Inequality*, New York 2011.

Ministry of Housing, Community and Local Government: *English Housing Survey 2016–17*, London 2017.

Möbius, Sascha: »›Von Jast und Hitze wie vertaumelt‹. Überlegungen zur Wahrnehmung von Gewalt durch preußische Soldaten im Siebenjährigen Krieg«, in: *Forschungen zur Brandenburgischen und Preußischen Geschichte* N.F. 12 (2002), S. 1–34.

Mommsen, Wolfgang J.: »Die ›deutsche Idee der Freiheit‹«, in: Ders.: *Bürgerliche Kultur und politische Ordnung. Künstler, Schriftsteller und Intellektuelle in der deutschen Geschichte 1830–1933*, Frankfurt a. M. 2000, S. 133–157.

Mommsen, Wolfgang J. (Hg.): *Kultur und Krieg. Die Rolle der Intellektuellen, Künstler und Schriftsteller im Ersten Weltkrieg.* In Zusammenarbeit mit Elisabeth Müller-Luckner (Schriften des Historischen Kollegs, 34), München 1995.

Montesquieu, Charles-Louis de: *Vom Geist der Gesetze*, Ausw., Übers. und Einl. von Kurt Weigand, durchges. und bibliogr. erg. Ausg., Stuttgart 1994.

More, Thomas: *Utopia*, ed. with Introd. and Notes by Edward Surtz, New Haven/London 1964.

Morsey, Rudolf: *Die Bundesrepublik Deutschland. Entstehung und Entwicklung bis 1969*, 4., überarb. und erw. Aufl. 2000.

Müller, Frank Lorenz: *Die Revolution von 1848/49*, Darmstadt 2002.

Müller, Jürgen: *Deutscher Bund und innere Nationsbildung im Vormärz (1815–1848)*, Göttingen 2018.

Münkler, Herfried: *Der Große Krieg. Die Welt 1914–1918*, Berlin 2013.

Münkler, Herfried: »Die politischen Ideen des Humanismus«, in: Iring Fetscher und Herfried Münkler (Hg.): *Pipers Handbuch der politischen Ideen*, Bd. 2 (Von den Anfängen des Islams bis zur Reformation), München/Zürich 1993, S. 553–613.

Münkler, Herfried: »Interview: ›Es wird keine Welt ohne Krieg geben‹« (*Tagesspiegel*, 1. September 2019); https://www.tagesspiegel.de/politik/herfried-muenkler-im-interview-es-wird-keine-welt-ohne-krieg-geben/24960882.html [1. September 2019].

Münkler, Herfried: »Politisches Denken in der Zeit der Reformation«, in: Iring Fetscher und Herfried Münkler (Hg.): *Pipers Handbuch der politischen Ideen*, Bd. 2 (*Von den Anfängen des Islams bis zur Reformation*), München/Zürich 1993, S. 615–683.

Münkler, Herfried: »Staatsraison und politische Klugheitslehre«, in: Iring Fetscher und Herfried Münkler (Hg.): *Pipers Handbuch der politischen Ideen*, Bd. 3 (*Von den Konfessionskriegen bis zur Aufklärung*), München/Zürich 1985, S. 23–72.

Murphy, Katharine: »When Donald met Scott: a reporter's view of Trump and his White House wonderland« (*The Guardian*, 27. September 2019) https://www.theguardian.com/us-news/2019/sep/28/when-donald-met-scott-morison-reporters-inside-account-trump-white-house-wonderland [27. September 2019].

Nau, Heino Heinrich (Hg.): *Der Werturteilsstreit. Die Äußerungen zur Werturteilsdiskussion im Ausschuß des Vereins für Sozialpolitik (1913)*, Marburg 1996.

Nida-Rümelin, Julian: »Bellum omnium contra omnes. Konflikttheorie und Naturzustandskonzeption im 13. Kapitel des Leviathan«, in: Wolfgang Kersting (Hg.): *Thomas Hobbes, Leviathan oder Stoff, Form und Gewalt eines bürgerlichen und kirchlichen Staates*, Berlin 1996, S. 109–130.

Nipperdey, Thomas: »Thomas Morus«, in: Hans Maier, Heinz Rausch und Horst Denzer (Hg.): *Klassiker des politischen Denkens*, Bd. 1 (*Von Plato bis Hobbes*), 6., überarb. und erw. Aufl., München 1986, S. 181–198.

O'Gorman, Frank: *Voters, Patrons and Parties. The Unreformed Electoral System of Hanoverian England 1734–1832*, Oxford 1989.

Oberndörfer, Dieter und Beate Rosenzweig (Hg.): *Klassische Staatsphilosophie. Texte und Einführungen. Von Platon bis Rousseau*, München 2000.

Oestreich, Gerhard: »Calvinismus, Neustoizismus und Preußentum«, in: *Jahrbuch für die Geschichte Mittel- und Ostdeutschlands* 5 (1956), S. 157–181.

Osterhammel, Jürgen: *Die Verwandlung der Welt. Eine Geschichte des 19. Jahrhunderts*, München 2016 [EA 2009].

Otto-Peters, Louise: *Das Recht der Frauen auf Erwerb. Blicke auf das Frauenleben der Gegenwart*, Hamburg 1866.

Otto-Peters, Louise: *Dem Reich der Freiheit werb' ich Bürgerinnen. Die Frauenzeitung von Louise Otto*, Frankfurt a. M. 1980.

Otto-Peters, Louise: »Die Theilnahme der weiblichen Welt am Staatsleben«, in: *Sächsische Vaterlands-Blätter*, 3/134 (22. August 1843).

Overmans, Rüdiger: »Kriegsverluste«, in: Gerhard Hirschfeld, Gerd Krumeich und Irina Renz (Hg.): *Enzyklopädie Erster Weltkrieg*, aktual. u. erw. Studienausg., Paderborn 2009, S. 663–666.

Paine, Thomas: *Die Rechte des Menschen*. In der zeitgenössischen Übertragung von D.M. Forkel. Bearb. und eingel. von Theo Stemmler, Frankfurt a. M. 1973.

Paine, Thomas: *Political Writings*, ed. by Bruce Kuklick, Cambridge 2000.

Parzinger, Hermann: *Die Kinder des Prometheus. Eine Geschichte der Menschheit vor der Erfindung der Schrift*, fünfte, durchges. Aufl., München 2016 [EA 2014].

Patel, Kiran Klaus: *Projekt Europa. Eine kritische Geschichte*, München 2018.

Peikert, Paul: *»Festung Breslau« in den Berichten eines Pfarrers 22. Januar bis 6. Mai 1945*, hrsg. von Karol Jonca und Alfred Konieczny, Wroclaw 1993.

Petersen, Sven: »Auf der frantzosen Jagd – Kriegserfahrungen und Lebenswelten zweier braunschweigischer Soldaten im Siebenjährigen Krieg (1756–1763)«, in: *Militär und Gesellschaft in der frühen Neuzeit* 16/2 (2012), S. 145–168.

Pettit, Philip: »Keeping Republican Freedom Simple. On a Difference with Quentin Skinner«, in: *Political Theory* 30 (2002), S. 339–356.

Pflanze, Otto: *Bismarck*, Bd. 1 (*Der Reichsgründer*), München 1997; Bd. 2 (*Der Reichskanzler*), München 1998.

Phillips, John A. und Charles Wetherell: »The Great Reform Act of 1832 and the Political Modernization of England«, in: *The American Historical Review* 100/2 (1995), S. 411–436.

Pinker, Steven: *Enlightenment Now: the Case for Reason, Science, Humanism and Progress*, New York 2018.

Platon: *Apologie des Sokrates*. Neu übersetzt und kommentiert von Rafael Ferber, München 2., überarb. u. erw. Aufl. 2019 [EA 2011].

Powell, James Lawrence: »Climate Science Virtually Unanimous: Anthropogenic Global Warming is True«, in: *Bulletin of Science, Technology & Society* 35/5–6 (2015) S. 121–124.

Powell, James Lawrence: »The Consensus on Anthropogenic Global Warming matters«, in: *Bulletin of Science, Technology & Society* 36/3 (2016), S. 157–163.

Prost, Antoine: »The Dead«, in: *The Cambridge History of the First World War*, hrsg. von Jay Winter, 3 Bde., Cambridge 2014, Bd. 3, S. 561–591.

Pufendorf, Samuel von: *Über die Pflicht des Menschen und des Bürgers nach dem Gesetz der Natur*, hrsg. und übers. von Klaus Luig, Frankfurt a. M./Leipzig 1994.

Purpus, Andrea: *Frauenarbeit in den Unterschichten. Lebens- und Arbeitswelt Hamburger Dienstmädchen und Arbeiterinnen um 1900 unter besonderer Berücksichtigung der häuslichen und gewerblichen Ausbildung*, Münster 2000.

Rabe, Horst: *Deutsche Geschichte 1500–1600. Das Jahrhundert der Glaubensspaltung*, München 1991.

Rahlf, Thomas: *Dokumentation zum Zeitreihendatensatz für Deutschland, 1834–2012*, https://nbn-resolving.org/urn:nbn:de:0168-ssoar-437224 [6. Juli 2020].

Reckwitz, Andreas: *Das Ende der Illusionen: Politik, Ökonomie und Kultur in der Spätmoderne*, Berlin 2019.

Reh, Sabine: »Die Lehrerin. Weibliche Beamte und das Zölibat«, in: *Zeitschrift für Ideengeschichte*, 11/1 (2017), S. 31–40.

Reid-Henry, Simon: *Empire of Democracy. The remaking of the West since the Cold War, 1971–2017*, London 2019.

Reinhard, Wolfgang: *Geschichte der Staatsgewalt. Eine vergleichende Verfassungsgeschichte Europas von den Anfängen bis zur Gegenwart*, 3., durchges. Aufl., München 2002.

Reinhard, Wolfgang: »Vom italienischen Humanismus bis zum Vorabend der Französischen Revolution«, in: Hans Fenske, Dieter Mertens, Wolfgang Reinhard, Klaus Rosen (Hg.): *Geschichte der politischen Ideen. Von der Antike bis zur Gegenwart*, aktual. Neuausg., Frankfurt a. M. 1996, S. 241–376.

Reinhard, Wolfgang: »Was ist europäische politische Kultur? Versuch zur Begründung einer politischen Historischen Anthropologie«, in: *Geschichte und Gesellschaft* 27 (2001), S. 593–616.

Retterath, Jörn: *»Was ist das Volk?« Volks- und Gemeinschaftskonzepte der politischen Mitte in Deutschland 1917–1924*, Berlin 2016.

Ring, Max: *Erinnerungen*, Erster Band, Berlin 1898.

Ritter, Gerhard A. (unter Mitarbeit von Merith Niehuss): *Wahlgeschichtliches Arbeitsbuch. Materialien zur Statistik des Kaiserreichs 1871–1918*, München 1980.

Roberts, Mary Louise: »Acting Up: The Feminist Theatrics of Marguerite Durand«, in: *French Historical Studies* 19/4 (Special Issue: Biography: Autumn 1996), S. 1103–1138.

Rochow, Gustav von: »Brief vom 15. Januar 1838«, in: *Börsen-Halle. Hamburgische Abend-Zeitung*, 3. April 1838, S. 4.

Rohdich, Walter: *Hohenfriedeberg 4. Juni 1745*, Eggolsheim 1997.

Rohe, Karl: *Politik. Begriffe und Wirklichkeiten. Eine Einführung in das politische Denken*, 2., völlig überarb. und erw. Aufl., Stuttgart/Berlin/Köln 1994.

Rosling, Hans, mit Anna Rosling Rönnlund und Ola Rosling: *Factfulness. Wie wir lernen die Welt so zu sehen, wie sie wirklich ist*, Berlin 2018.

Rößner, Susan: *Die Geschichte Europas schreiben. Europäische Historiker und ihr Europabild im 20. Jahrhundert*, Frankfurt a. M. 2009.

Rotteck, Carl von: [Artikel] »Krieg«, in: *Staats-Lexikon oder Encyklopädie der Staatswissenschaften*, Bd. 9, Altona 1840, S. 491–509.

Rousseau, Jean-Jacques: *Vom Gesellschaftsvertrag oder Grundlagen des politischen Rechts*, aus dem Franz. von Erich W. Skwara, Frankfurt a. M./Leipzig 2000.

Saada, Leila: »Les interventions de Napoléon Bonaparte«, in: *Napoleonica* 14 (2012/2), S. 25–49.

Saez, Emmanuel und Gabriel Zucman: *Der Triumph der Ungerechtigkeit. Steuern und Ungleichheit im 21. Jahrhundert.* Aus dem Englischen von Frank Lachmann, Berlin 2020. [Orig.: *The Triumph of Injustice. How the Rich Dodge Taxes and How to Make Them Pay*, New York 2019; dazu Website: justicetaxnow.org.].

Salmon, Patrick, Keith Hamilton und Stephen Robert Twigge (Hg.): *Documents on Bristish Policy Overseas*, Series III, Volume VII (*Britain and German Unification 1989–90*), London 2009.

Scattola, Merio: *Das Naturrecht vor dem Naturrecht. Zur Geschichte des ›ius naturae‹ im 16. Jahrhundert*, Tübingen 1999.

Schabert, Tilo: »Die Atlantische Zivilisation. Über die Entstehung der einen Welt des Westens«, in: Peter Haungs (Hg.): *Europäisierung Europas?*, Baden-Baden 1989, S. 41–54.

Schiller, Friedrich: *Sämtliche Werke*, hrsg. von Gerhard Fricke u. Herbert G. Göpfert, 8. durchges. Aufl., München 1987.

Schmitt, Carl: *Der Begriff des Politischen.* Text von 1932 mit einem Vorwort und drei Corollarien, Berlin 1963.

Schnur, Roman: *Die französischen Juristen im konfessionellen Bürgerkrieg des 16. Jahrhunderts. Ein Beitrag zur Entstehungsgeschichte des modernen Staates*, Berlin 1962.

Schöllgen, Gregor: *Deutsche Außenpolitik. Von 1945 bis zur Gegenwart*, München 2013.

[Scholz]: »Hainau's Schicksale während des 30jährigen Krieges. Vom Lehrer Scholz in Hainau«, in: *Zeitschrift des Vereins für Geschichte und Alterthum Schlesiens*, Breslau 1859, S. 72–90.

Schorn-Schütte, Luise: »Obrigkeitskritik und Widerstandsrecht. Die ›politica christiana‹ als Legitimitätsgrundlage«, in: Dies. (Hg.), *Aspekte der politischen Kommunikation im Europa des 16. und 17. Jahrhunderts*, München 2004 (= *Historische Zeitschrift*; Beiheft 39), S. 195–232.

Schröter, Harm G.: *Winners and Losers. Eine kurze Geschichte der Amerikanisierung*, München 2008.

Schwarz, Hans-Peter: *Geschichte der Bundesrepublik Deutschland*, Bd. 2 (*Gründerjahre der Republik 1949–1957*), Stuttgart 1981.

Schwarz, Max: *MdR. Biografisches Handbuch des Reichstags*, Hannover 1965.

Schwarzer, Alice: »Die Stern-Aktion & ihre Folgen« (*Emma*, Frühling 2011)
https://www.emma.de/artikel/wir-haben-abgetrieben-265457 [20. Mai 2020].

Shapin, Steven: *Die wissenschaftliche Revolution*, aus dem Amerik. von Michael Bischoff, Frankfurt a. M. 1998.

Sieyes, Emmanuel Joseph: *Politische Schriften 1788–1790.* Mit Glossar und kritischer Sieyes-Bibliographie, übers. und hrsg. von Eberhard Schmitt und Rolf Reichardt, 2., überarb. und erw. Aufl., München/Wien 1981, S. 239 ff. Katalog S. 253 ff.

Skinner, Quentin: *Liberty before Liberalism*, Cambridge 1998.
Smith, Adam: *Der Wohlstand der Nationen. Eine Untersuchung seiner Natur und seiner Ursachen*. Aus dem Englischen übertragen und mit einer umfassenden Würdigung des Gesamtwerkes von Horst Claus Recktenwald, Deutsch nach der 5. Aufl., London 1789 [EA 1776], revidierte Fassung, München 1978 [EA 1974].
Smith, Anthony D.: *Nationalism. Theory, Ideology, History*, Cambridge 2001.
Smith, Anthony D.: *Nations and Nationalism in a Global Era*, Cambridge/Oxford 1995.
Smolka, Klaus Max und Michael Ashlem, »Atheisten dürfen keinen Arbeitskreis gründen« (*Frankfurter Allgemeine Zeitung*, 19. März 2019).
https://www.faz.net/aktuell/wirtschaft/atheisten-duerfen-keinen-arbeitskreis-in-der-spd-gruenden-16096047.html [26. Juni 2020].
Sommerville, Johann P.: »Absolutism and royalism«, in: James H. Burns (Hg.): *The Cambridge History of Political Thought 1450–1700*, Cambridge (u. a.) 1991, S. 347–373.
Sontheimer, Kurt: »Der ›deutsche Geist‹ als Ideologie. Ein Beitrag zur Theorie vom deutschen Sonderbewusstsein«, in: Manfred Funke, Hans-Adolf Jacobsen, Hans-Helmut Knütter und Hans-Peter Schwarz (Hg.): *Demokratie und Diktatur. Geist und Gestalt politischer Herrschaft in Deutschland und Europa*, Düsseldorf 1987, S. 35 –45.
Statistisches Reichsamt: »Die Wahlen zur verfassunggebenden Deutschen Nationalversammlung am 19. Januar 1919 mit einer Karte der Wahlkreise«, in: *Vierteljahrshefte zur Statistik des Deutschen Reichs* 28 (1919), erstes Ergänzungsheft.
Stead, William T.: *The Americanisation of the World or the Trend of the Twentieth Century*, London 1902.
Stein, Ben: »Everybody's Business. In Class Warfare, Guess Which Class Is Winning« (*New York Times*, 26. November 2006).
Steinbeck, John: »A Primer on the 30's« (*Esquire*, Juni 1960).
Stern Fritz: »Die zweite Chance. Die Wege der Deutschen« (*Frankfurter Allgemeine Zeitung*, 26. Juli 1990).
Stollberg-Rilinger, Barbara: »Einleitung«, in: Dies. (Hg.), *Was heißt Kulturgeschichte des Politischen?*, Berlin 2005, S. 9–24.
Stollberg-Rilinger, Barbara: *Europa im Jahrhundert der Aufklärung*, Stuttgart 2000.
Stolleis, Michael: »Reichspublizistik – Politik – Naturrecht im 17. und 18. Jahrhundert«, in: Ders. (Hg.): *Staatsdenker im 17. und 18. Jahrhundert. Reichspublizistik. Politik. Naturrecht*, 2., erw. Aufl., Frankfurt a. M. 1987, S. 9–28.
Stone, Norman: »Germany? Maggie was absolutely right« (*Sunday Times*, 29. September 1996).
Stone, Norman: »Recht geredet. Was Frau Thatcher fragen mußte« (*Frankfurter Allgemeine Zeitung*, 19. Juli 1990).

Tanner, Jakob und Angelika Linke (Hg.): *Attraktion und Abwehr. Die Amerikanisierung der Alltagskultur in Europa*, Köln 2006.

Thatcher, Margaret: *The Downing Street Years*, New York 1993.

Thatcher, Margaret: Transkript Interview mit Douglas Keay für Woman's Own, 23. September 1987, https://www.margaretthatcher.org/document/106689 [18. März 2020].

Thierse, Wolfgang: »Anachronistische Forderungen: Was steckt hinter dem Arbeitskreis von Laizisten in der SPD?«, in: *Herder Korrespondenz* (2011/1), S. 11–15.

Tilly, Charles: *Coercion, Capital, and European States, AD 990–1990*, Oxford 1990.

Treitschke, Heinrich von: »Der Socialismus und seine Gönner«, in: *Preußische Jahrbücher* 34 (1874), S. 67–110 und S. 248–301.

Troeltsch, Ernst: »Der Geist der deutschen Kultur«, in: Hintze, Otto, Friedrich Meinecke und Hermann Schumacher (Hg.): *Deutschland und der Erste Weltkrieg*, Berlin 1915, S. 52–90.

Tucholsky, Kurt: *Gesammelte Werke in zehn Bänden*, Reinbek bei Hamburg 1975.

Ungern-Sternberg, Jürgen von: »Wie gibt man dem Sinnlosen einen Sinn? Zum Gebrauch der Begriffe ›deutsche Kultur‹ und ›Militarismus‹ im Herbst 1914«, in: Mommsen, Wolfgang J. (Hg.): *Kultur und Krieg. Die Rolle der Intellektuellen, Künstler und Schriftsteller im Ersten Weltkrieg*. In Zusammenarbeit mit: Elisabeth Müller-Luckner, (=*Schriften des Historischen Kollegs* 34), München 1995, S. 77–96.

Urban, George R.: *Diplomacy and Disillusion at the Court of Margaret Thatcher*, London 1996.

Vahle, Hermann: »Boucher und Rossaeus. Zur politischen Theorie und Praxis der französischen Liga (1576–1595)«, in: *Archiv für Kulturgeschichte* 56 (1974), S. 313–349.

Vega, Judith: »Feminist Republicanism. Etta Palm-Aelders on Justice, Virtue and Men«, in: *History of European Ideas* 10/3 (1989), S. 333–351.

Verordnung betreffend die Ausführung der Wahl der Abgeordneten zur Zweiten Kammer vom 30. Mai 1849.

Verordnung über die Wahlen zur verfassunggebenden preußischen Landesversammlung vom 21. Dezember 1918.

Verwiebe, Birgit: »Theodor Körner, Friedrich Friesen und Heinrich Hartmann auf Vorposten«; https://smb.museum-digital.de/index.php?t=objekt&oges=143407 [16. Januar 2020].

Weber, Max: »Der Nationalstaat und die Volkswirtschaftspolitik. Akademische Antrittsrede« [1895], in: *Max Weber Gesamtausgabe*, Bd. I/4.2, hrsg. von Wolfgang J. Mommsen, in Zus-Arb. m. Rita Aldenhoff, Tübingen 1993, S. 535–574.

Weber, Max: *Wirtschaft und Gesellschaft. Die Wirtschaft und die gesellschaftlichen Ordnungen der Mächte. Nachlaß;* Teilband 22-1: Gemeinschaften, hg. von Wolfgang J. Mommsen in Zusammenarbeit mit Michael Meyer, Tübingen 2001; Teilband 22-2: Religiöse Gemeinschaften, hg. von Hans G. Kippenberg in Zusammenarbeit mit Petra Schilm unter Mitwirkung von Jutta Niemeier, Tübingen 2001; Teilband 22-5: Die Stadt, hg. von Wilfried Nippel, Tübingen 1999.

Weber, Max: *Wirtschaft und Gesellschaft. Grundriss der verstehenden Soziologie*, Studienausgabe in zwei Bänden, hrsg. von Johannes Winckelmann, Köln/Berlin 1964.

Wehler, Hans-Ulrich: *Deutsche Gesellschaftsgeschichte*, Bd. 1 (*Vom Feudalismus des Alten Reiches bis zur Defensiven Modernisierung der Reformära 1700–1815*), 2. Aufl., München 1989; Bd. 2 (*Von der Reformära bis zur industriellen und politischen »Deutschen Doppelrevolution« 1815–1845/49*), 3. Aufl., München 1996; Bd. 3 (*1849–1914. Von der »Deutschen Doppelrevolution« bis zum Beginn des Ersten Weltkrieges*), München 1995; Bd. 4 (*Vom Beginn des Ersten Weltkriegs bis zur Gründung der beiden deutschen Staaten, 1914–1949*), 2., durchges. Aufl., München 2003.

Wehler, Hans-Ulrich: *Nationalismus. Geschichte, Formen, Folgen*, München, 2001.

Wengst, Udo: *Thomas Dehler 1897–1967. Eine politische Biographie*, München 1997.

Whitehouse, Harvey, Pieter François, Patrick E. Savage, Thomas E. Currie, Kevin C. Feeney, Enrico Cioni, Rosalind Purcell, Robert M. Ross, Jennifer Larson, John Baines, Barend ter Haar, Alan Covey & Peter Turchin: »Complex societies precede moralizing gods throughout world history«, in: *Nature* 568 (März 2019), S. 226–229. https://www.nature.com/articles/s41586-019-1043-4 [23. März 2019].

Williamson, Elizabeth: »Liberty University Brings Back Its Students, and Coronavirus Fears, Too« (*New York Times*, 29. März 2020 mit Update 16. April 2020). https://www.nytimes.com/2020/03/29/us/politics/coronavirus-liberty-university-falwell.html [26. Juni 2020].

Winkler, Heinrich August: *Der lange Weg nach Westen: Deutsche Geschichte*, 2 Bde., München 2000.

Winkler, Heinrich August: *Geschichte des Westens*, 4 Bde., München 2016.

Wirsching, Andreas: *Demokratie und Globalisierung. Europa seit 1989*, München 2015.

Wirsching, Andreas: *Der Preis der Freiheit. Geschichte Europas in unserer Zeit*, 2. Aufl., München 2017.

Wirsching, Andreas: *Deutsche Geschichte im 20. Jahrhundert*, 4. überarb. Aufl., München 2018.

Wirsching, Andreas: »Weimar in Westminster« (*Frankfurter Allgemeine Zeitung*, 30. September 2019).

Wolff, Christian: *Vernünftige Gedanken von dem gesellschaftlichen Leben der*

Menschen und insonderheit dem gemeinen Wesen – ›Deutsche Politik‹, bearb., eingl. und hrsg. von Hasso Hofmann, München 2004.
Wolff, F[riedich] W[ilhelm]: »Das Elend und der Aufruhr in Schlesien«, in: *Deutsches Bürgerbuch für 1845*, hrsg. von H. Wittmann, Darmstadt 1845, S. 174–199.
Wollstein, Günter (Hg.): *Quellen zur deutschen Innenpolitik 1933–1939*, Darmstadt 2001.

Zellmer, Elisabeth: *Töchter der Revolte? Frauenbewegung und Feminismus der 1970er Jahre in München*, München 2011.
Zhao Tingyang: *Alles unter dem Himmel. Vergangenheit und Zukunft der Weltordnung*, aus dem Chinesischen von Michael Kahn-Ackermann, Berlin 2020.

Webseiten/Online-Quellen*

1 https://www.hollywoodreporter.com/features/ricky-gervais-5-time-golden-globes-host-has-a-few-more-things-say-hollywood-1265405
2 http://www.ushistory.org/declaration/document/ – https://usa.usembassy.de/etexts/gov/gov-constitutiond.pdf – https://usa.usembassy.de/etexts/gov/unabhaengigkeit.pdf
3 https://www.conseil-constitutionnel.fr/le-bloc-de-constitutionnalite/declaration-des-droits-de-l-homme-et-du-citoyen-de-1789 – https://www.conseil-constitutionnel.fr/de/erklaerung-der-menschen-und-buergerrechte-vom-26-august-1789
4 https://www.un.org/depts/german/menschenrechte/aemr.pdf
5 https://fowid.de/meldung/religionszugehoerigkeiten-deutschland-2017
6 https://www.jura.uni-wuerzburg.de/lehrstuehle/dreier/verfassungsdokumente-von-der-magna-carta-bis-ins-20-jahrhundert/
7 Dr. Robert Jeffress: Christianity Today Calls for Trump's Removal (20.12.2019) https://www.youtube.com/watch?v=eWzRjZe1NVk
8 Coronavirus: An Interview with Dr. Charles Stanley (27.03.2020) https://www.youtube.com/watch?v=4YAWRCGXhG8
9 Judgment Is Executed on COVID-19: by Kenneth Copeland (30.03.2020) https://www.youtube.com/watch?v=OSIrQBGfUtw
10 https://www.who.int/emergencies/diseases/novel-coronavirus-2019/situation-reports/
11 Dr. Robert Jeffress: The Coronavirus' Effect on Churches Across The Nation (15.05.2020) https://www.youtube.com/watch?v=QCZRMwReqw4
12 https://de-de.facebook.com/SPD/posts/parteichef-sigmar-gabriel-spd-hat-sich-auf-vielfachen-wunsch-auf-seiner-facebook/262934523773976/

* Alle Links wurden zuletzt am 6. Juli 2020 geprüft und waren aktiv.

13 https://www.addf-kassel.de/fileadmin/user_upload/Dossiers/LOP/LOP_Frauen-Zeitung_1_1849.pdf
14 https://www.tz.de/muenchen/stadt/muenchen-ort29098/muenchen-schlaege-gegen-frau-erlaubt-islamisches-zentrum-sorgt-fuer-wirbel-12888678.html
15 https://www.afd.de/familie-bevoelkerung/
16 https://data.worldbank.org/indicator/SP.POP.TOTL.FE.ZS
17 https://www.bundestag.de/dokumente/textarchiv/2014/49494782_kw07_kalenderblatt_juchacz-215672
18 https://pdok.bundestag.de/
19 https://www.nps.gov/liho/learn/historyculture/peoriaspeech.htm
20 https://www.nytimes.com/2016/06/25/world/europe/david-cameron-speech-transcript.html
21 https://ome-lexikon.uni-oldenburg.de/orte/haynau-chojnow
22 https://api.parliament.uk/historic-hansard/volumes/3/index.html
23 https://api.parliament.uk/historic-hansard/sittings/1990/jul/17
24 https://www.gapminder.org/dollar-street?lng=de
25 https://de.statista.com/statistik/daten/studie/4878/umfrage/bruttoinlandsprodukt-von-deutschland-seit-dem-jahr-1950/
26 https://www.bmas.de/DE/Service/Medien/Publikationen/a230-18-sozialbudget-2018.html
27 https://www.reaganfoundation.org/media/128614/inaguration.pdf
28 https://data.worldbank.org/indicator/NY.GDP.MKTP.CD
29 https://www.imf.org/en/Data
30 https://ec.europa.eu/eurostat/de/data/database
31 https://data.oecd.org/
32 https://www.bea.gov/
33 https://www.destatis.de/DE/Home/_inhalt.html
34 http://www.bpb.de/nachschlagen/zahlen-und-fakten/globalisierung/52655/welt-bruttoinlandsprodukt
35 http://www.bpb.de/nachschlagen/zahlen-und-fakten/europa/135823/bruttoinlandsprodukt-bip
36 https://www.bloomberg.com/opinion/articles/2019-04-24/california-economy-soars-above-u-k-france-and-italy
37 https://www.chinafile.com/document-9-chinafile-translation
38 https://www.nytimes.com/interactive/2017/08/07/opinion/leonhardt-income-inequality.html?rref=collection/timestopic/Columnists&action=click&contentCollection=opinion®ion=stream&module=stream_unit&version=latest&contentPlacement=23&pgtype=collection
39 https://ourworldindata.org/
40 https://www.measuringworth.com/calculators/ukcompare/relativevalue.php

Personenregister

Bildnachweis

akg-images:	100
bpk:	122 (Nationalgalerie, SMB/Jörg P. Anders)
Getty Images:	32 (NurPhoto/David Peinado), 153 (Emanuele Cremaschi), 200 (Christopher Furlong)
Interfoto:	45 (Bildarchiv Hansmann)
picture alliance:	119 (Reuters/Hannibal Hanschke), 156 (dpa/Dover Marina.com)
Shutterstock:	88 (Scott Garfitt)

Titelblatt *Femina*, 221 (1. April 1910): 73